Collection '*Racisme et eugénisme*'

dirigée par Michel PRUM

Collection **"Racisme et eugénisme"**
dirigée par Michel Prum

La collection "Racisme et eugénisme" se propose d'éditer des textes étudiant les discours et les pratiques d'exclusion, de ségrégation et de domination dont le corps humain est le point d'ancrage. Cette problématique du corps fédère les travaux sur le racisme et l'eugénisme. Elle s'intéresse à toutes les tentatives qui visent à biologiser les rapports humains à des fins de hiérarchisation et d'oppression. La collection entend aussi comparer ces phénomènes et ces rhétoriques biologisantes dans diverses aires culturelles, en particulier l'aire anglophone et l'aire francophone. Tout en mettant l'accent sur le contemporain, elle n'exclut pas de remonter aux sources de la pensée raciste ou de l'eugénisme. Elle peut enfin inclure des ouvrages qui, sans relever véritablement de l'étude du racisme, analysent les relations entre les différents groupes d'une société du point de vue de l'ethnicité.

Déjà publié dans la collection "Racisme et eugénisme"

Michel Prum (dir.) : *Les Malvenus, Race et sexe dans le monde anglophone*, ouvrage du Groupe de Recherche sur l'Eugénisme et le Racisme (2003)

Michel Prum (dir.) : *Sang impur, Autour de la "race" (Grande-Bretagne, Canada, États-Unis),* ouvrage du Groupe de Recherche sur l'Eugénisme et le Racisme (2004)

Martine Piquet : *Australie plurielle - Gestion de la diversité ethnique en Australie de 1788 à nos jours* (2004)

Frédéric Monneyron : *L'Imaginaire racial* (2004)

Michel Prum (dir.) : *L'Un sans l'Autre, Racisme et eugénisme dans l'aire anglophone* (2005)

Diane AFOUMADO

EXIL IMPOSSIBLE

L'errance des Juifs du paquebot 'St-Louis'

Préfacé par Serge KLARSFELD

Editions L'Harmattan
5-7 rue de l'Ecole-polytehnique
F - 75005 - Paris

L'auteur

Diane AFOUMADO est docteur en histoire. Elle a enseigné à l'université de Paris X-Nanterre. Co-auteur avec Serge Klarsfeld de l'ouvrage *La spoliation dans les camps de province* (La Documentation française, Paris, 2000) ; elle a travaillé pour la Mission d'étude sur la spoliation des Juifs de France, puis pour la Commission pour l'indemnisation des victimes de spoliations. Elle travaille actuellement au Mémorial de la Shoah - Centre de Documentation Juive Contemporaine (CDJC).

Iconographie des couvertures :

1. Affiche publicitaire pour les paquebots de la Compagnie *Hapag*, ligne *'Hamburg-Amerika'*, figurant ici le '*St. Louis Milwaukee*'...
   (Archives du Centre de Documentation Juive Contemporaine, Paris - 75004)

2. Parcours du *St. Louis* entre le 13 mai et le 17 juin 1939
   (Map courtesy of the United States Holocaust Memorial Museum of Washington-DC)

www.librairieharmattan.com
harmattan1@wanadoo.fr

ISBN: 2-7475-8508-5
EAN: 978 2747 585 088

Préface de Serge KLARSFELD

Nous connaissons aujourd'hui l'odyssée du *St. Louis*, navire chargé de proscrits juifs de l'Allemagne hitlérienne qui, parti de Hambourg en dernière minute avant la conflagration de la Seconde Guerre mondiale pour livrer à Cuba sa cargaison humaine, revint en Europe toujours chargé de sa cargaison, dont une partie finit dans les crématoires nazis.

Chacune des victimes avait pu contempler des ponts du *St. Louis* les palmiers de Cuba sans avoir pu mettre pied à terre.

Oui, cette croisière sans escale et qui aboutit au naufrage non du navire mais de beaucoup de ses passagers est connue de tous ; peut-être d'ailleurs à cause du nom du navire qui rappelle un roi de France qui fut saint tout en haïssant les Juifs ; mais les raisons de l'échec de ce sauvetage de plus de 900 êtres humains restent mal connues sinon inconnues.

Neuf cent trente-sept personnes, ce sera deux ans plus tard le chargement habituel des trains de déportation des pays de l'Ouest vers Auschwitz ou Sobibor, les deux camps d'extermination où furent dirigés les Juifs de Hollande, de Belgique et de France, parmi lesquels plus de 270 passagers du *St. Louis*.

Diane Afoumado s'est plongée dans les archives de cette malheureuse odyssée et elle nous explique, dans des chapitres au développement logique et remarquablement clairs, les tenants et les aboutissants de ce fatal engrenage : imaginez, en aval de quelques semaines de la lamentable Conférence d'Evian, où les organisations juives ne furent pas admises à siéger et où les possibilités d'émigration des Juifs persécutés en Europe furent officiellement réduites à zéro, et en amont de quelques semaines du déclenchement de la guerre, un paquebot luxueux appartenant à la compagnie allemande Hapag et se dirigeant de Hambourg vers Cuba où les autorités avaient débloqué autant de permis de débarquement que de passagers. Ils furent annulés, annulés parce que le Président cubain n'admettait plus le trafic de ces permis et que, malgré les interventions, il restera inflexible et impitoyable. Ainsi les premiers européens à être refoulés d'un pays ex-colonisé furent les Juifs du *St. Louis*.

Dans un récit très bien structuré, Diane Afoumado décrit avec précision les multiples démarches effectuées à Cuba essentiellement par le Joint pour tenter de débloquer la situation, pour trouver dans quelque pays que ce soit, en Amérique Centrale, du Sud et du Nord, un havre pour ce navire dont le capitaine allemand mais anti-nazi partageait les espoirs et les désespoirs de ses passagers et faisait presque l'impossible pour les débarquer ailleurs qu'en Allemagne. Les Juifs du *St. Louis* ont essuyé refus après refus d'une série de pays qui avaient pourtant un intérêt évident à accueillir sur leur sol des immigrants intelligents, instruits, aisés pour la plupart d'entre eux, et professionnellement aptes à développer l'économie et la culture du pays d'accueil.

Diane Afoumado montre que malgré l'intérêt médiatique intense soulevé par le sort du *St. Louis* aux Etats-Unis mêmes, ni Roosevelt et son entourage, ni les grandes organisations juives n'ont osé remettre véritablement en question l'intransigeance de l'administration : seuls les Juifs en possession d'un visa d'immigration valable pouvaient s'installer aux USA ; certes la plupart des passagers disposaient d'affidavits leur permettant de postuler pour cette immigration ; ils étaient en sursis mais leurs numéros n'avaient pas été tirés au sort.

Les colonies africaines des démocraties européennes étaient fermées au *St. Louis* ; l'Angleterre se refusait à laisser entrer en Palestine les Juifs persécutés en Europe, de peur de mécontenter les Arabes : le 8 juin 1939, l'expression « *Holocaust* » est apparue pour la première fois dans le *New York Times*, qui constatait l'impossibilité voulue par tous les responsables de la diplomatie internationale de toute action humanitaire pouvant aboutir à un sauvetage.

Les conclusions du *New York Times*, que souligne Diane Afoumado, sont terrifiantes car tellement lucides : *« l'Allemagne avec l'hospitalité de ses camps de concentration accueillera ces malheureux à la maison »* ; et celles du *Washington Post* sont tout aussi réalistes : *« Il existe des sanctuaires pour les oiseaux aux Etats-Unis, mais pas de sanctuaire pour 907 êtres humains persécutés ».*

Diane Afoumado démontre comment ce refus américain est à l'origine d'un sentiment de culpabilité qui, plus tard, après la Shoah, allait influencer les milieux dirigeants américains et, plus encore, les grandes organisations juives confrontées au désastre, et restées impuissantes.

Diane Afoumado met en lumière l'impressionnante réaction d'Hitler qui se réjouit ouvertement de l'égoïsme des démocraties, lesquelles ne voulaient ou ne pouvaient entreprendre des actions concrètes, et qui lui laissaient le champ libre pour opprimer des Juifs confrontés à l'impossibilité d'avoir accès à des pays de refuge.

Sur le *St. Louis* qui erre entre Cuba et la Floride, un passager regarde en face la tragédie dans laquelle il est impliqué, et qui implique non seulement tous les passagers mais aussi les Juifs européens : *« Sommes-nous vraiment la vermine de l'humanité pour être traités comme des lépreux ? Ou l'humanité a-t-elle cessé d'être humaine ? »*

Hambourg ne sera quand même pas la destination finale de cette croisière du désespoir. Dans l'espoir d'une improbable solution, le Capitaine Schröder retarde de son mieux le retour du bateau réclamé par la Hapag. Plus tard, il recevra une médaille des Justes bien méritée. Morris C. Tropper, le directeur européen du Joint, cette organisation juive américaine qui se dévoue dans le monde entier pour les Juifs en danger, réussit le tour de force de convaincre la France, la Belgique, la Hollande et l'Angleterre de se partager les passagers du *St. Louis*, et ce malgré les réticences du Premier Ministre britannique, Chamberlain, qui exprime ainsi sa pensée profonde : *« Si nous devons offenser quelqu'un que ce soient les Juifs plutôt que les Allemands »*.

Pour faciliter leur admission et sauver les passagers, le Joint garantit et paiera 500 dollars pour chacun des 400 hommes, 300 femmes et 200 enfants du *St. Louis*. En France l'OSE prendra en charge dans ses maisons d'Eaubonne et de Montmorency plusieurs dizaines de ces enfants. Les passagers sont débarqués à la mi-juin 1939 à Boulogne pour les 224 à qui la France est assignée, et à Anvers pour les trois autres pays : 214 pour la Belgique, 288 pour la Grande-Bretagne, 181 pour la Hollande.

Désormais, les passagers du *St. Louis* sont des réfugiés assistés et surveillés qui partageront le même sort que les autres réfugiés. Ceux d'Angleterre seront tous préservés de la barbarie nazie ; ceux du continent auront à affronter la Gestapo et les polices hollandaise, belge et française qui seront mises au service des Allemands pour arrêter le gibier juif.

Grâce à la rigueur de Diane Afoumado comme historienne, et grâce à son talent de narrateur pour exprimer ce drame, tous les lecteurs de ce passionnant ouvrage comprendront clairement les prémisses de la Shoah, anticipée en cet épisode. Le *St. Louis*, depuis 1939, est emblématique de ces bateaux fantômes chargés de Juifs et condamnés à errer sans pouvoir s'amarrer : le *Struma* de février 1942 a coulé, bloqué en face de Constantinople avec 769 passagers dont un seul survivant. 1939 marquait le début de la Shoah ; en 1942, elle battait son plein ; le sort des Juifs en mer suivait parallèlement celui des Juifs restés sur le continent européen.

Sur 907 passagers, 231 seront déportés. Parmi les milliers de photos d'enfants juifs déportés de France que j'ai publiées, je me souviens en particulier de celle de *Brigitta Joseph* dont le sourire exprime le charme et la joie de vivre, et qui fut assassinée à 12 ans avec ses parents et sa sœur.

Serge KLARSFELD
Président de l'Association des Fils et Filles de Déportés Juifs de France (FFDJF)

Légende de la photographie ci-contre:

Dans la grande rafle des Juifs étrangers de la zone libre, plus de 500 enfants furent arrêtés par la police de Vichy et livrés à la Gestapo en zone occupée. Parmi eux, **Brigitta JOSEPH** dont le sort tragique mérite d'être raconté plus en détail.

Ses parents, Benno et Herta, et elle-même, ont été des passagers du paquebot *St. Louis* qui a tenté de gagner Cuba avec sa cargaison de 937 Juifs allemands munis de visas cubains invalidés pendant la traversés. Les passagers n'ont pu débarquer dans aucun port de l'Amérique Centrale ou du Nord. Beaucoup d'entre eux, réfugiés en France, furent arrêtés comme Allemands en septembre 1939 et internés. Ceux qui ne l'avaient pas été encore y compris les enfants, le furent en mai 1940 lors de l'avance allemande. La loi du 4 octobre 1940 permettant l'internement administratif et arbitraire de tous *« les ressortissants étrangers de race juive »* fit le reste. Apparemment la famille Joseph, après un séjour au Mans, est passée en zone libre et a été assignée à résidence forcée à Monbalen dans le Lot-et-Garonne puis, le 26 août 1942, arrêtée et transférée dans le camp de rassemblement départemental de Casseneuil, d'où elle fut envoyée à Drancy le 4 septembre. Le 9 septembre 1942, le convoi n° 30 les emporta vers Auschwitz, d'où seul revint le père.

Collection Serge Klarsfeld

A mes parents

A Olivier

A feue mon arrière grand-mère

INTRODUCTION

Le 17 juin 1939, les 907 passagers qui avaient embarqué le 13 mai sur le somptueux paquebot *St.Louis* à Hambourg, à destination de l'île de Cuba, débarquent à Anvers pour être répartis entre la Belgique, les Pays-Bas, la France et la Grande-Bretagne. Un mois plus tôt, ils avaient touché du doigt le droit à la liberté, le droit de vivre. Après avoir surmonté les démarches administratives pour fuir l'Allemagne nazie ; après avoir, au bout de plusieurs mois d'attente, obtenu des permis de débarquer à Cuba en payant le prix fort ; après avoir retenu des places sur un paquebot de croisière, le plus dur semblait accompli.

Près de quinze jours passés en mer sur l'un des plus luxueux bateaux de l'époque, ils avaient repris goût à la vie, à leur ancienne vie, celle d'avant l'arrivée au pouvoir de Hitler. Fini les brimades, les humiliations, les exclusions, les spoliations, les persécutions et les camps de concentration. Ils quittaient un pays, leur pays, l'Allemagne, une certaine Allemagne qu'ils avaient jusqu'alors aimée et qui n'existait désormais plus. Ils quittaient l'Europe et ses bons et mauvais souvenirs. Ils avaient tourné une page qu'ils voulaient définitive. Ils avaient rêvé d'Amérique, mais la loi sur les quotas la rendait inaccessible dans l'immédiat. Alors, dans l'urgence, ils se virent contraints d'accepter des permis de débarquer à Cuba, en attendant le rêve américain. Cuba ou n'importe où, pourvu que ce fût loin de l'Allemagne, loin de la vieille Europe. De toute façon, ils n'avaient plus le choix. Ils n'avaient plus de temps à perdre ; il leur fallait partir. Cuba était proche de l'Amérique et les enfants s'y plairaient. Après avoir tout perdu, seule la vie comptait. Cuba serait donc une chance de vivre libre, sans jamais plus avoir peur de mourir. Mais le sort en décida autrement.

Après un mois passé en mer, le refus de Cuba de laisser débarquer les réfugiés juifs du *St. Louis*; après le silence de l'Amérique, le mépris canadien, et l'indifférence du monde, le millier de passagers revint en Europe où, à peine quelques mois plus tard, une partie d'entre eux serait anéantie dans les camps de mise à mort de Pologne. Que s'était-il passé en à peine plus d'un mois pour que l'espoir de ces immigrés juifs s'effondrât ? Par quel hasard, avaient-ils été contraints de revenir en Europe, après avoir traversé l'océan Atlantique ? De nos jours, le drame des immigrés du *St. Louis* fait figure d'acte manqué de la part des démocraties confrontées au « problème » des réfugiés juifs. Ces hommes, ces femmes, ces enfants et ces vieillards, qui avaient tout abandonné dans l'espoir de survivre ailleurs, furent sacrifiés au nom de la diplomatie et du contexte mondial tendu.

Les questions abondent, tant la situation des 937 passagers du *St. Louis* nous paraît absurde aujourd'hui encore, plus de soixante ans après ce drame relativement mal connu dans notre pays. Curieusement, plus d'un demi-siècle après les faits, la mémoire collective a jeté un voile opaque sur l'épisode tragique du *St. Louis*. Après avoir occupé la une de la plupart des journaux de l'époque, et ce dans le monde entier, le *St. Louis* évoque aujourd'hui peu de choses. Il faut dire que l'historiographie du *St. Louis* est relativement pauvre jusque dans les années soixante.

Le premier livre à paraître est celui du capitaine du bateau, Gustav Schröder, publié en 1949[1]. En 36 pages, il retrace brièvement quelques moments du voyage en y ajoutant parfois ses impressions. Il faut attendre 1961 pour que le journaliste et écrivain Hans Herlin s'intéresse au sujet et publie un ouvrage dans lequel certains faits réels sont romancés[2]. Dans cet ouvrage, aucune source n'est clairement citée et, pour le profane, il est difficile de séparer les événements du roman. Puis, en 1974, paraît le livre de deux journalistes anglo-saxons, intitulé *The Voyage of the Damned*[3], sans doute l'ouvrage le plus connu dans la mesure où il servira de support au film britannique éponyme rassemblant une pléiade d'acteurs américains célèbres[4]. Si les deux auteurs citent à

---

[1] Gustav SCHRÖDER, *Heimatlos auf hoher See* (L'Epopée du *St Louis*), 1949, Beckerdruck - Berlin, 47 p. Photographies, Dokumenten - Anhang.

[2] Hans HERLIN, *Kein gelobtes Land. Die Irrfahrt der St Louis*. Dokumentation und Interviews : Zwy Aldouby, Carl - Heinz Mühmel, Yvonne Spiegelberg, Hamburg, nannen Verlag, 1961, 208 p.

[3] Gordon THOMAS, Max MORGAN-WITTS, *Voyage of the Damned*, London, Hodder & Stoughton, 1974, 317 p.

[4] *Voyage of the Damned*, distribué par Avid Home Entertainment, Van Nuys, CA, 1992. Film. Dans la distribution figuraient entre autres : Faye DUNAWAY, Max Von SYDOW, Oskar WERNER, Malcolm McDOWELl, Orson WELLES, James MASON, Ben GAZZARA, Katharine ROSS, Lee GRANT, Julie HARRIS,

la fin de leur ouvrage les nombreuses sources qu'ils ont consultées, le corps du texte ne renvoie en revanche à aucune note précise. Ce livre paraîtra en français deux ans plus tard. Pourtant, aucun historien français ne manifestera alors un quelconque intérêt pour cet épisode certes fort bref dans le temps, mais emblématique à plusieurs titres. Aucun ouvrage français abordant le thème des réfugiés pendant l'entre-deux-guerres n'y fera référence.

En France, on ne recense qu'un seul article paru dans *Le Figaro* en 1969[1] et qui n'est autre que la traduction d'un texte paru dans plusieurs publications américaines, et un article paru en 1999 dans la *Revue des Etudes Juives* mais qui, du fait de sources insuffisantes, comporte quelques inexactitudes[2]. En fait, il faut attendre les années 2000 pour que des historiens allemands posent leur regard sur cette odyssée[3]. Désormais, l'épisode du *St. Louis* n'est plus étudié isolément. Georg Mautner considère que l'histoire du *St. Louis « n'est pas seulement un drame émouvant ; c'est aussi une véritable mosaïque pour la compréhension de cette période*[4]*»*. Ce dramatique « fait divers » est replacé dans le contexte historique des années d'immédiat avant-guerre et de la thématique des réfugiés.

On peut s'interroger sur l'apparent « manque d'intérêt » des historiens français, en comparaison de l'attitude de leurs collègues européens et d'outre Atlantique. En effet, le *St. Louis* a fait l'objet d'une attention toute particulière aux Etats-Unis. Il est même devenu une véritable icône symbolisant l'absence de réaction de l'administration américaine de ce temps pour sauver les Juifs en danger. Les Etats-Unis se sont littéralement emparés de cette affaire pour l'ériger en exemple dans un grand *mea culpa* collectif. Et si aucun livre ne lui est intégralement consacré, de

---

Wendy HILLER, Sam WANAMAKER, Maria SCHELL, Michael CONSTANTINE, Fernando REY, Lynne FREDERICK, Helmut GRIEM, Jose FERRER.

[1] Arthur D. MORSE, « 1939 : la tragique croisière des Juifs du 'St. Louis' », In : *Le Figaro*, 6 et 13 janvier 1969.

[2] Diane AFOUMADO, « Les ' vaisseaux-fantômes' à la veille de la Seconde Guerre mondiale », In : *Revue des Etudes Juives*, tome 158, juillet-décembre 1999, pp. 421-443.

[3] Georg J.E. MAUTNER, *Das St. Louis-Drama.* Hintergrund und Rätsel einer mysteriösen Aktion des Dritten Reiches, Graz - Stuttgart, Leopold Stocker Verlag, 2001, 200 p; Georg REINFELDER, *MS. 'St. Louis' Frühjahr 1939 - Die Irrfahrt nach Kuba.* Kapitän Gustav Schröder rettet 906 deutsche Juden vor dem Zugriff der Nazis, Teetz, Hentrich & Hentrich, 2002, 270 p.

[4] Georg J.E. MAUTNER, *Das St. Louis Drama*, Op. Cit, p. 14.

nombreux ouvrages relatifs à la politique américaine à l'égard des réfugiés ou l'Amérique et l'Holocauste – la Shoah – comportent souvent une référence à l'épisode du *St. Louis*. La mémoire du *St. Louis* en Amérique est encore très vive, bien que son étude soit réduite à un chapitre dans certains ouvrages[1].

Afin de comprendre ce qui s'est passé, il convient de s'intéresser au contexte mondial avant le départ du bateau.

Trois mois avant le début de la Seconde Guerre mondiale, des dizaines de paquebots transportant des Juifs d'Europe centrale fuyant les persécutions, errent sur tous les océans, sur toutes les mers du globe à la recherche d'un port dans lequel ils seront autorisés à débarquer leur cargaison humaine. Quelques centaines d'hommes, quelques dizaines, une poignée ; tous prennent des risques incommensurables en embarquant sur des bateaux de fortune, légalement ou clandestinement. Les plus chanceux possèdent des papiers d'immigration en règle leur permettant de débarquer en toute légalité dans leur futur pays d'accueil. D'autres tentent leur chance, sans visa, sans permis de débarquer, sans aucun papier, en priant pour qu'un pays accepte de fermer les yeux sur ce qui n'est rien d'autre qu'un trafic d'êtres humains. Et puis, il y a ceux qui pensent avoir des papiers adéquats leur ouvrant les portes d'un pays lointain, trop lointain peut-être, un pays exotique dans lequel ils patienteront avant de pouvoir gagner l'Amérique et y vivre librement.

Les 937 passagers qui prennent place à bord du *St. Louis* appartiennent à cette dernière catégorie. Pendant des semaines, des mois, voire une ou deux années, ils ont économisé, afin d'acheter un billet pour Cuba. Toutes les catégories sociales sont représentées. Avocats, médecins, commerçants, petits artisans, tous ont connu, à des degrés divers, la violence des persécutions

---

[1] Sur ce sujet cf: Diane AFOUMADO, « La mémoire du *St. Louis* (1939-2003) », In *La Revue d'Histoire de la Shoah – Le Monde juif*, N° 181, juillet – décembre 2004, pp. 339-355. Ce texte est la traduction d'une première intervention lors de la conférence organisée par le CEGES/SOMA en collaboration avec la Koninklijke Vlaamse Academie van Belge voor Wetenschappen en Kunsten et le Goethe Institute, 15-16 janvier 2004, Document de travail, pp. 135-148 et d'une seconde intervention intitulée « The Voyage of the *St. Louis* » au Third Annual Martin and Doris Rosen Summer Symposium « Remembering the Holocaust » organisé par Appalachian State University à Boone, en Caroline du Nord, Etats-Unis, 26 juin-2 juillet 2004.

antisémites. Certains ont même déjà fait l'expérience de la vie concentrationnaire. Leurs biens ont été spoliés et leurs magasins dévastés lors de la Nuit de Cristal[1]. Certains ont perdu leur travail, d'autres ont tout perdu. Peu à peu, leur univers rétrécit comme une peau de chagrin. L'Allemagne qui avait été la patrie de leurs aïeux devient un monde méconnaissable, dans lequel les Juifs n'ont plus leur place.

Depuis que le 30 janvier 1933, le président allemand Paul von Hindenburg a fait d'Adolf Hitler le nouveau chancelier, la haine des Juifs doit être l'un des principaux chevaux de bataille de l'ancien caporal devenu un chancelier avide de pouvoir. Le 22 mars 1933, Dachau, le premier camp de concentration est ouvert près de Munich. Le 15 septembre 1935, les premières lois de Nuremberg sont promulguées pour défendre la « race aryenne ». En juillet 1938, les pièces d'identité doivent arborer le tampon « J » identifiant leurs porteurs comme juifs. Les 9 et 10 novembre 1938, les « émeutes » dites de la Nuit de Cristal éclatent. Les Juifs sont poursuivis, humiliés, passés à tabac, battus, exécutés. Les synagogues sont pillées, profanées, incendiées. Tout cela sous le regard passif de la police allemande. Les hommes sont internés dans des camps de concentration. En décembre de la même année, le gouvernement du Reich promulgue la loi d'aryanisation qui force tout propriétaire juif d'un commerce, d'une entreprise ou même d'un petit atelier, à le quitter pour être remplacé par un « administrateur aryen ». La spoliation des biens appartenant aux Juifs est ainsi légalisée.

Durant toutes ces années, la politique antisémite du Reich est secondée par une propagande d'une violence sans précédent. Joseph Goebbels, ministre de la Propagande, s'ingénie à distiller une véritable haine des Juifs grâce à un matraquage qui utilise tous les supports. Affiches, tracts, films, expositions, rassemblements spectaculaires, rien n'est laissé au hasard pour que l'antisémitisme se répande le plus largement possible au sein du pays. La phobie du Juif doit atteindre l'ensemble de la population grâce à un endoctrinement quotidien. Sur tous les murs, les Allemands voient de monstrueuses caricatures de Juifs accusés de nuire à la « race aryenne ». Partout, le Juif est pointé du doigt comme un être vil, un profiteur, un faiseur de guerre, une maladie qui ronge de l'intérieur

---

[1] Sur la Nuit de Cristal, cf. Rita THALMANN et Emmanuel FEINERMANN, *La Nuit de Cristal*, 9 – 10 novembre 1938, Paris, Robert Laffont, 1972, 244 p.

la société et l'économie allemandes. Il est devenu un parasite dont il faut se débarrasser.

Les premiers plans sont échafaudés. Le but est d'arriver à ce que l'Allemagne soit vide de tout Juif. Durant les années trente, on envisage alors de leur faire quitter le territoire et de les envoyer n'importe où, pourvu que cela soit loin des frontières du Reich. En juillet 1938, le « Projet Sosua » propose l'installation de 100.000 réfugiés juifs d'Europe en République Dominicaine (près de Saint-Domingue), contre le versement de plusieurs millions de dollars par l'association américaine *Joint Distribution Committee*[1]. Les Juifs deviennent une monnaie d'échange, un produit que l'on vend volontiers lorsque l'on trouve un acheteur. Un mois plus tard, le *Reichszentralstelle für jüdische Auswanderung* (le bureau central pour l'émigration juive) s'installe à Vienne dans le but de faciliter l'immigration des Juifs du Grand Reich. Le 26 août, Adolf Eichmann est nommé à la tête de ce bureau. La même année, Hitler charge Hermann Göring d'étudier un plan de colonisation juive sur l'île de Madagascar[2]. Les plans les plus fantaisistes seront envisagés. Aucune considération économique, sociale, géopolitique, voire climatique, n'entre en ligne de compte. Le seul but à atteindre est de ne plus recenser un seul Juif sur le territoire allemand qui, parallèlement, poursuit son expansion territoriale.

Nombreux seront les Juifs qui n'attendront pas qu'on leur trouve une terre d'asile pour quitter l'Allemagne et l'Autriche, nouvellement rattachée au Reich. L'immigration juive se transforme en une véritable hémorragie, surtout à partir de 1938, et se prolongera jusqu'au déclenchement de la Seconde Guerre mondiale. Mais partir signifie surmonter de nombreux obstacles.

---

[1] Environ 500 Juifs seulement furent accueillis par Saint-Domingue selon ce plan et, en 1940, l'île cessa d'accepter des immigrés.

[2] Le plan de Madagascar : la politique d'émigration des Juifs, envisagée par le Reich, fut reprise même après la déclaration de guerre. Les divers plans concernaient le déplacement de plusieurs milliers de Juifs. Mais le plan de Madagascar fut de loin le plus ambitieux puisqu'il touchait plusieurs millions de personnes, afin de se débarrasser de la quasi-totalité des Juifs vivant dans la zone du *Reich-Protektorat* et en Pologne occupée. La Section III de l'*Abteilung Deutschland,* du Ministère des affaires étrangères, se trouvait à l'origine de ce plan. Heydrich se montra enthousiaste à la lecture dudit projet qui fut non seulement celui qui englobait le plus grand nombre de Juifs, mais également le dernier plan destiné à résoudre la « question juive » par l'émigration. Cf. Raul HILBERG, *La Destruction des Juifs d'Europe*, Paris, Fayard, 1985, pp. 340 à 343.

Au-delà des multiples démarches administratives, du coût que représente l'achat d'un billet, encore faut-il trouver un pays qui accepte de délivrer des visas. Or, à la fin des années trente, de nombreux pays renforcent leur appareil législatif afin de se prémunir contre cette marée humaine. Parmi ceux-ci, la Suisse. A la demande de Heinrich Rothmund, chef de la police fédérale, le gouvernement allemand estampille d'un « J » tous les passeports de ces ressortissants juifs afin de les empêcher de traverser la frontière suisse.

C'est donc dans ce contexte que 937 personnes contraintes de quitter leur pays de naissance embarquent sur un paquebot de luxe le 13 mai 1939. Aucune d'entre elles ne peut alors penser que ce voyage se transformerait en cauchemar, en tragédie humaine offerte aux regards du monde entier.

La présente étude s'attachera donc à explorer les archives concernant l'histoire du *St. Louis*, tout en la replaçant dans la perspective plus vaste du problème des réfugiés juifs à la fin des années trente. Les archives de la *Hapag*, la compagnie maritime à laquelle appartient le *St. Louis*, les documents officiels du Département d'Etat américain, de nombreux papiers privés appartenant aux passagers, des témoignages, mais aussi la presse américaine, cubaine, allemande, française, belge, hollandaise et britannique constituent le corpus de cet ouvrage et sont autant de sources permettant de reconstituer l'épisode du *St. Louis*.

CHAPITRE I

FUIR À TOUT PRIX

Fuir devant l'imminence d'une catastrophe revient à se 'mettre à courir' avant de disparaître, c'est tout. Ils courent au-devant de la vie.
Si quelques milliers de Juifs apeurés de plus avaient fui l'Allemagne dans les années trente…[1]

Les Juifs n'ont jamais eu beaucoup de place. Les nations leur mesurent le terrain.[2]

LA POLITIQUE A L'EGARD DES REFUGIES DEPUIS LA CONFERENCE D'EVIAN

Le contexte mondial de la seconde moitié des années 1930

En 1938, la question des réfugiés est plus aiguë que jamais. La politique d'expansion territoriale de l'Allemagne nazie engloutit progressivement des pays de plus en plus vastes du continent européen. Ce sera d'abord la Sarre avec le plébiscite de janvier 1935, puis l'Autriche rattachée au Reich par l'*Anschluss* en mars 1938, Dantzig en août, le pourtour de la Bohême en septembre de la même année, et enfin Memel[3] en mars 1939. Au total, le recensement du 17 mai 1939 fait état de 80,2 millions de *Reichsdeutsche*.

Dans chacun des nouveaux territoires, la politique répressive de l'Allemagne à l'égard des opposants sera systématiquement appliquée. Quant aux persécutions antisémites, plus l'Allemagne

---

[1] Philip ROTH, *Opération Shylock. Une confession*, Paris, Gallimard, 1993, p. 66.
[2] Albert LONDRES, *Le Juif errant est arrivé*, Paris, Arléa, 1997, p. 32.
[3] Après avoir menacé Prague, Hitler crée le Protectorat de Bohême-Moravie. Fort de ce succès et grâce à un accord avec la Lituanie, l'Allemagne annexe Memel le 22 mars.

repousse les frontières du Reich, plus elle se trouve en présence de populations juives toujours plus nombreuses. Parallèlement, en Allemagne même et en Autriche, le nombre de candidats à l'immigration s'accroît considérablement. Selon le recensement de 1925, 564.379 Juifs vivent en Allemagne, ce qui représente 0,9% de la population globale. Et d'après les estimations du Haut Commissariat aux Réfugiés à la Ligue des Nations, 329.000 Juifs ont fui le régime nazi entre 1933 et 1939. Mais fuir les persécutions implique de trouver un pays d'asile même temporaire. La question des réfugiés se transforme dès lors en un problème mondial face auquel les potentiels pays d'accueil sont contraints de réfléchir ensemble.

Ainsi, le 6 juillet 1938, sur proposition de Cordell Hull, secrétaire d'Etat américain aux Affaires étrangères, et de son adjoint Summer Welles, et avec l'accord du président des Etats-Unis, Franklin D. Roosevelt, s'ouvre la Conférence Intergouvernementale d'Evian. Les Etats-Unis ont souhaité de prime abord que la conférence ait lieu en Suisse, mais cette dernière préférera se rétracter[1]. La France accepte finalement d'accueillir la conférence sur son territoire. Néanmoins, cette décision n'évite nullement certains vetos. L'Italie fasciste de Benito Mussolini refuse catégoriquement d'y participer, tandis que l'Afrique du Sud adopte une position médiane en se contentant d'envoyer un simple observateur. Les Britanniques, quant à eux, campent sur leur position en refusant d'aborder le sujet de la Palestine et en opposant un veto définitif à la participation aux débats des deux dirigeants sionistes, Haïm Weizmann et Nahum Goldmann. Le décor est donc planté.

La conférence est étroitement suivie par la presse internationale, y compris – et cela va de soi – par les journaux juifs. L'enjeu de la conférence représente, du côté des pays libres, un défi à relever en matière de politique d'accueil, tandis que pour les réfugiés, l'issue des débats décide de leurs droits de vivre libres sur de nouvelles terres d'asile ou de risquer de mourir, à plus ou moins brève échéance, dans un camp de concentration du Troisième Reich.

---

[1] Documents diplomatiques suisses, vol. 12, n° 247 et n° 262, cité In : *La Suisse et les réfugiés à l'époque du national-socialisme*, Commission indépendante d'experts Suisse – Seconde Guerre mondiale, Berne, Fayard, 1999, p. 53.

La conférence se termine le 15 juillet. Après plus d'un demi-siècle de recul, nul ne peut plus contester aujourd'hui qu'elle se solde par un terrible échec. Chacun des pays participants redouble d'imagination pour inventer sa propre formule diplomatique signifiant la fermeture de ses frontières[1]. Certains journaux ont, dès l'ouverture de la conférence, affiché un sérieux scepticisme quant à l'espoir d'aboutir à une solution satisfaisante au problème des réfugiés. Ainsi, le *New York Times* exprime ses doutes en publiant une caricature représentant un réfugié, identifié comme « non aryen », assis au centre d'une croix gammée, adossé à un poteau indicateur lui intimant l'ordre de partir dans les quatre directions. Mais à l'extrémité de chacune des branches de l'insigne nazi, la sentence est exprimée par un panneau « STOP [2] ». Toutes les routes sont barrées, les possibilités d'immigration se réduisent de plus en plus. Pourtant, malgré ce pessimisme ambiant, certains veulent encore y croire.

En France, *L'Univers Israélite,* l'organe du Consistoire, souligne que *« toutes les puissances représentées ont reconnu solidairement que les israélites et les autres persécutés d'Allemagne et d'Autriche peuvent et doivent être sauvés[3] ».* Il est vrai qu'à l'issue de la conférence d'Evian, la décision sera prise de créer un « Comité International pour les Réfugiés », plus connu sous le nom de « Comité d'Evian ». De cette manière, l'honneur est sauf, et le discours de clôture prononcé par le représentant français, Henry Berenger, encourage diplomatiquement à l'optimisme.

Rapidement, le délégué britannique Lord Winterton est nommé président du Comité, tandis que l'avocat américain George Rublee devient directeur. Le 3 août, lors de la première réunion du Comité à Londres, les « plans de sauvetage » les plus saugrenus seront de nouveau évoqués. Dans les faits, rien n'a changé et les réfugiés ne peuvent espérer dans l'immédiat une solution globale pour les sauver. Néanmoins, la Conférence d'Evian permet aux nations présentes de prendre conscience que, désormais, la question des réfugiés n'est plus réservée à une petite portion géographique du globe, elle devient un problème mondial auquel il

---

[1] *The American Jewish Year Book 5700*, September 14, 1939 to October 2, 1940, volume 41, Philadelphia, The Jewish Publication Society of America, p. 375.
[2] *The New York Times,* 2 juin 1939.
[3] *L'Univers Israélite,* n° 47, 22 juillet 1938, p. 758.

faut apporter des réponses nécessitant d'importantes concertations au plus haut niveau. Celui qui exprime finalement le mieux la position adoptée par les pays participant à la conférence d'Evian est Weizsäcker, alors secrétaire d'Etat aux Affaires étrangères. Il adresse une circulaire à plusieurs ambassades et légations, le 8 juillet 1938, dans laquelle il écrit qu': *« aucun pays n'était préparé à recevoir les émigrants juifs d'Allemagne, surtout s'ils sont sans ressource*[1] *»*.

Hitler est dorénavant assuré que, malgré leur désapprobation de la politique de persécution menée à l'égard des opposants et des Juifs, les pays démocratiques ne sont pas prêts à agir, ni même à accueillir davantage de réfugiés. Hitler a donc la voie libre pour mener plus avant sa politique antisémite. Il ne perd pas de temps puisque la seconde moitié de l'année 1938 voit une radicalisation de l'antisémitisme. Le 21 septembre, un décret entraîne la déportation de dizaines de milliers de Juifs polonais qui vivent jusqu'alors en Allemagne. Ils seront reconduits dans la ville frontalière de Zbaszyn[2]. Parmi eux, les parents de Herschel Grynszpan, ce jeune juif d'origine polonaise qui, après avoir reçu une lettre de sa sœur lui demandant de l'aide, décidera de se venger en assassinant n'importe quel représentant de l'Allemagne nazie. Sa victime sera, par le fait du hasard, le troisième secrétaire de légation chargé des échanges culturels à l'Ambassade d'Allemagne à Paris, Ernst vom Rath. Hitler tient enfin son « prétexte » pour déclencher les événements de la Nuit de Cristal, le 9 novembre 1938[3].

L'hiver 1938 est donc une période décisive pour les Juifs : ils ont le choix de rester en Allemagne, au risque d'être internés à tout moment dans des camps de concentration, ou bien de tenter à

---

[1] Circular of State Secretary, Berlin, 8 juillet 1938, n° 640. Envoyée aux ambassades de Londres, Paris, Rome, Varsovie, Washington et aux légations à Belgrade, Bucarest, Budapest, Prague, Sofia et au Consulat à Genève. Cité In : *Documents on German Foreign Policy 1918-1945*, Washington, US Government Printing Office, 1953, pp. 894-895. Sur l'échec d'Evian, voir également : Catherine NICAULT, « L'abandon des Juifs avant la Shoah : la France et la Conférence d'Evian », In : *Les Cahiers de la Shoah*, Paris, Liana Lévi, 1994, pp. 101-130.

[2] Martin GILBERT, *The Dent Atlas of the Holocaust*. The complete history, London, JM Dent, 1993, (seconde édition), p. 26.

[3] Sur l'histoire d'Herschel GRYNSZPAN et les conséquences, cf. : Diane AFOUMADO, « Les « Affaires » Frankfurter et Grynszpan », In : *Cahiers Jean Jaurès*, n° 153, juillet – septembre 1999, pp. 23-41.

n'importe quel prix – et il est souvent élevé – de fuir le nazisme et les persécutions.

L'Allemagne *judenrein*

Hitler souhaite une Allemagne *judenrein*[1], autrement dit, nettoyée de toute présence juive. Dès son accession au pouvoir et jusqu'à la déclaration de guerre à la Pologne, le 1er septembre 1939, de nombreux plans pour se débarrasser des Juifs seront envisagés. L'objectif de la cruauté mentale et physique des persécutions est de forcer coûte que coûte les Juifs d'Allemagne, puis des territoires rattachés au Reich, à partir. Pendant la première moitié des années trente, les deux autorités allemandes qui s'occupent de l'émigration sont le Ministère de l'Intérieur du Reich (*Reichsinnenministerium*) et l'office de Migration du Reich (*Reichswanderungsamt*). Il faut ajouter à ces deux organes représentant l'Etat, l'Association d'aide juive allemande, le *Hilfsverein der deutschen Juden*, qui procure aux candidats au départ une assistance non négligeable en matière de préparatifs à l'émigration[2].

Jusqu'à la fin de 1937, l'émigration d'Allemagne peut se faire dans d'assez bonnes conditions, si l'on songe à ce qui se passera par la suite. Les Juifs ont la possibilité de sortir d'Allemagne en emportant quelques biens qui leur permettent de s'installer plus rapidement dans leurs nouveaux pays d'accueil. Cette première période d'émigration se trouve bouleversée par la radicalisation de la politique antisémite en 1938. Après la Nuit de Cristal et l'internement de milliers de Juifs dans des camps de concentration, un pallier est atteint. L'Allemagne n'est plus décidée à regarder passivement ses Juifs quitter leur patrie, quand eux seuls estiment que toutes les conditions sont réunies. Désormais, ils sont poussés au départ et ce, dans les plus brefs délais. Ordre est donné en décembre 1938 au *Hilfsverein* et au *Reichsvertretung* de se charger de l'émigration massive et rapide

---

[1] Le suffixe « *rein* » renvoyait plus précisément à l'idée de propreté. Cela signifiait que l'Allemagne avait pour but ultime de « nettoyer » le pays de tous les Juifs qu'elle considérait comme représentant une souillure pour la nation.

[2] Arthur PRINZ, « The Role of the Gestapo in Obstructing and Promoting Jewish Emigration », In : *Yad Vashem Studies* on the European Jewish Catastrophe and Resistance, II, Jerusalem, Yad Vashem, 1958, p. 206.

de quelque 30.000 Juifs arrêtés lors de la Nuit de Cristal et pour l'heure, internés[1]. Tous les rouages du système vont s'en trouver bouleversés.

En réalité, d'importants changements dans l'entreprise d'émigration sont déjà opérés à partir de juin 1938, lorsque la Gestapo arrête 1.500 Juifs considérés comme des éléments anti-sociaux. « L'opération de Juin » (*Juniaktion*) – tel est son nom de code – *« marqua le commencement de la fin de la politique d'émigration juive* [2]*»*. A partir de cette date, la Gestapo joue un rôle déterminant dans l'émigration des Juifs d'Allemagne. Un rôle par ailleurs pour le moins contradictoire. D'un côté, la Gestapo fait pression sur le *Hilfsverein* et le *Reichsvertretung* pour que ces derniers accélèrent l'émigration des Juifs, de l'autre, elle approuve le développement de la propagande antisémite par le ministre de la propagande du Reich, Joseph Goebbels, qui brandit au regard du monde une image hideuse des Juifs en les comparant à de la vermine et à des parasites - ce qui n'encourageait pas les démocraties à les accueillir[3].

Cette propagande est relayée sur le terrain, dans des pays d'accueil potentiels et surtout en Amérique du Sud, par des agitateurs envoyés par l'*Auslandsorganisation* (organisation d'Outre-mer) de Bohle[4]. Leur travail d'endoctrinement tend, entre autres, à générer et à propager la haine des Juifs. Ce double jeu de la Gestapo conduit à briser le système de l'émigration légalement organisé, pour entrer dans une période de départs forcés, effectués dans des délais toujours plus courts et même de plus en plus souvent sans avoir obtenu au préalable l'assurance d'être accepté par le pays de destination du voyage. Quel pays accepterait un flot

---

[1] Ibid, p. 208.
[2] Ibid, p. 211.
[3] Ibid, p. 209. Sur des exemples de la propagande antijuive allemande, cf. : *Archives of the Holocaust*. An International collection of selected documents, volume 1, Bildarchiv preussischer Kulturbesitz, Berlin, Part 1, 1933 – 1939, New York – London, Garland Publishing, Inc., 1990, 361 p. De nombreuses caricatures antisémites publiées dans les journaux allemands sont reproduites, ainsi que des photos-montage montrant des Juifs, candidats à l'émigration, dans les bureaux du *Hilfsverein*.
[4] L'*Auslandsorganisation der NSDAP* était une organisation pour l'étranger de la NSDAP. A sa tête, à partir de mai 1933, Ernst Wilhelm Bohle qui portait le titre de *Gauleiter*. En 1949, Bohle fut condamné à 5 ans de prison par le Tribunal militaire de Nuremberg, puis libéré la même année. Il mourut à Düsseldorf en 1960.

toujours plus important d'émigrés que la propagande allemande s'ingénie à montrer comme les pires maux de l'humanité ? En 1939, une plaisanterie circule en Allemagne : un Juif désireux de partir se rend dans une agence de voyage ; le préposé pose une mappemonde devant lui, la fait tourner et lui dit : *« Choisissez » ;* après avoir étudié le globe pendant un moment, le Juif relève la tête avec une expression désespérée et demande : *«Auriez-vous quelque chose d'autre ?*[1] »

Le 26 août 1938, le Reichskommissar Bürckel crée le *Zentralstelle für die jüdische Auswanderung* (l'Office central du Reich pour l'émigration des Juifs) qui traite les dossiers à un rythme croissant. L'entreprise d'émigration programmée s'étend à l'ensemble du Reich à partir du 24 janvier 1939, lorsque Göring ordonne la création de l'Office Central d'Emigration Juive (*Reichszentrale für die jüdische Auswanderung*) placé directement sous la direction du chef de la Gestapo, Reinhard Heydrich[2].

L'émigration prend alors une tournure de « sauve-qui-peut » et relève davantage d'une politique d'expulsion après, bien évidemment, la spoliation de l'ensemble des biens appartenant aux Juifs. Rien d'étonnant à ce que près de 50% de l'émigration des Juifs d'Allemagne et d'Autriche ait eu lieu à cette période[3]. A cause de la politique jusqu'au-boutiste d'Heydrich, de nombreux bateaux de réfugiés errent sur toutes les mers du monde, en quête de ports susceptibles de les laisser débarquer[4]. Cette ultime vague d'émigration, avant le déclenchement de la Seconde Guerre mondiale, pousse les candidats au départ à accepter – pour ne pas dire subir – des conditions qui auraient été totalement inimaginables quelques années auparavant. Les Juifs d'Allemagne et d'Autriche partent en abandonnant tout derrière eux, complètement dépouillés de leurs biens et de leur argent.

---

[1] Irving ABELLA and Harold TROPER, ««The line must be drawn somewhere » : Canada and Jewish Refugees, 1933-9», In : *Canadian Historical Review*, LX, 2, University of Toronto Press, 1979, p. 178.

[2] John P. FOX, « German and European Jewish Refugees, 1933-1945 : reflexions on the Jewish condition under Hitler and the Western World's response to their expulsion and flight », In : *Refugees in the Age of Total War*, London, Boston, Sydney, Wellington, Unwin Hyman, 1988, p. 77.

[3] Ibid, p. 77.

[4] Sur les migrations clandestines, cf. : Paul H. SILVERSTONE, *Our Only Refuge. Open the Gates !* Clandestine Immigrations to Palestine 1938-1948, broché, 38 p.

Nombreux sont ceux qui fuient, munis de documents d'émigration illégaux susceptibles, si la chance leur sourit – et surtout en distribuant de nombreux pots-de-vin – de leur entrouvrir les portes des pays d'Amérique latine et des Caraïbes qui, ferment parfois les yeux sur ce trafic d'hommes, de femmes, d'enfants et de vieillards, prêts à tout pour échapper à la mort dans un camp de concentration. Ce trafic illégal, encouragé par la Gestapo, permet à de nombreux consuls peu scrupuleux d'Amérique du Sud de s'enrichir. Tandis que les compagnies maritimes allemandes doivent faire face à cette vague humaine qui donne naissance à un trafic mafieux fondé sur le désespoir, la peur et le désir de vivre. La compagnie Hapag (*Hamburg-Amerikanische Packetfahrt-Actien-Gesellschaft*), propriétaire du *St. Louis*, profitera alors largement de ces circonstances.

Le rôle de la Hapag

La Hapag relève de ces grandes compagnies maritimes qui font rêver. Elle fait partie des entreprises prestigieuses fondées au cours de la seconde moitié du XIXe siècle, alors que la révolution industrielle bat son plein en Europe. La Hapag est créée en 1847 avec une flotte d'abord commerciale. Mais à partir de 1891, et grâce à Albert Ballin, un Juif allemand, la compagnie développe une politique de croisières en Méditerranée et, avec elle, la notion de « voyages pour le plaisir ». De la fin du XIXe siècle jusqu'à la Première Guerre mondiale, la Hapag ouvre de nouvelles lignes à travers le monde ainsi que des agences de voyage dont la première est celle de Berlin, en 1905. Pendant la guerre de 1914-18, la compagnie perd la totalité de sa flotte ; échec trop difficile à supporter pour Albert Ballin qui, incapable de survivre à la destruction de l'œuvre de sa vie, se donne la mort le 9 novembre 1918. Mais la société survivra à son créateur et, au cours des deux décennies suivantes, la flotte est reconstituée pour atteindre 118 navires en 1926.

L'entre-deux guerres est aussi une période de développement dans le domaine de la technologie et du luxe pour les bateaux de la Hapag qui construit des navires toujours plus grands et plus rapides. Certains sont même récompensés par la plus haute distinction du Ruban bleu, comme c'est le cas du navire *Bremen* qui reçoit un accueil chaleureux à son entrée dans le port de New

York en 1929. Mais cet âge d'or est brutalement interrompu par l'arrivée des Nazis au pouvoir. Dès 1933, le Reich devient l'actionnaire majoritaire de la Hapag. La somptueuse flotte allemande peut désormais être utilisée à d'autres fins, beaucoup moins prestigieuses celles-là. De plus en plus souvent, les « passagers ordinaires » côtoient des Juifs qui fuient le régime nazi. En 1939, la Hapag établit même des statistiques quant aux passagers juifs transportés sur ses diverses lignes[1]. Les archives de la Hapag renferment des documents administratifs qui fourmillent d'éléments précis sur l'émigration des Juifs d'Allemagne et ce, à travers un langage résolument assujetti à l'idéologie nationale-socialiste. Ainsi, un document daté du 16 décembre 1939, intitulé *« Nos Juifs – Transport à partir de Hambourg – janvier-août 1939 »* fournit-il des informations concernant les destinations, le nombre de Juifs et leur pourcentage calculé sur le total de passagers transportés[2].

Les régions du monde vers lesquelles les passagers voyagent sont mentionnées dans ce document : l'Amérique centrale, l'Amérique du Sud, Cuba / Mexico, les Pays-Bas, les Indes, l'Asie et l'Australie. Sans compter les passagers du *St. Louis*, 7.419 passagers ont emprunté les bateaux de la Hapag entre janvier et août 1939. Parmi eux, 2.863 sont juifs ; soit 38,6% du total. Le service des statistiques de la Hapag produit même des chiffres très précis pour l'année 1939, calculés pour chacun des navires de sa flotte et ventilés par destination. Les données chiffrées révèlent que les bateaux transportent de 3,4% (l'*Ibéria*, parti pour Cuba/Mexico le 28 juin 1939, pourcentage le plus bas) jusqu'à 95,4% de Juifs (le *St. Louis)*, et 93,3% (le *Saarland* parti pour l'Asie le 17 juin 1939 de Hambourg)[3].

En fait, presque tous les bateaux de la Hapag transportent des passagers juifs en 1939 et, dans de fortes proportions - souvent proches de 50%. A une période où la crise économique a évidemment touché de plein fouet les croisières de luxe, ce nouveau trafic humain représente une manne inespérée à la fois pour la compagnie maritime, et pour son principal propriétaire, le

---

[1] *Statistik der Passagen von Juden auf allen Linien 1937-1939*, Hapag-Reederei, 3002, Staatsarchiv Hamburg, microfilm, USHMM : Acc. 2000.148.

[2] *Unsere Juden – Beförderung als Hamburg*, Hapag-Reederei, 2002, Staatsarchiv Hamburg, microfilm, USHMM : Acc. 2000.148.

[3] Ibid.

Reich. Ce dernier ne voit, semble-t-il, aucun inconvénient à ce que certains bateaux soient presque entièrement affrétés pour l'émigration de Juifs - les navires *Saarland* et *St. Louis* en sont les exemples-types.

Plus les Juifs partiront massivement, plus l'Allemagne nazie réalisera rapidement son projet d'un territoire *judenfrei*. Par ailleurs, en 1939, dans cette course effrénée à l'émigration pour sauver sa vie, la Hapag n'est pas la seule compagnie qui affrète des bateaux transportant des Juifs. La flotte allemande ne suffit plus à drainer le flux d'émigrants juifs hors des frontières du Reich. Cette course à la survie contraint les Juifs d'Allemagne et d'Autriche à acheter des billets auprès de compagnies étrangères comme la *British Pacific Steamship Navigation Company* ou encore la *French Line*[1].

Fuir n'importe où et par n'importe quel moyen, pourvu que ce soit loin des Nazis ; telle est la situation des Juifs à l'aube de la Seconde Guerre mondiale.

Les bateaux fantômes

Cette fuite pour la vie couvre les océans de bateaux errants qui tentent de forcer les portes d'un monde démocratique qui, en 1939, semble souvent indifférent à la détresse humaine. Huit ans avant le célèbre épisode de l'*Exodus*, des centaines de bateaux fantômes frappent aux portes du monde pour débarquer leur cargaison de Juifs dont personne ne veut. *Cairo*[2], *Usaramo*[3], *Monte Olivia*[4], *Orbita*[5], *Orinoco*[6], *Flandre*[7], la liste est longue et résonne comme une litanie de drames humains. Ce sont les noms de navires

---

[1] William H. MILLER, Jr, *Pictorial Encyclopedia of Ocean Liners, 1860-1994*, Toronto, General Publishing Company, Ltd, 1995.

[2] *Cairo* : ce bateau part le 22 avril de Hambourg pour Alexandrie.

[3] *Usaramo* : bateau allemand transportant environ 500 réfugiés juifs à Shanghaï.

[4] *Monte Olivia* : bateau allemand.

[5] Orbita : bateau de la *Pacific Steam Navigation Company*. L'histoire de l'*Orbita* est presque unique à l'époque puisque grâce, entre autres, à l'intervention du rabbin Witkin Nathan, les passagers juifs purent débarquer au Panama en juin 1939. Cf. : Eric D. KOHLER, « Byways of Emigration : Panama, The Canal Zone and Jewish Rescue Efforts, 1939-1941 », In : *America and the Holocaust*, Greenwood, Sanford Pinsker, 1983, pp. 89-118.

[6] *Orinoco* : bateau allemand. Environ 200 réfugiés juifs en partance pour Cuba.

[7] *Flandre* : bateau français qui tenta en vain de débarquer à Cuba. Fritz Fuechtwanger, le frère du célèbre écrivain, se trouvait sur ce bateau.

qui transportent des Juifs sur toutes les mers, de port en port en espérant qu'un pays daigne les accepter. En France, la presse, y compris les journaux juifs, se fait amplement l'écho de ce qu'on appelle volontiers les « vaisseaux fantômes »[1], les « proscrits à la dérive»[2], les «Juifs errants[3]». Dans *L'Univers Israélite*, Raymond-Raoul Lambert, alors rédacteur en chef, écrit :

> La presse a brodé, ces derniers jours, sur le thème le plus émouvant de la tragédie juive d'aujourd'hui. Sans parler des vapeurs qui ne peuvent accoster en Palestine et errent en Méditerranée, quatre steamers au moins dans l'Atlantique, avec près de 2.000 réfugiés israélites, chassés d'Allemagne, voguent de port en port, sans que les hommes qu'ils abritent aient le droit de débarquer, ne serait-ce qu'en transit. En temps de guerre, on accepte les déserteurs et les prisonniers ; quand des marchandises ont la moindre valeur, même s'il y a contrebande, on accepte la consigne en douane. Mais du moment qu'il s'agit de réfugiés juifs, on invoque des lois et on repousse le bateau.[4]

Autre exemple du vain périple entrepris pour sauver leur vie :

> Le vapeur Marmara, sous pavillon de la République de Panama, a quitté l'autre nuit, à 1 heure, le port roumain de Mangalia, avec 500 Israélites, réfugiés d'Allemagne. A quelques dizaines de kilomètres au sud, dans le port de Balcie, un autre navire, le Saint-Nicola[5], ayant à bord 552 réfugiés israélites, se voyait au dernier moment interdire le départ par les autorités. Parmi les passagers du Saint-Nicolas, se trouvaient 152 israélites rescapés du camp de concentration de Dachau, qui depuis trois mois, attendaient à Constantza dans les locaux de la douane, la possibilité de quitter le pays. Sur le Danube même, entre les ports de Tulcea et Suliona, 1.300 autres

---

[1] *L'Univers Israélite*, 9 juin 1939, p. 681.

[2] *Le Droit de Vivre*, (journal de la Ligue Internationale contre le Racisme et l'Antisémitisme), 1er juillet 1939, p. 3.

[3] *L'Oeuvre*, 2 juillet 1939, p. 2.

[4] *L'Univers Israélite*, article de Raymond Raoul LAMBERT intitulé « vaisseaux fantômes », 9 juin 1939, p. 681.

[5] Le *Saint-Nicolas* est appelé parfois *Agio-Nicolas* par les journaux français. Il s'agit en fait de l'*Aghios-Nicolaos*, cf. : Paul H. SILVERSTONE, *Our Only Refuge. Open the Gates !* Op. cit, p. 34.

> réfugiés attendent encore, sur les trois bateaux fluviaux la possibilité de poursuivre leur route. Ils se sont procuré des visas pour Shanghaï. Certains d'entre eux assurent qu'ils souhaitent être débarqués sur un point quelconque des côtes d'Afrique, mais leur destination est vraisemblablement la Palestine.[1]

Les réfugiés sont prêts à tout pour débarquer dans n'importe quel port. Les quotidiens *Le Figaro* et *Paris-Soir* rapportent que les quelque 700 passagers juifs illégaux du bateau *Astir* ont menacé d'entamer une grève de la faim après s'être vu refuser de débarquer sur les côtes palestiniennes[2].

La question de l'accueil des réfugiés est alors plus largement posée par la presse en France. Partout dans le monde où les portes se ferment, des drames humains se jouent. Les journaux français publient de nombreuses nouvelles en bref, concernant des bateaux de réfugiés refoulés par le monde libre. *Le Journal des Débats* mentionne la tentative de suicide, par absorption de poison, de six hommes et deux femmes, réfugiés allemands, dans la rade d'Alexandrie en Egypte, après qu'on leur eut refusé de débarquer[3].

Pas un continent n'est épargné par ce drame humain.

> Impossible de débarquer sur les côtes de la Grèce ou de l'Afrique du Nord ces hommes, ces femmes, ces enfants, par milliers, également indésirables, que nous savons mourir d'angoisse et peut-être de faim, sur des bâtiments de fortune ou de contrebande, qui les ont pris frauduleusement en charge. Ce sont des vaisseaux-fantômes, pleins toutefois d'une réalité apeurée, gémissante, qui sillonnent les mers aveuglément, se heurtant à l'inhospitalité des côtes.[4]

Tous les bateaux ne sont pas « de fortune » et tous les réfugiés n'essaient pas d'immigrer « clandestinement ». Néanmoins, que ce soit sur des rafiots peu sûrs ou sur des paquebots luxueux, le résultat est presque toujours identique à l'arrivée. Le même scénario est joué indéfiniment. En réalité, l'hémorragie de

---

[1] « La France, l'Angleterre, la Belgique et la Hollande se partagent les « Juifs errants » », In : *La Victoire*, 14 juin 1939. Ce passage est repris dans *Paris-Soir* du 14 juin 1939, p. 7.

[2] *Le Figaro*, 14 juin 1939, p. 3 ; *Paris-Soir*, 14 juin, p. 7.

[3] *Le Journal des Débats*, 8 juin 1939.

[4] *Temps Présent*, 16 juin 1939.

réfugiés est telle que peu de pays se sentent prêts à en accueillir, ne serait-ce qu'une poignée, de peur d'ouvrir ainsi une brèche par laquelle des milliers d'autres s'engouffreraient sans doute. Mais alors, que faire de ces réfugiés, s'interrogent les journaux français ?

> Que fait-on, que fera-t-on, pratiquement, pour ces pauvres gens – et il y en aura beaucoup d'autres – qui ne peuvent tout de même pas être conduits, de force, dans une île déserte et abandonnés à leur sort, comme le furent les chiens de Constantinople ? Un devoir d'humanité s'impose… Qui va le remplir ? [1]

Le journal socialiste *Le Populaire* titre un article *« Le sort effroyable des réfugiés israélites du « Saint-Louis »,* dans lequel l'auteur désespère de l'humanité :

> Reste-t-il encore quelque sentiment d'humanité dans ce monde du XXe siècle ? On n'oserait l'affirmer. Tant de cruauté, tant de sauvagerie, employons le mot : tant d'inhumanité se déroule sous nos yeux ! […] Depuis des semaines, ils cherchent vainement une terre d'asile. Partout on les repousse. […] Le Comité des réfugiés de la Havane a adressé un appel émouvant au président Roosevelt en faveur de leurs frères du *'Saint-Louis'*. Des hommes, des femmes, des enfants appellent au secours. A défaut d'humanité, un peu de pitié.[2]

A la quasi-unanimité, la presse en France en appelle à des sentiments d'humanité à l'égard des êtres humains rejetés de toutes parts :

> Mais qui sont ces hommes, ces femmes, ces enfants dont personne ne veut ? Des pestiférés ? Des lépreux ? Des criminels ? Non. Pour les pestiférés, les lépreux, il y a des médecins, des hôpitaux, des lazarets, des léproseries. Pour les criminels, il y a des juges et des prisons. Ces gens dont personne ne veut, ce sont des réfugiés politiques. Et il paraît que, pour eux, il n'y a plus rien… Rien, que le suicide.[3]

---

[1] *Journal*, 15 juin 1939.
[2] *Le Populaire*, 8 juin 1939.
[3] *L'Oeuvre*, 9 juin 1939.

Afin de résumer la situation des réfugiés, le journal juif *Affirmation*[1] préfère laisser la parole à un rescapé du *St. Louis* :

> Les paroles d'un des réfugiés traduisent bien l'état d'âme des tragiques voyageurs : « (...) En Allemagne je suis passé par plusieurs arrestations, molestations, camps de concentration... Mais, aussi bizarre que cela puisse paraître, le souvenir le plus terrifiant de ma vie restera ces huit jours en face de Cuba, quand j'ai constaté qu'il n'y avait plus au monde de pays qui voudrait de nous, que le monde entier se détournait de nous ». [2]

Le constat dressé par la presse est donc amer et résigné. Le monde entier refuse des milliers d'hommes, de femmes et d'enfants en danger de mort, en invoquant diverses raisons qui ne laissent aucune place aux sentiments humains. Depuis la Conférence d'Evian, le sort des réfugiés a fait l'objet de discussions au plus haut niveau, sans pour autant apporter de solution concrète. Ces extraits de la presse française en sont la preuve, et pourraient être multipliés par autant de refus de sauver des vies juives en 1939. C'est dans ce contexte que la Hapag affrète le *St. Louis* à destination de Cuba.

PARTIR

Qui a organisé le voyage ?

Si l'épisode du *St. Louis* suscite de multiples interrogations, à ce stade la question de l'organisation du voyage reste entière. Qui a réellement organisé le voyage du paquebot de luxe de la Hapag ? Cette question peut, *a priori*, paraître simple, mais elle donne pourtant naissance à diverses hypothèses difficiles à prouver. Les suppositions les plus romanesques ont été publiées à ce sujet. En réalité, il existe deux « écoles » qui coexistent, se respectent, mais qui ne se rejoignent jamais sur ce point précis.

---

[1] Le directeur du journal *Affirmation* était Knout David. Hebdomadaire de la vie et de la pensée juives ; le premier numéro parut le 13 janvier 1939. Cf. *The Jews in France.* Studies and Materials, New York, Ed. by E. Tcherikower, Vol. 1, 1942, p. 274.

[2] *Affirmation*, 30 juin 1939.

Jusqu'à aujourd'hui, la « théorie du complot » continue d'être reprise par certains auteurs. Les premiers à l'avoir développée sont les journalistes Gordon Thomas et Max Morgan-Witts, dans leur livre intitulé *Le Voyage des Damnés*[1]. Les deux auteurs font remonter l'origine du voyage du *St. Louis* au mois d'avril 1939. La décision aurait été prise lors d'un déjeuner de travail à l'Hôtel Adlon à Berlin[2], qui réunit le maréchal Hermann Göring, le Dr. Joseph Goebbels, ministre de la propagande, et l'amiral Wilhelm Canaris, chef de l'*Abwehr* autrement dit les renseignements militaires allemands.

Selon les deux journalistes, les protagonistes de cette réunion trouvèrent chacun un avantage à organiser le départ pour Cuba de près d'un millier de Juifs. Göring voyait là une *« solution pratique provisoire*[3]» qui s'inscrivait logiquement dans la volonté de l'Allemagne de laisser partir les Juifs afin d'en être définitivement débarrassée. Goebbels avait, quant à lui, une occasion d'aiguiser les armes de sa propagande, en montrant au reste du monde que l'Allemagne, loin de maltraiter « ses » Juifs, les laissait partir sur de luxueux bateaux ordinairement utilisés pour des croisières de rêve. Le ministre de la propagande y voyait aussi une occasion de redorer le blason de l'Allemagne. Un peu plus de six mois s'étaient écoulés depuis la Nuit de Cristal dont l'image négative fut unanimement véhiculée par la presse internationale. Le voyage du *St. Louis*, s'il était correctement orchestré par la propagande, pouvait effectivement permettre à l'Allemagne de recouvrer un statut honorable aux yeux du monde.

Quant à Canaris, il aurait saisi cette opportunité pour monter une mission d'espionnage. Mais que venaient faire les services de l'*Abwehr* dans ce voyage[4] ? Selon Thomas et Morgan-

---

[1] Gordon THOMAS et Max MORGAN-WITTS, *Le Voyage des Damnés*, Paris, Belfond, 1976, pp. 13-14. Première édition en anglais : *Voyage of the Damned*, Op. cit. , 1974.

[2] Sur l'hôtel Adlon, voir Percy ADLON, *Le Monde splendide de l'Hôtel Adlon*, ZDF/ARTE, 1996, (documentaire).

[3] Gordon THOMAS et Max MORGAN-WITTS, *Le Voyage des Damnés*, Op. cit, p. 13.

[4] L'historien américain Robert M. LEVINE reprend l'hypothèse de l'infiltration de l'équipage par des agents de la Gestapo dont l'un, l'*Ortsgruppenleiter* Otto Schiendick était censé être un agent de liaison au service de l'*Abwehr*. Robert M. LEVINE, *Tropical Diaspora*. The Jewish Experience in Cuba, Gaineville, University Press of Florida, 1993, pp. 104-105.

Witts, la présence de Canaris n'était justifiée que par la mise en place d'une livraison de microfilms à Cuba. L'absence de source citée par les deux auteurs rend cette hypothèse fragile. Aucun document d'archive, si allusif soit-il, n'a jamais été produit par aucun historien ayant abordé, de près ou de loin, le sujet du *St. Louis*. Cela ne signifie pas pour autant que toute cette histoire ait été inventée par les deux journalistes. Néanmoins, il est possible d'en proposer d'autres lectures ou, pour le moins, de pointer du doigt certaines incohérences.

Concernant d'abord la présence de l'amiral Canaris, qui n'est que l'invité de cette réunion. Selon la hiérarchie politique, il n'est pas censé être mêlé à l'émigration des Juifs ; il ne doit pas davantage y prendre part[1]. L'hypothèse peut être tout simplement inversée : Canaris n'aurait pas été l'un des instigateurs du voyage, mais ayant appris que le *St. Louis* allait transporter des émigrants à Cuba, il aurait saisi cette occasion pour y greffer une mission d'espionnage visant à obtenir des renseignements sur l'installation d'agents américains dans l'île des Caraïbes[2]. Cela étant dit, comme le souligne justement Georg Mautner Markhof, la présence de l'*Abwehr* dans l'épisode du *St. Louis* n'est en rien indispensable à l'organisation du voyage.

Restent les rôles joués par Göring et Goebbels dans l'organisation du voyage. Replaçons cette hypothèse dans son contexte. Nous sommes en avril 1939, pas tout à fait cinq mois avant que l'Allemagne déclare la guerre à la Pologne. Les Juifs cherchent à émigrer par tous les moyens et, nous l'avons souligné, leur pourcentage est fréquemment élevé sur les navires de la Hapag. Par conséquent, que représenterait un millier de Juifs sur la totalité ? Pourquoi Göring se serait-il davantage intéressé au sort de ceux-ci plutôt qu'à des milliers d'autres ? Des bateaux transportant de nombreux Juifs partent régulièrement. Quel enjeu particulier représentent donc ces passagers du *St. Louis* ?

Sur les trois protagonistes de la réunion, seul Goebbels peut trouver un avantage immédiat à l'organisation d'un tel voyage. Montrer au monde que l'Allemagne traite les Juifs correctement, et qu'elle ne s'oppose pas à leur départ constituerait,

---

[1] Georg J. E. MAUTNER MARKHOF, *Das* St. Louis *Drama*. Hintergrund und Rätsel einer mysteriösen Aktion des Dritten Reiches, Graz, Stuttgart, Leopold Stocker Verlag, 2001, p. 41.

[2] Ibid, p. 41.

sans aucun doute, une excellente raison d'organiser ce périple. Mais Goebbels pouvait-il anticiper le refus de Cuba d'accueillir les passagers du *St. Louis* ? Cela n'est pas improbable car, de source sûre – nous étudierons cet aspect ultérieurement –, l'Allemagne a envoyé des agitateurs nazis à Cuba pour monter la population contre les immigrés - et plus particulièrement contre les Juifs. Mais, en avril 1939, l'utilisation de ce voyage comme outil de propagande est plus qu'aléatoire et relève davantage d'un coup de poker. Par ailleurs, aucun document d'archive ne vient renforcer cette hypothèse ; rien non plus – et ceci est primordial – dans le journal de Goebbels[1]. Le maître de la propagande qu'était Goebbels n'aurait-il pas déployé davantage de moyens autour de ce voyage s'il en avait été l'un des principaux instigateurs ? Or, aucun article particulier ne paraît dans la presse allemande de l'époque, pas même dans le plus virulent des journaux antisémites, *Der Stürmer*, dirigé par Julius Streicher, qui se contentera de mentionner les réfugiés juifs « passant pour des victimes »[2]. Il n'y a donc aucune publicité autour de ce voyage spécial.

L'autre argument qui joue en défaveur de cette théorie du complot, est le temps qu'il a fallu aux futurs passagers pour obtenir des billets. En effet, l'obtention d'un billet, pour n'importe quelle destination, peut prendre des mois tant les démarches sont compliquées et nombreuses. Comment, par conséquent, Goebbels a-t-il pu envisager ce voyage alors que tous les bateaux de la Hapag affichaient complets des mois auparavant ?

Par conséquent, l'organisation du voyage du *St. Louis* par les trois personnages du Reich constitue une hypothèse fragile. En revanche, le ministre de la propagande allemande a pu exploiter le refus cubain, sans avoir organisé lui-même le voyage. Autrement dit, Goebbels aurait-il pu utiliser ce refus particulièrement opportun, pour renvoyer au Monde libre sa propre image : celle d'un monde qui n'était pas meilleur que l'Allemagne, puisque lui aussi refusait les Juifs ?

Goebbels n'a peut-être pas été contraint de déployer ses redoutables outils de propagande dans le cas du *St. Louis*. Le simple refus de pays libres lui servira de prétexte. Quelle leçon le

---

1 Georg REINFELDER, *M.S. «* St. Louis *» frühjahr 1939.* Die Irrfahrt nach Kuba, Teetz, Hentrich & Hentrich, 2002, p. 118.

2 Günter SCHIESSL, *Simon Oberdorfers Velodrom.* Auf des Spuren eines Regensburger Bürgers, Vereinigung, pp. 45-46.

monde entier pourrait-il bien donner à l'Allemagne après avoir rejeté ces Juifs allemands ? Si le Reich ne veut plus de Juifs sur son propre territoire et le crie haut et fort, qui pourrait se permettre, après l'épisode du *St. Louis*, de prétendre que l'Allemagne est barbare! Surtout après que les démocraties ont, lors de la Conférence d'Evian, exprimé leur refus d'ouvrir leurs frontières ? *« Le monde semblait divisé en deux – les pays où les Juifs ne pouvaient pas vivre, et ceux où ils ne pouvaient entrer*[1] *».*

Trouver un billet

Malgré les portes qui se ferment les unes après les autres, les Juifs continuent pourtant de fuir l'Allemagne. Les démarches ne sont pas aisées, bien au contraire. L'ensemble des témoignages de survivants du *St. Louis* s'accorde sur l'incertitude d'obtenir des papiers en règle, puis des billets pour voyager sur un bateau[2]. Les démarches sont nombreuses et leur issue hasardeuse. Toute personne désireuse d'émigrer doit rassembler une douzaine de documents officiels d'origines diverses *(« sa santé, sa bonne conduite, ses biens, le paiement de ses impôts, ses possibilités d'émigration, etc*[3] *»).*

La plupart des passagers embarqués sur le *St. Louis* ont entrepris des démarches administratives peu de temps après la Nuit de Cristal. Celle-ci sera le facteur déclencheur pour une majorité de Juifs d'Allemagne. Pour la plupart des candidats au départ, le pays à atteindre est incontestablement l'Amérique. Néanmoins, fin 1938-début 1939, il est de plus en plus difficile de se procurer un visa pour les Etats-Unis. A cette époque, les plus chanceux doivent se contenter d'une inscription sur les listes de quotas américains et s'évertuer à trouver n'importe quel pays de transit susceptible de les accueillir quelques mois, voire quelques années, en attendant que sorte leur numéro de quota. Mais lors des deux années qui précèdent le déclenchement de la guerre, la quasi-totalité des pays

---

[1] Cité par A.J. SHERMAN, *Island Refuge : Britain and Refugees from the Third Reich 1933-9*, London, 1973, p. 112 et repris par Irving ABELLA and Harold TROPER, ««The line must be drawn somewhere » : Canada and Jewish Refugees, 1933-9», Op. Cit, p. 181.

[2] La majorité des témoignages est conservée au USHMM. Certains ne sont pas encore catalogués.

[3] Raul HILBERG, *La Destruction des Juifs d'Europe*, Op. cit, p. 341.

verrouille ses frontières. Les démarches se révèlent donc doublement compliquées. En d'autres termes, il faut s'armer de patience autant que faire se peut, être persévérant et disposer d'une somme d'argent considérable compte tenu des prix prohibitifs pratiqués par les administrations et les agences de voyage. Partir du jour au lendemain est désormais impossible.

Dans le cas du *St. Louis*, les démarches préalables au voyage sont particulièrement bien connues, car il existe de nombreux témoignages d'ex-passagers et des documents d'archive qui restituent presque quotidiennement les étapes à franchir pour obtenir l'ensemble des papiers nécessaires. De l'envoi de la première lettre au consulat américain à Berlin, demandant l'enregistrement de la requête, au départ du *St. Louis*, il peut se passer plus de huit mois[1].

Les papiers indispensables sont longs à rassembler comme l'attestent les échanges à la fois épistolaires et téléphoniques de la famille Friedmann avec les diverses administrations, y compris avec la Hapag[2]. Les émigrants potentiels doivent fournir un passeport valable, un certificat de bonne conduite délivré par la police concernant les cinq dernières années, un certificat de santé en allemand et en espagnol, et déposer 500 dollars américains par personne pour le débarquement ; sans oublier l'obligation, selon les derniers arrêtés, de déposer un crédit irrévocable pour deux ans dans une banque de Cuba au nom et en faveur des passagers[3]. Le dépôt à la banque cubaine peut parfois s'élever à 2.500 dollars par personne!

La Hapag « facilite » le paiement des billets en acceptant le versement d'acomptes sur le voyage. Les prix des billets étaient élevés eux aussi : 662,50 Reichsmarks pour un billet de première classe, 412,50 Reichsmarks pour un billet de seconde classe et 226,50 pour un billet de troisième classe. A cela, il convient d'ajouter « un petit supplément » pour les taxes portuaires à Cuba[4].

---

[1] Emigration case of Sermar BIENER, USHMM : HILL/BARZILAY, IL 99.4.543a.
[2] Leo Baeck Library, FRIEDMANN Family, AR 6142 A29/2.
[3] Leo Baeck Library, FRIEDMANN Family, AR 6142 A29/2, lettre du 25 novembre 1938, envoyée par la Hapag à Mme FRIEDMANN.
[4] Leo Baeck Library, FRIEDMANN Family, AR 6142 A29/2, lettre du 29 novembre 1938 envoyée par la Hapag à la famille FRIEDMANN.

Des mesures supplémentaires visent les Juifs. Les autorités cubaines exigent pour les « non aryens » l'obtention d'un permis de voyage délivré par les autorités d'émigration à Cuba. Ce permis peut être demandé par l'intermédiaire du *Judische Hilfskomitee* à La Havane, autrement dit le *JOINT Relief Committee*. Les démarches se multiplient donc tandis que les frontières se ferment et que le nombre de candidats à l'émigration augmente. Une équation insoluble. A la fin de l'année 1938, la Hapag est confrontée à des demandes croissantes pour un nombre de places insuffisant. Au début du mois de décembre 1938, tous les navires affichent complets jusqu'à fin mai 1939[1] ! Et la Hapag prévoit une augmentation des prix...

Les membres de la famille Friedmann souhaitent acheter des places en seconde classe. Cependant, face à l'urgence de quitter l'Allemagne, ils sont d'abord contraints de réserver des cabines de première classe sur le bateau de la Hapag, l'*Orinoco*, dont le départ est prévu le 27 mai 1939. Toujours en attente de pouvoir se rendre à New York, la famille Friedmann envisage même de réserver en décembre 1938, par l'intermédiaire de la Hapag, des billets La Havane – New York. Selon leur estimation, ils comptent effectuer ce voyage environ deux ans voire deux ans et demi plus tard, le temps de recevoir tous les documents nécessaires !

Cette démarche auprès de la Hapag – demande irréalisable car les compagnies concernées par la réservation ne possèdent pas de représentation en Allemagne – révèle une immense détresse chez les émigrants, prêts à tout pour s'assurer un petit morceau d'Amérique. Enfin le 15 avril 1939, la Hapag adresse une circulaire à l'ensemble de ses « clients » intéressés par un départ pour Cuba. Dans cette lettre, il est précisé : *« A l'instant, nous sommes informés par notre Centrale que notre MS* 'Saint-Louis', *du fait du nombre de passagers suffisant quittera Hambourg le 13 mai 1939 pour un voyage spécial vers La Havane*[2]*».* Le prix du voyage s'est envolé pour atteindre 800 Reichmarks en 1ère classe et un dépôt de garantie de retour obligatoire pour les deux classes qui

---

[1] Leo Baeck Library, FRIEDMANN Family, AR 6142 A29/2, lettre du 8 décembre 1938 envoyée par la Hapag à la famille FRIEDMANN.

[2] Leo Baeck Library, FRIEDMANN Family, AR 6142 A29/2, circulaire du 15 avril 1939 envoyée par la Hapag.

s'élève à 230 Reichmarks par personne[1]. Quant à la somme d'argent de bord autorisée, pour les dépenses durant la traversée, elle s'élève pour un adulte à 220 Reichmarks en 1ère classe et à 60 Reichmarks pour les pourboires[2].

Dans ces échanges de courrier entre la famille Friedmann et la Hapag, apparaissent clairement l'évolution des relations et la manière dont la Hapag traite ses clients lorsqu'ils sont juifs. Plus la date du départ approche, plus la compagnie maritime prend son temps pour répondre aux courriers toujours plus nombreux de la famille Friedmann, dans lesquels l'angoisse se mêle à l'impatience. Finalement, six membres de cette famille obtiennent de partir quelques jours plus tôt sur le... *St. Louis*. Et le 5 mai, la Hapag adresse une lettre aux Friedmann dans laquelle, en post-scriptum, elle rappelle : *« La Deutsche Bank à Munich, n'ayant cet après-midi, reçu aucun virement, nous avons appelé votre banque à Schwandorf. Nous vous prions de nous virer le montant de la communication : 1,50 RM*[3] *»*...

Un voyage 'spécial' très rentable, sur un bateau de luxe

Il n'y a donc pas de petit profit, et les Juifs doivent se voir dépouillés de tout avant leur départ définitif. Dans ce rôle, la compagnie maritime Hapag sera largement bénéficiaire. Nationalisée depuis 1933, la Hapag souffre financièrement de la crise économique qui touche alors l'Allemagne[4]. Mais, depuis le début de l'année 1938, la compagnie maritime commence à renflouer ses caisses grâce aux transports d'émigrés. Quatre de ses navires transportent de manière régulière des passagers vers l'Amérique du

---

[1] Ibid.

[2] Leo Baeck Library, FRIEDMANN Family, AR 6142 A29/2, lettre du 27 avril 1939 envoyée par la Hapag. Voir aussi USHMM : ROUBICEK, 1998.44.9. Lettre de la Hapag du 26 avril 1939.

[3] Leo Baeck Library, FRIEDMANN Family, AR 6142 A29/2, lettre du 5 mai 1939 envoyée par la Hapag à la famille Friedmann.

[4] Martin GOLDSMITH, *The Inextinguishable Symphony*. A True Story of Music and Love in Nazi Germany, New York, John Wiley & Sons, Inc, 2000, p. 216. Voir également : Hans HERLIN, *Die Reise der Verdammten*, Frankfurt/Main, Ullstein Sachbuch, 1985, p. 17.

Sud et Shanghaï[1]. Pour chaque voyage, les passagers sont contraints de payer d'avance un billet-retour qu'ils n'utiliseront *a priori* jamais. Compte tenu des raisons qui forcent ces personnes à quitter leur pays, la Hapag ne prend sans doute pas le risque de rembourser le billet-retour !

Les passagers du *St. Louis* doivent eux aussi acheter un billet aller-retour pour Cuba. La loi cubaine les y oblige. L'île refuse l'entrée à tout immigré qui n'est pas en possession des papiers requis, n'a pas déposé la caution obligatoire et n'est pas muni d'un billet aller-retour[2]. Les passagers du *St. Louis* n'ont donc pas été contraints d'acheter des billets aller-retour parce que les dirigeants du Reich auraient programmé l'échec du débarquement. Le gouvernement cubain exige tout simplement un billet aller-retour.

Pourquoi avoir choisi le fleuron de la flotte de croisière allemande pour transporter un millier de Juifs ? La réponse relève presque du concours de circonstances. Face à la demande croissante, les places sur les bateaux ne suffisent plus. Or, le seul navire disponible à cette date se trouve être le *St. Louis* qui, de surcroît, possède une capacité d'accueil considérable. Fin juin 1939, le *St. Louis* doit transporter des Américains, au départ de New York, pour un voyage d'agrément. Il est disponible avant cette date et peut techniquement convenir aux besoins de la Hapag. Acheminer 1000 Juifs à Cuba avant fin juin, puis se rendre à New York pour reprendre son « service normal », c'est tout à fait envisageable. L'organisation de ce « voyage spécial » jusqu'à La Havane représente surtout un profit supplémentaire non négligeable pour la compagnie.

Le *St. Louis* est le plus luxueux de toute la flotte de la Hapag, la Rolls-Royce des océans ! Construit en 1929, il mesure 175 mètres de long. Sa coque entièrement noire, surmontée de superstructures blanches, lui confère une certaine majesté. Deux cheminées peintes en rouge, noir et blanc dominent l'ensemble. Il compte cinq ponts au-dessus de la ligne de flottaison et trois autres au-dessous de la surface qui abritent les machines. Construit pour

---

[1] Gordon THOMAS et Max MORGAN-WITTS, *Le Voyage des Damnés*, Op. cit, p. 33.

[2] Memorandum on the S.S. « *St. Louis* » - Hapag, 27 juin 1939, p.3, JDC : 386.

assurer la traversée Hambourg-New York, le *St. Louis* est réservé à une clientèle aisée et son décor en témoigne. Son architecture intérieure et ses décorations bénéficient des dernières créations artistiques des années 1929 et 1930. Le paquebot a, entre autres, un vaste fumoir, une véranda dans laquelle on peut prendre le café, surplombée d'une autre véranda sur le pont. De gigantesques escaliers relient les larges espaces entre eux[1]. La capacité d'accueil du paquebot est élevée : 270 cabines de 1ère classe, 287 cabines en classe touriste et 416 cabines de 3ème classe. Ce qui fait au total, près de 973 passagers. Tout est prévu pour que les croisières à bord du *St. Louis* soient inoubliables. La brochure du paquebot précise d'ailleurs :

> Il y a à bord tout ce que l'on peut désirer : de grands espaces publics, des cabines confortables, de larges ponts de promenade et tous les autres petits aménagements – ascenseurs, boutiques, bibliothèques, cinémas, etc. – qui font de la vie à bord un plaisir.

Et la brochure termine par ce slogan : « *Une croisière sur le 'St. Louis', ce sont des vacances parfaites*[2] ». D'après les témoignages, la brochure ne ment pas.

231 membres composent l'équipage. A sa tête, le capitaine Gustav Schröder à qui l'on confie le *St. Louis* pour ce « voyage spécial », car son capitaine attitré est en congé. Ce choix imposé par les circonstances se révélera bénéfique pour les passagers.

Schröder naît en Prusse en 1885. Avant la fin de ses études, il s'inscrit, avec l'accord de son père, à l'école navale de Marine. De petite taille et frêle d'aspect, il parvient néanmoins à se faire engager sur '*La Grande Duchesse Elisabeth*' et parcourt la moitié du monde. Malgré un dossier excellent, il est refusé dans la Marine de Guerre. En désespoir de cause, il se tourne alors vers la compagnie Hapag dans laquelle il débute sa carrière comme 3ème officier. Fait prisonnier à Calcutta pendant cinq ans, durant la Première Guerre mondiale, il fait preuve de bravoure et d'initiative. De retour en Allemagne, qui n'est plus la patrie qu'il a

---

[1] *Werft – Reederei – Hafen*, 7 avril 1929, p. 13.

[2] Brochure du *St. Louis*. Doppelschrauben-Motorschiff Twin-Screw Motor Ship « St. Louis », Cabin – Plan, USHMM : Carla GELBAUM's papers : 1999.A.0269.

connue et aimée, Schröder perd pied dans une nation humiliée et vaincue. Mais s'il peut être décrit comme un fervent patriote, il est aussi un Allemand du XIXe siècle, élevé dans la discipline germanique et appliquant un code d'honneur où l'humanisme trouve naturellement sa place. En ce sens, Schröder est profondément contre le régime national-socialiste qui, à ses yeux, ne représente pas « son Allemagne »[1]. Ces considérations, qui peuvent paraître superflues, auront une importance déterminante sur le rôle du capitaine Schröder dans l'épisode du *St. Louis*.

Embarquement à Hambourg et traversée

Les futurs passagers du *St. Louis* viennent de toute l'Allemagne. A la demande de la Hapag, et dans le but de préparer au mieux le départ, les passagers sont contraints de se rendre à Hambourg quelques jours avant d'embarquer sur le *St. Louis*. La Hapag organise ensuite une répartition par ordre alphabétique. Les passagers dont les noms de famille commencent par A jusqu'à G doivent se présenter le mercredi ; les noms compris entre H et O, le jeudi et de P à Z, le vendredi[2]. Cette phase de vérification doit impérativement être achevée avant le samedi 13 mai, jour du départ. L'obligation d'arriver quelques jours avant à Hambourg signifie une dépense supplémentaire pour se loger et se nourrir. La Hapag s'est empressée de préciser par courrier qu'aucun dédommagement pour le séjour à l'hôtel à Hambourg ne pourrait être prévu[3]. Encore faut-il trouver un hôtel, car nombreux sont ceux qui refusent tout simplement les Juifs, et surtout des Juifs démunis.

Avant de monter à bord, les passagers doivent récupérer leur carte d'embarquement[4] et se munir des papiers en règle. Cela signifie notamment qu'ils doivent être détenteurs de leurs passeports frappés d'un « J » rouge, les identifiant comme Juifs[5].

Le matin du 13 mai 1939, l'embarquement débute pour se terminer en fin d'après-midi. Les passagers sortent régulièrement

---

[1] Georg J.E. MAUTNER MARKHOF, *Das* St. Louis-*Drama*, Op. Cit., pp. 51 à 54.
[2] Lettre de la Hapag, 6 mai 1939, USHMM : ROUBICEK's papers : 1998.44.8.
[3] Lettre de la Hapag, 6 mai 1939, USHMM : ROUBICEK's papers : 1998.44.8.
[4] Lettre de la Hapag, 2 mai 1939, USHMM : ROUBICEK's papers : 1998.44.10.
[5] Arthur MORSE, *Pendant que six millions de juifs mouraient*, Paris, Robert Laffont, 1968, p. 258.

du « hangar 76 » pour emprunter les passerelles d'accès au paquebot. 899 passagers montent à Hambourg ; 38 personnes seront embarquées plus tard, lors de l'escale prévue dans le port de Cherbourg[1]. Quant aux membres d'équipage, leur nombre a augmenté pour atteindre 373 hommes.

Toutes les catégories sociales sont représentées parmi les passagers : ils sont avocats, médecins, vendeurs, petits artisans. Parmi les hommes, certains ont connu les camps de concentration allemands. Ils savent qu'une fois sortis des camps, leur survie dépend de leur fuite hors des frontières du Reich. S'ils restent, ils meurent. Sur l'ensemble des passagers, 743 possèdent un affidavit pour les Etats-Unis[2]. Cuba n'est donc qu'un pays d'attente en vue d'émigrer en Amérique dès que les numéros d'inscription sur les listes de quotas sortiront. Beaucoup partent en étant persuadés que Cuba ne sera qu'une escale plus ou moins longue, quelques mois tout au plus.

L'équipage est rassemblé avant le départ, afin de recevoir les dernières consignes du capitaine. A aucun moment, Schröder ne prononce le mot « Juif ». Il ne parle que de « réfugiés » en précisant que ceux-ci doivent être traités par l'équipage comme n'importe quel passager, et il s'empresse d'ajouter que la moindre discrimination sera immédiatement sanctionnée[3]. Cela dit, parfaitement conscient que les hommes d'équipage sont susceptibles de refuser de servir des Juifs, le capitaine leur laissera le choix de ne pas effectuer ce voyage. Aucun ne descendra du bateau[4]. Bien évidemment, les passagers n'ont pas connaissance des consignes du capitaine. Ils embarquent, résignés, sur un bateau qui bat pavillon à Croix Gammée, persuadés qu'ils connaîtront à bord les mêmes humiliations qu'en Allemagne. Mais, pour tous, c'est là le prix à payer pour gagner le droit de vivre.

De nombreux témoignages décrivent l'embarquement. Les sentiments vont du soulagement au désespoir de quitter l'Allemagne. Quoi qu'il arrive, les passagers seront des déracinés et le

---

[1] Témoignage d'une fillette de 11 ans et demi qui se trouvait sur le bateau, juillet 1939, USHMM : Betty YAEGER TROPER, 1997.36.

[2] Günter SCHIESSL, *Simon Oberdorfers Velodrom*, Op. cit, p. 45.

[3] Gordon THOMAS et Max MORGAN-WITTS, *Le Voyage des Damnés*, Op. cit, p. 45. Voir également : Hans HERLIN, *Die Reise des Verdammten*, Op. cit, p. 12.

[4] Hans HERLIN, *Die Reise des Verdammten*, Op. cit, p. 22. Voir également : Georg J. E. MAUTNER MARKHOF, *Das* St. Louis-*Drama*, Op. cit, pp. 55 à 56.

moment ultime où le bateau quitte Hambourg restera gravé à tout jamais dans les esprits : *« Nous embarquâmes sur le* St. Louis *dans un esprit de gaîté*[1] *»* ; *« Nous étions soulagés d'avoir quitté l'Allemagne*[2] *»*.

Les familles se séparent au gré des opportunités d'émigration. Des enfants voyagent seuls sur le *St. Louis*. C'est le cas de la famille Weil : un fils a fui en Hollande en espérant rejoindre San Francisco ; l'aîné est parti à Cuba ; et Ernest, le dernier des trois frères, obtient un billet sur le *St. Louis*. A quatorze ans, il fait seul le voyage et avouera plus tard : *« Je mourais de peur*[3] *»*. Quant à ceux qui sont relâchés des camps de concentration allemands pour embarquer, ils passent brutalement d'un monde où règne l'arbitraire à un univers inconnu : *« Je me souviens encore qu'au départ, je ne voulais pas pleurer mais ma gorge était si serrée que je ne pouvais pas respirer »* dira plus tard Harry Rosenbach qui fut interné à Buchenwald[4].

Le moment du départ arrive. Le samedi 13 mai, vers 20 heures, le *St. Louis* sort lentement du port de Hambourg. Un orchestre joue l'air de *Mussidem* dont les paroles disent : *« Je dois quitter ma ville »* !

La traversée, synonyme d'exil, commence. Elle sera une parenthèse hors du temps dans le drame du *St. Louis*. Du 13 au 27 mai, le voyage vers Cuba prend des allures de croisière. A bord, tout est organisé pour que les passagers se sentent à l'aise. *« Nous avions une belle cabine et nous avions une bonne nourriture, et nous eûmes des divertissements*[5] *»*. La première nuit est calme. La salle de bals et le bar demeurent vides. Les passagers du *St. Louis* doivent réapprendre à vivre. Du statut de parias, ils passent soudain à celui de « privilégiés ». Il leur faudra donc un peu de temps pour recouvrer une vie normale : *« Les jours qui suivirent notre départ, nous fûmes absorbés dans une vie routinière, les attractions, les activités de notre séjour en mer*[6] *»*. La vie à bord, parfaitement

---

[1] Témoignage de Max O. KORMAN, In : *Hitler's Exiles*. Personal stories of the Flight from Nazi Germany to America, New York, The New Press, 1998, p. 185.

[2] Témoignage de Susan SCHLEGER, In : *Le Voyage du St. Louis*, (Documentaire) Galafilm Inc. Films d'Ici, Canal+, NDR International et TV Ontario, 1994.

[3] Témoignage de Ernest WEIL, USHMM : 2003-127.

[4] Témoignage de Harry ROSENBACH, In : *Le Voyage du St. Louis*, (Documentaire), Op. cit.

[5] Témoignage de Erna STERN, USHMM : RG-50.030*0222.

[6] Témoignage de Max O. KORMAN, In : *Hitler's Exiles*. Op. cit, p. 185.

réglée, aide les passagers à renouer progressivement avec une vie normale. Ils sont divisés en deux groupes afin de faciliter le service des repas. Tous les témoignages s'accordent sur la qualité des repas et l'abondance de nourriture. Il suffit de consulter les menus de chaque jour pour en être convaincu :

> Caviar sur toast – céleri – olives – consommé avec boulettes – sole Mirabeau – Filet Rossini – chips Saratoga – dinde rôtie sauce céleri – asperges à la Hollandaise – choux – épinards à la crème – macaroni au parmesan – pommes de terres sautées – purée à la Lyonnaise – salade verte et concombres – pêches de Californie – crème Suchard – crème caramélisée – glace framboise – fromage de Hollande et Brie – fruits – café – thé ». Tandis que le « petit encas du soir » était composé de « Rosbif (froid) – rémoulade – pommes de terre sautées – Corned-beef avec jardinière de légumes - gigot d'agneau – haricots en salade – côtes de porc Thomas.[1]

Les journées s'écoulent tranquillement au rythme des nombreuses activités. Bains de soleil dans les transats, promenades sur les divers ponts, lecture pour ceux qui aspirent à la quiétude de l'océan. Ping-pong, volley-ball, golf miniature, piscine pour les sportifs. Quant aux enfants, la découverte du paquebot et les multiples jeux mis à leur disposition leur rendent l'envie de s'amuser comme tous les enfants du monde. Certains jouent déjà aux cow-boys et aux indiens en rêvant de gagner l'Amérique[2]. D'autres préfèrent les petits chevaux ou le palet, ou courent tout simplement en cercle sur les ponts[3].

Il suffit de consulter les quelque 500 photographies conservées au *United States Holocaust Memorial* de Washington pour s'apercevoir que la vie à bord est remplie de petits moments d'un bonheur simple. S'il existe autant de photographies du *St. Louis*, c'est simplement parce que nombreux sont les passagers qui ont acheté un appareil photo avant leur départ d'Allemagne. C'était un

---

[1] Menu du 21 mai. USHMM, Harry LOEB's papers, 1997.74.41.

[2] Témoignage de Herbert KARLINER, In : *Le Voyage du St. Louis*, (Documentaire), Op. cit.

[3] Témoignage de Harry FULD, USHMM : 2003.127.

objet de luxe à cette époque, mais aussi et surtout un moyen de dépenser ses derniers *Reichmarks* avant de partir[1].

Les soirées sont bien occupées. Des films sont programmés[2], des concerts sont organisés et, chaque soir, des festivités variées permettent aux passagers de se divertir[3]. Pour les amateurs de bons vins, il y a des dégustations ; on peut également boire de la bière[4]. Les dîners sont l'occasion de recouvrer le goût et l'occasion de s'habiller. La salle de bals est désormais pleine. Les plus religieux peuvent prier dans la grande salle de 1ère classe transformée en synagogue pour la circonstance[5]. Les passagers jouissent à bord d'une vie redevenue celle qui était pour certains d'entre eux la leur avant 1933 ; une vie où les lieux publics leur étaient autorisés. Sur le paquebot, ils ont accès à tout. A cet égard, le témoignage d'un garçon de 15 ans est significatif de l'adaptation rapide des passagers à cette nouvelle atmosphère à bord :

> Les deux premiers jours passèrent vite, les valises furent déballées, chacun aidant l'autre, puis nous avons visité le navire, des salles des machines au pont sport. Je me suis vite fait des amis. Au début, nous avons parlé des événements horribles du 10 novembre, mais maintenant nous devons envisager une nouvelle vie dans une nouvelle patrie.[6]

Confirmant cette bonne ambiance, Gustav Schröder note alors dans son journal de bord :

> Grâce au temps clément, à l'air frais du large, à la bonne nourriture et au service soigné, il régna rapidement une ambiance détendue sur le navire. Les

---

[1] Histoire de la famille d'Oskar BLECHNER, USHMM. Voir également : Gernot RÖMER, *Die Austreibung des Juden aus Schwaben.* Schicksale nach 1933 in Berichten, Dokumenten, Zahlen und Bildern, Augsburg, Presse-Druck-und-Verlags-GmbH, 1987, pp. 109-110.

[2] Témoignage de Ilse MARCUS, *We Were So Beloved*, Autobiography of a German Jewish Community, Pittsburg, University of Pittsburg Press, 1997, p. 77.

[3] Témoignage d'un garçon de 15 ans qui se trouvait sur le bateau, juillet 1939. USHMM : Betty YAEGER TROPER, 1997.36.

[4] Betty SKLOW on the St. Louis – to Cuba and back to Europe – 1939, USHMM : 1999.A.0269 : Carla GELBAUM.

[5] Martin GOLDSMITH, *The Inextinguishable Symphony*, Op. cit, p. 221. Voir également : USHMM : Sylvester's papers (non coté). Service religieux.

[6] Témoignage d'un garçon de 15 ans qui se trouvait sur le bateau, juillet 1939. USHMM : Betty YAEGER TROPER, 1997.36.

> tristes souvenirs de la vie au pays se perdaient dans les flots pour être remplacés par des rêves. Ce bateau accueillant voguant au cœur de l'Atlantique formait un univers nouveau ; l'espoir et la confiance y refleurissaient[1].

Un triste événement assombrit pourtant le voyage vers Cuba. Le 23 mai, un passager décède. Il s'agit du vieux professeur Moritz Weiler qui a embarqué avec sa femme Recha. A cette date, le capitaine écrit :

> Trois jours avant l'arrivée à La Havane, le médecin de bord m'a conduit au chevet du vieux professeur Moritz Weiler qui paraissait souffrant et épuisé d'avoir dû quitter sa patrie, où pendant des années il avait travaillé en paix avec ses collègues. Voilà qui l'avait complètement abattu. Depuis son départ d'Allemagne, il avait perdu l'envie de vivre. Son dernier souhait était de mourir en mer ; il est décédé le jour même.[2]

Son corps est embaumé, grâce à l'argent provenant d'une quête faite auprès des passagers, et confié à la mer afin d'éviter que les autorités cubaines ne refusent l'entrée du *St. Louis* pour des raisons sanitaires[3]. Lors de la courte cérémonie funéraire, le bateau stoppe les machines. Pour ne pas alerter les passagers, le capitaine a auparavant donné ordre que l'on réduise graduellement la vitesse du paquebot. A la fin de la cérémonie, le capitaine remet à la veuve du professeur Weiler une carte sur laquelle figure l'emplacement du corps immergé de son époux. Du vieux professeur, il ne restera dès lors qu'un point au milieu de l'océan…

La traversée se poursuit jusqu'au 26 mai, date à laquelle le *St. Louis* arrive à La Havane. En vue des côtes de Cuba, les passagers dépensent leur dernier *Bordgeld* (argent de bord) pour envoyer des télégrammes à leurs parents et amis. Les nouvelles tiennent en deux mots : « Bien arrivés » !

---

[1] Journal de bord de Gustav SCHRÖDER, In : *Le Voyage du St. Louis*, (Documentaire), Op. cit.

[2] Ibid.

[3] Rapport de Gustav SCHRÖDER à la Hapag, 24 mai 1939, USHMM : Hapag-Reederei, 4776-Teil 1 (1928-1953), Staatsarchiv Hamburg, microfilm, USHMM : Acc. 2000.148.

CHAPITRE II

A CUBA : L'ÎLE DES ESPOIRS PERDUS

Macbeth : Régner, régner, ce sont les événements qui règnent sur l'homme, non point l'homme sur les événements.[1]

CONTEXTE CUBAIN

Cuba et les Juifs

Avant que Cuba ne proclame son indépendance, le 20 mai 1902, peu de Juifs vivaient sur l'île. La monarchie espagnole les en avait exclus. Ce ne sera donc qu'après son indépendance que Cuba accueillera des Juifs d'Europe fuyant les *pogromes*[2]. A l'origine, l'immigration juive en Amérique du Sud commence dès les années 1880, en Argentine et au Brésil. Plus tard, la Première Guerre mondiale engendrera à son tour un exode massif des Juifs de Turquie et des Balkans qui ne sont autres que les descendants des Juifs expulsés en 1492 de la péninsule ibérique par les Rois catholiques, lors de la *Reconquista*.

Contrairement à la vague d'immigration précédente qui vient principalement de Russie, les Juifs orientaux renouent avec leur origine ibérique en s'installant à Cuba puisqu'ils parlent le *ladino* ou le *judéo-espagnol*[3]. A Cuba, les Juifs introduisent de nouvelles industries et en contrôlent certaines comme la fabrication de sous-vêtements pour hommes ou les chaussures pour femmes et

---

[1] Eugène IONESCO, *Macbett* , Paris, Gallimard, 1972, p. 128.

[2] Robert M. LEVINE, « Cuba », In : *The World Reacts to the Holocaust*, Baltimore & London, The Johns Hopkins University Press, 1996, p. 782.

[3] Cecilia RAZOVSKY, « The Jew Re-Discovers America », In : *Jewish Social Service Quarterly*, mars 1929, p. 4. Langue parlée par les Juifs qui vivaient en Espagne avant leur expulsion en 1492.

pour enfants qui sont jusqu'alors importées[1]. Rapidement, les Juifs de Cuba s'adaptent à leur nouvel environnement et s'organisent en communauté. Ils bâtissent des synagogues, ouvrent des associations, des écoles religieuses, créent des partis politiques et ancrent profondément leurs racines dans le sol cubain[2]. En 1925, le parti communiste cubain est fondé et compte dans ses rangs de nombreux Juifs d'Europe orientale qui ne font que reproduire un modèle idéologique qu'ils ont développé dans leurs pays d'origine[3].

L'assimilation des Juifs sera un succès particulièrement rapide à Cuba. Il convient de noter que cette assimilation rapide n'est pas un phénomène isolé ou propre à l'île. De manière générale, l'attitude des divers pays d'Amérique latine à l'égard des immigrés jouera un rôle déterminant. Contrairement aux autres pays d'immigration de cette région du monde – précisément l'Amérique du Nord et le Canada -, l'Amérique du Sud est volontiers encline à assimiler les réfugiés d'Europe, en partie grâce à un degré important de mixité au sein de ses populations. Est-il nécessaire de rappeler que les diverses populations indiennes ont déjà connu cette mixité avec les populations noires implantées à cause de leurs ancêtres esclaves venus d'Afrique ? Ce mélange historique de populations très différentes a dès lors contribué à générer une attitude que l'on peut qualifier d' « indulgente » à l'égard des nouveaux arrivants[4]. A Cuba aussi, les mélanges culturels sont fréquents. Lorsqu'en plus, les nouveaux immigrants ne sont pas à la charge du pays d'accueil, les conditions se trouvent réunies pour favoriser une intégration rapide. Si la première génération des réfugiés juifs pense, lit, parle *yiddish*, la seconde y ajoutera l'espagnol appris à l'école.

La communauté juive de Cuba s'est développée grâce à l'aide de trois organisations américaines : l'*Emergency Committee for Jewish Refugees*, le *Hebrew Sheltering and Immigrant Aid Society* et le *National Council of Jewish Women*[5]. Parallèlement et

---

[1] Ibid, p. 6.
[2] Sur l'intégration des Juifs à Cuba, cf. : Betty HEISLER-SAMUELS, *The Last Minyan in Havana*. A Story of paradise, hope and betrayal, Aventura, Chutzpach Publishing, 2000, p. 192.
[3] Richard PAVA, *Les Juifs de Cuba 1492-2001*, Nantes, Editions du Petit Véhicule, 2001, p. 78.
[4] Cecilia RAZOVSKY, « The Jew Re-Discovers America », Op. cit, p. 8.
[5] Ibid, p. 7.

face à l'afflux de Juifs d'Europe orientale, la HIAS (*Hebrew Immigrant Aid Society*) à New York et le JDC (*Joint Distribution Committee*) appelé aussi « le Joint », contribuent financièrement à l'installation des Juifs à Cuba. La proximité des Etats-Unis attire toujours davantage de réfugiés. Confrontés à la fuite des réfugiés d'Europe, les Etats-Unis, par l'intermédiaire du Dr. William I. Sirovich, membre du Congrès, proposeront aux autorités cubaines qu'au moins 100.000 Juifs allemands puissent s'installer à Cuba. Mais ce plan qui devait être dirigé par le célèbre producteur Louis B. Mayer (des studios de cinéma hollywoodiens *Metro Goldwyn Mayer*) sera rejeté. Face à l'accroissement des demandes, le Joint ouvre donc un bureau à La Havane en 1937.

Malgré l'hostilité grandissante des autorités et la pénétration de l'antisémitisme au sein de la population autochtone, près de 3.000 réfugiés allemands et autrichiens émigrent à Cuba en 1938. Dans le but d'endiguer ce flux migratoire, le Directeur Général cubain à l'immigration promulgue une circulaire dès le 1er juin 1938, laquelle limite les conditions d'admission à certaines catégories d'immigrants. Ainsi, les étrangers en transit n'ayant pas obtenu de visa pour les Etats-Unis, doivent payer 200 dollars américains si le visa est refusé. Tandis que les candidats à l'immigration doivent s'acquitter d'une somme de 500 dollars américains et obtenir à l'avance la permission d'entrer à Cuba, délivrée par le Directeur Général à l'Immigration. Cette démarche est effectuée par l'intermédiaire de compagnies maritimes[1].

Le 17 novembre 1938, le gouvernement cubain durcit davantage le ton en promulguant le décret n° 2507. Par celui-ci, Cuba s'octroie le droit de sélectionner les immigrants considérés comme utiles et de refouler les autres. Il introduit également pour la première fois, un visa « temporaire » ou « permanent » dont les touristes et les passagers en transit sont exempts[2]. Malgré l'existence de cette réglementation, l'immigration se poursuit à Cuba. Le Directeur Général à l'immigration établit des statistiques au cours de l'année 1938. Ainsi, entre janvier 1938 et janvier 1939, 288 immigrés allemands, 195 Polonais, 31 Autrichiens, 29 Tchécoslovaques et 24 Italiens seront admis à Cuba.

---

[1] Rapport du Consul américain à Cuba Harold S. TEWELL, 17 mars 1939 sur les réfugiés européens à Cuba, p. 9. NARA : 837.55 J /I/ Confidential File / R.
[2] Ibid, p. 10.

Nul ne s'étonnera de constater qu'il y a une très nette augmentation de l'immigration à partir de septembre et surtout de novembre 1938[1]. Par ailleurs, un rapport du vice-consul américain en poste à Santiago de Cuba précise qu'entre le 1er décembre 1938 et le 3 mars 1939, 121 réfugiés européens ont été enregistrés dès leur entrée dans ce port de la partie orientale de l'île. Il s'agit principalement de Juifs d'Allemagne et de Pologne[2]. Onze seront envoyés dans un camp de détention pour immigrants, à La Havane. Le vice-consul ajoute que la plupart des immigrants ne possèdent aucun visa délivré par un consul cubain en Europe. Détail primordial car, dans le cas du *St. Louis*, il sera précisément question d'un « trafic de permis de débarquer ». Néanmoins, un représentant du Bureau d'immigration cubain est dépêché à Santiago afin d'enquêter sur l'entrée illégale d'Européens. Cette enquête fait suite à une plainte du Consul cubain à Hambourg concernant une organisation située à Cuba et qui faciliterait l'admission illégale de réfugiés politiques provenant d'Europe[3].

Confrontées à ce flux croissant d'immigrés juifs d'Europe, les organisations juives américaines – surtout le Joint – envoient de l'aide. En 1939, sur 4.000 réfugiés à La Havane, environ 600 bénéficient d'une aide financière qui passe de 7 dollars à 4 dollars par semaine et par personne en raison de l'augmentation du nombre de réfugiés[4]. D'après un rapport daté du 1er mai 1939, concernant les réfugiés à Cuba, la situation semble évoluer extrêmement rapidement : *« La situation change de semaine en semaine – presque de jour en jour.* [...] *Il y a des raisons de croire que Cuba risque d'ici peu de décider de limiter les prochaines entrées dans le pays*[5]*»*. Malgré l'instabilité de cette situation, *« des bateaux sont réservés et pleins jusqu'à juillet. Il y a une liste d'attente d'au moins 2.500 personnes*[6]*»*. Le rapport précise que

---

[1] Rapport du Consul américain Harold S. TEWELL, supplément au rapport du 17 mars 1939, 1er avril 1939, p. 1. NARA : 837.55 J/2.

[2] Ibid, p. 1.

[3] Ibid, p. 2.

[4] Rapport de Harold S. TEWELL au Consul Général américain à Cuba, COERT DU BOIS, 8 juin 1939, supplément au rapport du 17 mars, 1er avril 1939 et 9 mai 1939, pp. 6 et 7. NARA : 837.55 J/51.

[5] Summary of May 1, 1939 of Information received by the New York Agencies on local refugee conditions in the West Indies, Central and South America, AJHS : P.290, Box 3, Folder 4.

[6] Ibid.

« la plupart des réfugiés sont sans le sou. De plus, peu ont des numéros de quota et plus de la moitié d'entre eux ont des statuts légaux plus que douteux[1] *»*. Néanmoins, *« l'attitude du gouvernement semble être jusqu'à présent tolérante, mais incertaine*[2] *»*. Malgré cela, le nombre d'immigrés d'Europe ne cesse de croître tandis que se développe l'antisémitisme.

Dès l'arrivée d'Hitler au pouvoir, l'idéologie nazie est diffusée dans de nombreux pays grâce à un réseau de propagande tentaculaire. Le résultat est variable suivant les pays. Des officines nazies sont ouvertes à l'étranger, comme ce sera le cas en France avec la Maison Brune[3]. En Amérique du Sud, le relais est assuré par des membres de la communauté allemande immigrée. A Cuba, les Allemands n'étant pas nombreux, les agents du Reich s'appuieront localement sur le fondateur du *Partido Nazi Cubano*, Juan Prohias, pour répandre leur idéologie. Leurs principaux supports sont la radio et la presse[4]. Juan Prohias s'en prend quotidiennement aux immigrés juifs à Cuba, en utilisant les clichés de la propagande antisémite. Ainsi les Juifs sont-ils accusés de voler le travail aux Cubains d'origine. Prohias n'hésite pas non plus à prôner la défense de la « race hispanique », théorie répandue dans l'idéologie du Troisième Reich[5]. Dans ses discours qui sont publiés et distribués dans les rues de La Havane, il ne demande rien de moins que l'expulsion de tous les Juifs de Cuba. Cette campagne contre les Juifs est sans précédent dans l'histoire de la communauté juive sur l'île.

En raison de la crise économique des années 1930 qui touche Cuba de plein fouet, les immigrés commencent à être pointés du doigt. En réalité, l'apparition de l'antisémitisme à Cuba coïncide avec l'arrivée au pouvoir du général Gerardo Machado[6]. Ce dernier jouera un rôle indirect dans l'importation de l'antisémitisme allemand sur l'île des Caraïbes. En effet, il enjoint

---

[1] Ibid.

[2] Ibid.

[3] Sur la « Maison Brune », cf. : Diane AFOUMADO, *Conscience, attitudes et comportements des Juifs en France entre 1936 et 1944*, thèse de doctorat d'Histoire, Université Paris X – Nanterre, 1997, pp. 487 à 492.

[4] Margalit BEJARANO, *La comunidad hebrea de Cuba*. La memoria y la historia, Université Hébraïque de Jérusalem, 1996, p. 103.

[5] Ibid, p. 104.

[6] Ibid, p. 103.

le Dr. José Ignacio Rivero, éditeur des journaux pro-franquistes *Alerta* et *Avance*, ainsi que du journal conservateur *Diário de la Marina,* à publier des traductions de textes violemment antisémites de Julius Streicher, propriétaire du journal allemand *Der Stürmer*[1]. Ces trois quotidiens se mettent au service du développement et de la diffusion de l'antisémitisme dans l'île et ils se déchaîneront lors de l'épisode du *St. Louis*[2]. A la même période, en mai 1932, Machado interdit la pratique de toute manifestation culturelle, religieuse et sociale juive. Tandis qu'en novembre 1933, la loi de nationalisation du travail impose l'idée que plus de 50 % des travailleurs soient cubains. Par ailleurs, les immigrés ne doivent pas représenter une charge pour l'Etat.

Cette campagne de propagande antijuive est particulièrement violente vers le milieu de l'année 1938 et se poursuit presque sans interruption jusqu'à l'arrivée du *St. Louis.*

En juin 1939, le consul américain Harold S. Tewell, alors en poste à La Havane, consigne dans un rapport à son supérieur, Coert du Bois, que la campagne contre l'afflux de réfugiés juifs bat son plein depuis un mois et coïncide avec l'arrivée à La Havane de 14 agents nazis qui agissent par l'intermédiaire de certains employés allemands de la Hamburg-America-Line à La Havane et de son représentant, Luis Clasing[3]. La mission principale des 14 agents nazis consiste à susciter l'hostilité au sein de la population cubaine à l'égard des passagers des bateaux de réfugiés en provenance d'Europe[4]. Dès le mois d'avril 1939, le *New York Herald Tribune* estimait à 5.000 le nombre de sympathisants nazis et de Cubains pronazis à Cuba[5].

---

[1] Robert M. LEVINE, « Cuba », In : *The World Reacts to the Holocaust*, Op. cit, p. 785.

[2] Rapport de Harold S. TEWELL au Consul Général américain à Cuba, COERT DU BOIS, 8 juin 1939, supplément au rapport du 17 mars, 1er avril 1939 et 9 mai 1939, p. 6. NARA : 837.55 J/51.

[3] Ibid, p. 5.

[4] Gordon THOMAS et Max MORGAN-WITTS, *Le Voyage des Damnés*, Op. cit, p. 65.

[4] Ibid, p. 226.

[5] Jack O'BRIEN, Herald Tribune, correspondant à La Havane, article traduit, « Las actividades del Fascismo en Cuba », In : *Mediodia*, 18 avril 1939, I, cité par Robert M. LEVINE, « Cuba », In : *The World Reacts to the Holocaust*, Op. cit, p. 788.

Le Décret n° 937

Le 5 mai 1939, le gouvernement cubain promulgue le décret n° 937. Cette nouvelle mesure jouera un rôle déterminant dans l'épisode du *St. Louis*. Dorénavant, quiconque étant démuni d'une autorisation du secrétaire d'Etat au travail, ne peut débarquer à Cuba. Le second paragraphe est primordial :

> Les permis de débarquer délivrés par ce bureau [...] en accord avec les termes des Décrets N° 55 et n° 2507 antérieurs au 6 mai 1939[1], date du décret n° 937, seront valides, mais à partir de cette date, aucun ne sera délivré sans que les demandeurs aient préalablement obtenu l'autorisation du Secrétariat d'Etat au Travail.[2]

Dès le début de l'année 1939, la promulgation du décret n° 55 permet de distinguer les touristes des immigrants à Cuba. Tandis que les premiers peuvent entrer sur le territoire cubain sans avoir au préalable obtenu un visa, les seconds se voient contraints de payer une caution de 500 dollars pour l'obtention d'un visa obligatoire. Malgré la promulgation du décret n° 937 qui change considérablement les conditions d'immigration à Cuba, un trafic naît de cette nouvelle législation. Le Consul américain à La Havane se veut rassurant en soulignant, dans son rapport à son supérieur : *« Il apparaît, malgré tout, que les permis de débarquer qui ont été délivrés aux réfugiés qui ne sont pas encore arrivés à Cuba seront honorés[3] ».* C'est sans compter avec les luttes de pouvoir au plus haut niveau gouvernemental à Cuba, et l'enjeu économico-politique que constitue le trafic de permis de débarquer.

Celui qui se trouve à la tête de ce trafic n'est autre que le directeur de l'Immigration à La Havane, le colonel Benitez. Avec la complicité de la Hapag, Benitez a déjà vendu plusieurs milliers de permis de débarquer illégaux[4]. Chacun des permis est dactylographié. Ils sont rédigés en espagnol sur du papier à en-tête du Département de l'Immigration. Le vocabulaire de ce document

---

[1] Il s'agit en fait du 5 mai 1939.
[2] Texte du Décret n° 937. Rapport de H. S. TEWELL, 9 mai 1939, p. 9. NARA : 837.55 J /4.
[3] Ibid, p. 10.
[4] Department of State. Division of the American Republic, Despatch n° 1017, 7 Juin 1939, Consulat Général à La Havane, NARA : 837.55J/63.

mêle le langage administratif et juridique et semble ainsi authentique :

> Conformément à ce qui figure dans la section (A), article quatre du décret n° 55 daté du 13 du mois de janvier de l'année en cours et au paragraphe trois du décret n° 2507 daté du 17 novembre 1938, cette Direction générale a tenu à autoriser l'entrée et le séjour à Cuba, pour la durée autorisée par les lois de cette République et dans le but de gérer leurs visas et entrées aux Etats-Unis ou dans un tout autre pays, à Monsieur X et à son épouse X, originaires d'Allemagne et résidents dans ce pays, à condition que ceux-ci ne souffrent pas d'infirmité, ni de déficience physique quelle qu'elle soit, qu'ils aient le passeport adéquat et qu'ils ne pratiquent pas d'activité salariée pendant leur présence sur le territoire national.[1]

La signature de *Manuel Benitez y Gonzalez*, suivie du titre de *Directeur général de l'Immigration* finissent de faire illusion. Il faut payer 150 dollars américain par permis, bien que ce montant ne soit officiellement ni déclaré, ni autorisé par la loi. Selon le consul général américain à La Havane, Coert du Bois, il s'agit d'une somme « *non officielle* » qui doit probablement aller directement dans la poche du colonel Benitez[2]. Toujours selon lui, « *l'illégitimité de la collecte et l'ampleur de la somme récoltée sont le nœud gordien de toute l'histoire du* 'Saint Louis'.[3] »

Afin de comprendre l'essence même de ce trafic, il faut rappeler l'origine de la famille Benitez. Le directeur général de l'Immigration Manuel Benitez Gonzalez était colonel dans l'armée, sous le gouvernement de Machado, et avait la charge des troupes basées dans la province Orientale. Son fils, qui s'appelait également Manuel Benitez était sergent dans l'armée, et l'un des dirigeants de la mutinerie de 1933 commandée par le colonel Fulgencio Batista. Le fils Benitez mit fin à une contre-révolution militaire à Pinar del Rio en exécutant lui-même ceux qui l'avaient fomentée et gagna ainsi la gratitude du colonel Batista. Grâce à son service et à sa loyauté envers Batista, son père le colonel Benitez,

---

[1] HILL / BARZILAY's papers, USHMM : IL 99.4.552.

[2] The Foreign Service of the United States of America, rapport de COERT DU BOIS sur la situation des réfugiés juifs à La Havane, 7 juin 1939, p. 2, NARA : 837.55/39.

[3] Ibid, p. 2.

directeur général de l'Immigration, se trouve sous l'égide de l'armée et jouit d'une immunité et d'un prestige certains. Ainsi, peut-il se permettre de bafouer les lois d'immigration et amasser une fortune personnelle estimée, selon les sources, entre 1/2 million et 1 million de dollars[1]. Deux de ses plus fervents opposants ébauchent alors le décret n° 937 et obtiennent sa promulgation. Il s'agit du Dr. J.M. Portuondo, secrétaire au Travail et le Dr. Juan J. Remos, secrétaire d'Etat.

Le décret n° 937 sera donc essentiellement promulgué pour mettre un terme à l'impunité de Benitez dans sa gestion de l'immigration à Cuba. Les deux hommes – et surtout Portuondo – interviennent directement auprès du président cubain, Laredo Bru, afin que celui-ci tranche dans l'affaire du *St. Louis*, mais aussi du *Flandres* et de l'*Orduna*[2]. Rappelons que ces trois paquebots ont quitté les ports européens après la promulgation du décret n° 937 et la Hapag a été officiellement informée avant que le *St. Louis* ne quitte Hambourg, que le nouveau décret n° 937 serait rigoureusement appliqué.

Dès le début du mois de mai, certaines organisations juives ont été également informées des difficultés que le *St. Louis* rencontrerait pour débarquer ses passagers à La Havane. Le 5 mai, le bureau de la HICEM à Paris transfère au Joint une copie d'un mémorandum sur l'émigration illégale d'Allemagne, préparé pour le Haut Commissaire pour les Réfugiés.

> Apprenons Hamburgamerikaline Hapag envisage envoyer paquebot saint louis treize mai neuf cents émigrants cuba stop - notre comité havane communique directeur département immigration estime arrivée simultanée grand nombre immigrants hautement indésirables stop - avons averti Hapag intermédiaire Hilsfsverein Berlin mais sans résultat stop - permettons suggérer votre intervention directe auprès Hapag renoncer envoi massif. [3]

Dès réception de ce télégramme, Sir Herbert Emerson envoie immédiatement le télégramme suivant à la Hapag :

---

[1] Ibid, pp. 3-4.
[2] Ibid, p. 4.
[3] Télégramme envoyé par le Haut Commissaire pour les Réfugiés sous la Protection de la Société des Nations au président de Hias-Ica Emigration Association, Archives du JDC : File 386.

> J'apprends par la Hicem de Paris qu'il est envisagé d'envoyer 900 réfugiés à Cuba sur votre paquebot Saint-Louis le 13 mai stop. Je comprends que de graves difficultés risquent de surgir concernant leur entrée à Cuba et je vous recommande vivement que les réfugiés n'y soient pas envoyés. Haut commissaire pour les réfugiés.[1]

La Hias-Jca Emigration Association-HICEM[2] renvoie une lettre au Haut Commissaire pour les Réfugiés sous la Protection de la SDN, en insistant sur le danger d'un envoi massif :

> Nous avons l'honneur d'accuser réception de votre lettre du 8 courant et vous remercions vivement de la promptitude avec laquelle vous avez bien voulu donner suite à notre suggestion au sujet du départ projeté d'émigrants israélites sur le paquebot 'Saint-Louis' à destination de Cuba. Nous nous permettons toutefois, pour la bonne règle, d'appeler votre attention sur le fait que, dans notre télégramme du 5 mai, nous avions insisté surtout sur le danger que représentait un envoi massif d'émigrants. Notre intention n'était nullement d'empêcher, d'une façon générale, toute émigration d'Allemagne à Cuba. Il se peut, en effet, que parmi les 900 personnes dont il était question, il s'en trouve un certain nombre parfaitement en règle au point de vue visa et caution et il va sans dire que si ces émigrants étaient expédiés par petits groupes, cela pourrait faire naître des difficultés émanant du Département d'Immigration de Cuba. Seul l'envoi massif de plusieurs centaines d'émigrants, par un seul paquebot, pourrait avoir des conséquences fâcheuses. Nous tenions à souligner ce fait pour le cas où vous seriez saisis de l'affaire par la compagnie de navigation intéressée.[3]

Par ailleurs, dans un document daté du 11 mai, des doutes subsistent concernant la validité des documents d'immigration à Cuba :

---

[1] Télégramme envoyé par le Haut Commissaire pour les Réfugiés sous la Protection de la Société des Nations au président de Hias-Jca Emigration Association, Archives du JDC : File 386.

[2] La HICEM vit le jour en 1927. Elle rassemblait trois associations : la HIAS (*Hebrew Sheltering and Immigrant Society*), la JCA ou ICA (*Jewish Colonization Association*) située à Paris et *Emigdirect* basée à Berlin.

[3] Lettre de la Hias-Jca Emigration Association HICEM au Haut Commissaire pour les Réfugiés sous la Protection de la Société des Nations, 10 mai 1939, YIVO : RG 245.4. MKM 15.45 Cuba - 18.

> Il ne ressort pas très clairement de ce télégramme si les autorisations accordées jusqu'ici par les autorités cubaines, aussi bien permis temporaires que permis définitifs, se trouvent maintenant annulées. Nous avons demandé par télégraphe à Cuba des précisions et vous les communiquerons bien volontiers lorsqu'elles seront entre nos mains. En tous cas, des conversations que nous venons d'avoir avec la Compagnie Générale Transatlantique, il résulte que cette dernière refuse d'engager de nouveaux passagers. Elle a reçu un câble de son agent à La Havane l'informant que les passagers embarqués sur le SS 'Delassalle' le 10 mai, ainsi que ceux qui devront s'embarquer sur le SS 'Flandre', le 16 mai, pourront très vraisemblablement débarquer, à la suite des démarches actuellement en cours et que la compagnie espère mener à bonne fin.[1]

En réalité, grâce à un télégramme envoyé le 10 mai 1939 à Washington par Joseph Kennedy, alors ambassadeur américain en Grande-Bretagne, on apprend que :

> Emerson a été informé il y a plus d'un mois par les autorités cubaines que les papiers des réfugiés, à qui l'on a proposé de voyager sur le St. Louis et également sur l'Orinoco, n'étaient pas en règle et qu'ils ne seraient pas autorisés à débarquer à La Havane. Il a immédiatement prévenu la Hambourg-Amerika-Line et les organisations juives, lesquelles n'ont pas tenu compte de la mise en garde et ont poursuivi leurs plans.[2]

Il est indéniable que depuis le début de l'année 1939, les organisations juives ont des craintes concernant les capacités d'absorption des pays d'Amérique du Sud et des Caraïbes face à une immigration massive. Ainsi, le 6 janvier, le *Joint Distribution Committee* reçoit-il un câble du *National Coordinating Committee* de New York qui transmet à la HICEM de Paris qui, à son tour, en informe par courrier M. Troper du Joint à Paris : « [...] *selon nous, il y a toujours un grand danger d'envoyer autant* [de réfugiés] *sur un unique bateau. Vous vous souvenez de l'expérience que nous avons eue avec le* 'Stuttgart'*, qui a eu pour résultat la fermeture*

---

[1] Lettre datée du 11 mai 1939, YIVO : RG 245.4. MKM 15.45 Cuba - 18.
[2] Télégramme de Joseph KENNEDY, 10 juin 1939, NARA : 837.55J/54.

complète de l'Afrique du Sud à l'immigration juive[1] ». Même Max Stone, le président du Centre Israélite de Cuba à La Havane, tire la sonnette d'alarme concernant l'envoi massif de réfugiés. Dès le 19 avril 1939, il envoie à la HICEM de Paris le câble suivant :

> Notre attention a été attirée par le fait qu'en mai, un bateau spécial avec 1.000 immigrants devra quitter le port de Hambourg pour La Havane. Le Directeur de l'Immigration à Cuba nous a fait comprendre que l'arrivée d'un si grand nombre d'immigrés en une seule fois n'était pas souhaitable. Nous nous tournons vers vous pour vous demander si vous pouvez faire quelque chose pour arrêter le voyage de ce bateau spécial.[2]

La réponse de la HICEM se veut rassurante :

> Nous avons reçu votre lettre du 19 avril. Nous sommes entrés en contact avec le Hilfsverein en Allemagne et avons pu établir que c'est la Hambourg-America-Line qui est en train de préparer le voyage du S.S. ' Saint-Louis' quittant Hambourg le 13 mai, avec 300 émigrants pour Cuba.
>
> Selon des informations reçues, ces émigrants sont tous en possession soit d'un permis de débarquer, soit d'un dépôt de garantie de 900 dollars chacun.
>
> A ces conditions, nous ne pensons pas qu'il soit nécessaire d'entreprendre quoi que ce soit pour arrêter le départ du bateau en question.[3]

Malgré ces échanges au plus haut niveau d'informations de première importance, rien ne semble en mesure d'empêcher le départ du *St. Louis* dont l'issue du voyage paraît pourtant compromise à l'avance. C'est donc dans cet imbroglio de politique intérieure cubaine et dans ce contexte international défavorable que les 937 passagers du *St. Louis* entrent dans le port de La Havane le 27 mai 1939.

---

[1] Dr. James BERNSTEIN, Mémorandum sur S.S. St. Louis – Hapag, 27 juin 1939, Archives du JDC : File 386.

[2] Lettre de Max STONE, président du *Centro Israelita de Cuba*, 19 avril 1939, YIVO : RG 245.5. MKM 16.21, File 324.

[3] Réponse à la lettre de Max STONE, 27 avril 1939, YIVO : RG 245.5. MKM 16.21, File 325.

L'arrivée à La Havane

Le *St. Louis* arrive à La Havane plus tôt que prévu. Peu de temps après son départ de Hambourg, le capitaine Schröder a reçu un étrange message lui demandant d'arriver à Cuba avant le *Flandres* et l'*Orduna*. Dans la soirée, Claus-Gottfried Holthusen, directeur de la Hapag, envoie en effet un message-radio prioritaire au *St. Louis* :

> Ordre impératif de vous rendre à La Havane à toute vitesse possible à cause de deux autres bâtiments 'Orduna' anglais et 'Flandre' français même destination mêmes passagers mais j'ai confirmation que vos passagers débarqueront quoi qu'il arrive. Aucun motif d'alarme.[1]

Cette course effrénée a pour but de fournir au *St. Louis* une chance supplémentaire de débarquer ses passagers avant les deux autres bateaux qui transportent aussi des immigrés juifs.

Le 15 mai, après son escale dans le port français de Cherbourg pour embarquer 38 passagers et se ravitailler en nourriture, le *St. Louis* pousse ses machines et arrive dans le port de La Havane le 27 mai à 4 heures du matin. La raison de ce départ précipité de France et de l'augmentation de la vitesse du *St. Louis* est due à un second câble envoyé par Holthusen au capitaine Schröder. Holthusen ordonne au *St. Louis* d'abréger l'escale en Normandie : *« Répétons ordre impératif d'aller à toute vitesse possible à cause situation fluide Havane »*. La course contre la montre continue. L'*Orduna* n'a que quatorze heures de retard sur le *St. Louis*, tandis que la position du *Flandre* demeure inconnue. Ce dernier étant beaucoup plus petit que le *St. Louis*, risque certainement d'arriver à La Havane avant lui et de débarquer ses 104 passagers en premier[2].

Les passagers du *St. Louis* sont prêts à débarquer ; ils sont prêts depuis des mois à vivre cet instant :

> Nous pouvions voir, malgré l'obscurité, les palmiers bordant les rues et reconnaître l'avenue Vedado. Des voitures et

---

[1] Gordon THOMAS et Max MORGAN-WITTS, *Le Voyage des Damnés*, Op. cit, p. 63.
[2] Ibid, pp. 75-76.

des piétons escortaient le navire jusqu'au port ; ceux qui se reconnaissaient s'interpellaient et se saluaient. Rapidement, le soleil se leva au moment où le 'St. Louis' jetait l'ancre. Nous devions passer la visite médicale. Le médecin était déjà monté à bord. La visite fut rapide, puis la carte de débarquement contrôlée. Chacun pensait que le débarquement était imminent. [1]

L'ensemble des passagers n'ose encore y croire. Croire qu'ils sont enfin sauvés du joug nazi et peuvent commencer une nouvelle vie. Quant aux enfants, leurs yeux émerveillés ne sont pas assez grands pour embrasser ce nouveau paysage féerique que représente un port des Caraïbes : *« J'étais sorti sur le pont et je regardais La Havane. C'était un spectacle étonnant pour moi qui n'avais jamais vu de cocotiers[2] ». « Comme il faisait encore nuit, nous pensions avoir devant nous la ville des 'Mille et une Nuits'.[3] »* Plus que quelques heures et la liberté serait totale...

Mais à la mi-journée, la nouvelle tombe comme un couperet : le débarquement est retardé sans que l'on sache ni pourquoi, ni jusqu'à quand. Les rumeurs les plus folles commencent à circuler. On s'imagine même que les Cubains ne travaillent pas le samedi qui précède la Pentecôte et que le débarquement est donc repoussé au lundi suivant. [4] Les six jours qui suivront l'arrivée du *St. Louis* à La Havane seront éprouvants. Les 937 passagers se retrouvent bloqués sur le paquebot par plus de 30° C, température à laquelle peu sont accoutumés. Chaque jour, de petites embarcations encerclent littéralement le navire. Elles transportent des amis, des membres de la famille, un frère, une sœur, un mari venu voir de loin sa femme et ses enfants sur l'un des ponts. Des pleurs, des cris, des larmes, des gestes désespérés pour envoyer un message d'encouragement ; autant de gestes qui traduisent l'impuissance. Et dire que certains ont déjà envoyé des télégrammes à leur famille aux Etats-Unis avec ce message : *« Bien arrivés à La Havane »* !

---

[1] Témoignage de la famille BUFF, « Die Odyssee der *« St. Louis »* », In : Gernot RÖMER, *Die Austreibung der Juden aus Schwaben*, Op. cit, p. 112.
[2] Témoignage de Herbert KARLINER, In : *Le Voyage du St. Louis*, (Documentaire) Op. cit.
[3] Témoignage d'un garçon de 13 ans qui se trouvait sur le bateau, juillet 1939. USHMM : Betty YAEGER TROPER, 1997.36.
[4] Témoignage de la famille KORMAN, In : *Hitler's Exiles*, Op. cit, p. 186.

La seule information dont disposent les passagers concernant leur éventuel débarquement tient en un mot : « *Mañana*[1] » ! Tous les jours, encore et encore le même mot qui, au fil du temps, perd tout son sens. Plus l'attente se prolonge et plus les questions abondent. La tension monte à bord et les nerfs des passagers sont mis à rude épreuve. Que pensent ceux qui ont connu l'internement dans les camps de concentration allemands ?

Au bout de trois jours d'attente, un passager tente de se suicider en se coupant les veines. La presse internationale commence alors à s'intéresser au sort des passagers et s'empare de l'histoire du *St. Louis*. Le *New York Times*[2] publie le 31 mai, en page 8, un court article sur le suicide de Max Loewe, présenté comme un *« réfugié juif d'environ 48 ans*[3]*»*. Avocat à Hambourg, il voyage en compagnie de sa femme et de ses deux filles. Dépressif depuis le départ d'Allemagne, il s'ouvre les veines et saute par-dessus bord. Un marin du *St. Louis*, assistant à la scène, saute à son tour pour tenter de le sauver. Le capitaine Schröder consigne cet incident dans son rappor[4]. Max Loewe est dès lors transporté à l'hôpital 'Calixto Garcia' de La Havane. La presse française aussi mentionne cet incident. Le journal *Ce Soir* du 1er juin publie un article intitulé *« Désespéré de ne pouvoir débarquer à Cuba, un réfugié se tranche les veines du poignet*[5]*»*. Tandis que *Paris-Soir* annonce un peu trop précipitamment : *« Max Loewe s'est tué* [6]*»*, avant de rectifier le lendemain en précisant que *« sa femme et ses deux enfants se virent refuser l'autorisation de rester auprès de lui bien qu'il soit mourant*[7]*»*.

A partir de ce moment, la presse ne lâchera plus cette histoire. La couverture médiatique de ce qui aurait pu n'être qu'un triste fait divers, parmi tous les autres, est sans précédent. Aucun journal américain n'est épargné par ce phénomène de

---

[1] *Mañana* signifie demain en espagnol. Témoignage d'une fillette de 10 ans et demi qui se trouvait sur le bateau, juillet 1939. USHMM : Betty YAEGER TROPER, 1997.36.

[2] Le *New York Times* avait déjà publié deux courts articles sur le *St. Louis* les 29 (p. 3) et 30 mai (p. 9).

[3] *The New York Times*, 31 mai 1939, p. 8.

[4] Reisebericht des Kapitäns, 27 mai 1939. Hapag-Reederei, 4776-Teil 2, Staatsarchiv Hamburg, microfilm, USHMM : Acc. 2000.148.

[5] *Ce Soir*, 1er juin 1939, p. 3.

[6] *Paris-Soir*, 3 juin 1939, p. 3.

[7] *Paris-Soir*, 4 juin 1939, p. 5.

« médiatisation ». Du plus prestigieux quotidien national au journal local de moindre envergure, le *St. Louis* intéresse la presse américaine de tous les États, du nord au sud et d'est en ouest du pays[1]. *« A six occasions différentes durant les huit premiers jours de juin, des articles sur le bateau parurent en première page du* New York Times. *D'autres journaux lui accordèrent une attention similaire[2] ».*

En attendant, l'angoisse gagne les passagers, maintenus dans l'incertitude d'un débarquement chaque jour plus hypothétique. Le capitaine Schröder redoute un « *pacte de suicide collectif* » parmi les passagers ; crainte amplement relayée par la presse mondiale. L'ensemble des journaux reprend la nouvelle selon laquelle le capitaine du *St. Louis* a informé les autorités cubaines d'un *« pacte de suicide collectif* » et d'un « *état de mutinerie* » régnant à bord[3]. Certains journaux précisent même que 25 policiers cubains ont été placés à bord pour éviter le pire[4]. *« Les femmes et les enfants pleuraient continuellement[5] ».*

A quai aussi, l'atmosphère est au désespoir. Le journal bilingue yiddish/espagnol *Havaner Lebn - Vida Habanera,* publié à La Havane, décrit la tragédie humaine en ces termes : *« Un coup d'œil sur cette foule, réunie ici au port, nous indique combien la peine est immense. A côté de nous se tient un jeune homme, le cœur brisé : sur le bateau se trouve sa femme avec leur unique enfant, un bébé de huit mois[6] ».*

La situation décrite presque quotidiennement par la presse mondiale est alarmante. La presse américaine informe ses lecteurs de l'évolution de la situation à bord, tandis que la presse européenne prend volontiers la défense des passagers. Quant aux

---

[1] Sur la presse américaine et le *St. Louis*, cf. : Deborah E. LIPSTADT, *Beyond Belief.* The American Press & the Coming of the Holocaust 1933-1945, New York, The Free Press, 1986, pp. 112-120. Deborah E. Lipstadt dresse notamment une liste des journaux secondaires qui ont mentionné l'épisode du *St. Louis.*

[2] Ibid, p. 115.

[3] Pour ne citer que quelques journaux : *The New York Times*, 1er juin 1939, p. 16 ; *The Cincinnati Enquirer*, 1er juin 1939, p. 9 ; *The San Francisco Chronicle*, 1er juin 1939, p. 1 ; *Arizona Republic*, 1er juin 1939, p. 1, *The Washington Post*, 2 juin 1939, p. 1 ; *The Los Angeles Times*, 1er juin, p. 1.

[4] *St. Louis Post Dispatch*, 31 mai 1939, p. 9A.

[5] *Boston Globe*, 2 juin 1939, p. 17 ; *Miami Herald*, 2 juin 1939, p. 10A.

[6] *Havaner Lebn*, 2 juin 1939, p. 1.

journaux cubains imprégnés d'antisémitisme racial allemand, ils s'interdisent toute compassion.

Déchaînement de la presse cubaine

La presse cubaine ne s'intéresse pas aux réfugiés d'Europe grâce à l'histoire du *St. Louis* ; elle leur a témoigné un intérêt particulier des mois auparavant afin de dénoncer leur débarquement par vagues successives et exponentielles. Avant même l'arrivée des 937 passagers du *St. Louis*, les journaux cubains qui publient des articles contre les réfugiés, se déchaînent. Déjà en janvier 1939, le journal *Diário de la Marina* s'en prend aux immigrés dans un long article en prônant une sélection sévère :

> L'ajout d'un important contingent de Juifs augmenterait l'accumulation d'éléments raciaux qui contribueraient rapidement à dénationaliser et à annihiler le caractère du pays. Il est impératif de mieux sélectionner les immigrants [...] afin qu'ils ne causent aucun dérèglement dans le marché du travail en augmentant le chômage et la paupérisation.[1]

L'argument du chômage est aussi développé dans le journal *El Pais*. Le quotidien demande un arrêt complet de l'immigration tant qu'un fort taux de chômage subsisterait : *« Le Département du Travail maintiendra sa politique d'opposition à l'immigration européenne tant que le nombre de chômeurs à Cuba ne diminuera pas*[2]*»*. Les articles comptent sur l'entretien d'une peur parmi les Cubains : peur de perdre leur emploi à cause des réfugiés juifs que la presse présente comme *« animés d'un espoir de conquête »*, prêts à *« infiltrer le commerce »*, à se *« glisser dans l'industrie*[3]*»*, faisant preuve d'un *« désintérêt traditionnel pour l'agriculture*[4]*» ; « Le Juif* [...] *envoie ses enfants à l'Université et, en peu de temps, il monopolise les professions libérales. Il*

---

[1] *Diário de la Marina*, 25 janvier 1939, cité dans le rapport de Harold S. TEWELL du 17 mars 1939 sur les réfugiés européens à Cuba, p. 26. NARA : 837.55 J /I/ Confidential File / R.

[2] *El Pais*, 23 mars 1939, cité dans le rapport du Consul américain Harold S. TEWELL, supplément au rapport du 17 mars 1939, 1er avril 1939, p. 2. NARA : 837.55 J/2.

[3] *Diário de la Marina*, 14 mai 1939, Editorial.

[4] *Avance*, 16 mai 1939, Editorial.

abandonne le travail manuel aux gens du pays et, comme cela est déjà arrivé dans les pays d'Europe, il influence la politique nationale et la politique étrangère du pays dans lequel il vit, et ce, toujours – et c'est logique – pour son avantage personnel[1] *»*. Les immigrés juifs sont jugés comme *« des intrus qui sont un peuple à coutumes sordides*[2]*»*. Toujours selon la presse cubaine, les Juifs paraissent dangereux parce qu'ils sont intelligents[3] ! Après de telles déclarations, rien d'étonnant à ce que la politique pratiquée par l'Allemagne à l'encontre des Juifs soit considérée comme justifiée. *« La persécution des Juifs n'est ni politique, ni raciale. Elle est exclusivement une mesure défensive »,* peut-on lire dans un journal pro-hitlérien[4]. Les principaux titres de la presse cubaine sont donc unanimes quant au refus d'accueillir davantage de réfugiés venant d'Europe.

Concernant précisément le *St. Louis*, un article paraît dans *Diário de la Marina* le 4 mai 1939 annonçant son arrivée à Cuba prévue début juin, alors même que le navire n'a pas encore quitté le port de Hambourg[5] ! Selon l'article, les cercles maritimes de La Havane auraient été informés de l'organisation d'une *« expédition »* de plus d'un millier de Juifs *« devant quitter l'Allemagne mi-mai ». « Officiellement, le Département d'Immigration n'a aucune information sur cette arrivée de 1.000 Juifs ».* Et d'ajouter que le Département du Travail propose d'intervenir afin d'éviter que ces immigrés ne s'installent à Cuba[6].

Lorsque le *St. Louis* arrive à La Havane, la presse ne cesse pas sa campagne de haine à l'égard des réfugiés, bien au contraire. Le journal *Alerta* poursuit ses attaques : *« Nous croyons sincèrement que donner asile aux Juifs errants du ' St. Louis' constitue une erreur et des conséquences que nous ne tarderions pas à regretter. Une fois débarqués, vers quel pays ces immigrants indésirables pourront-ils être dirigés*[7]*»* ? Les mêmes clichés antisémites que la presse publie avant l'arrivée du bateau ressurgissent

---

[1] *Avance*, 17 mai 1939.
[2] *Avance*, 16 mai 1939, Editorial.
[3] *Avance*, 17 mai 1939.
[4] Ibid.
[5] *Diário de la Marina*, 4 mai 1939, cité dans le rapport de Harold S. TEWELL, 9 mai 1939, p. 1. NARA : 837.55 J/4.
[6] Ibid.
[7] *Alerta*, 6 juin 1939.

une fois le *St. Louis* dans le port de La Havane. La peur de la concurrence économique demeure un des principaux arguments que les journaux cubains utilisent contre le débarquement des passagers. Le journal *Informacion* rapporte à ce sujet les propos du secrétaire du gouvernement, Félix del Prado : *« Puisqu'il s'agit de Juifs, de petits commerçants et de petits industriels qui, après leur débarquement, porteraient préjudice au commerce et à l'industrie nationaux*[1] *»*. Une fois de plus, le vieux cliché antisémite du Juif qui refuse de travailler la terre revient comme un leitmotiv pour refouler les réfugiés[2]. Le journal *Pueblo* profite du climat de tension qui règne à Cuba à l'égard des immigrés pour rappeler que *« le Judaïsme constitue un peuple sans terre*[3] *»*.

Après tant de haine antisémite, il est naturel que les journaux cubains soutiennent la position du gouvernement de ne pas laisser débarquer les réfugiés du *St. Louis*. L'affaire est même présentée comme la simple application de la loi en vigueur : *« A Cuba, les portes n'ont pas été fermées ; on a seulement empêché qu'ils pénètrent – de manière illégale, avec de faux passeports*[4] *»*. *El Diário de la Marina* parlait même de *« violation du dernier décret présidentiel relatif à l'admission des étrangers à Cuba*[5] *»*.

Profitant de la situation de crise engendrée par la présence du *St. Louis* dans le port de La Havane, certains journaux cubains formulent de sévères critiques à l'égard des Juifs américains qui, selon eux, ne tentent rien pour aider leurs coreligionnaires :

> Je suis peiné de constater qu'aucune organisation juive n'a fait de contre-proposition. […] Si le contingent de Juifs du *St. Louis* se voit obligé de retourner en Allemagne, ce sera EXCLUSIVEMENT parce que leurs centaines de frères archimillionnaires de race américaine préfèrent que cela en soit ainsi plutôt que de débourser la somme qu'exige Saint-Domingue pour les laisser entrer.[6]

[1] *Información*, 3 juin 1939.
[2] *El Diário de la Marina*, 4 juin 1939, p. 1.
[3] *Pueblo*, 3 juin 1939.
[4] *Pueblo*, 3 juin 1939.
[5] *El Diário de la Marina*, 28 mai 1939, p. 1.
[6] *Información*, 4 juin 1939.

L'autre responsable de cette situation est, selon la presse cubaine, la compagnie maritime Hapag :

> Si une compagnie de bateaux à vapeur a prétendu, en violation des dispositions prises par le gouvernement, faire débarquer des immigrants sur notre sol, on ne peut oublier les autorisations antérieures octroyées par le Directeur de l'Immigration, parce qu'ils savaient expressément que ces dites autorisations dépourvues de valeur étaient maintenues en vertu des dispositions déjà en vigueur.[1]

Les journaux cubains sont particulièrement sensibles à ce que publie la presse américaine au sujet du *St. Louis*. Ils reproduisent d'ailleurs souvent certains extraits des journaux de leur grand voisin d'Amérique, surtout ceux du *New York Times* et du *Daily Worker*. *« Le journal* 'The New York Times', *dans un éditorial, souligne 'l'agitation croissante' contre les réfugiés juifs*[2] *»*.

De tous les journaux publiés à Cuba, seul le *Havana Post*, quotidien rédigé en langue anglaise, prend ostensiblement la défense des réfugiés :

> Les Cubains amoureux de la paix, qui ont vécu depuis de nombreuses années dans ce pays tropical tranquille et alangui sans avoir été mordus par ce parasite mortel – la haine raciale –, ont été réveillés par une campagne au vitriol conduite par la presse, la radio et les paroles individuelles qui tempêtaient enragées contre l'entrée des réfugiés d'Europe dans notre pays. Nous pensons que c'est injustifié. [...] Ceux qui propagent la campagne antisémite [...] exposent [...] à notre humble avis, des arguments et des raisons puérils, accusant les réfugiés de venir et de continuer d'entrer à Cuba en tant « qu'indigents » au détriment de l'industrie, du commerce et principalement du travail cubain. [...]
>
> Les pogroms et autres mesures impitoyables prises par le gouvernement allemand contre une partie de sa population sont si connus que le récit de plus amples détails est inutile. Ils sont contraints de quitter le pays sans un sou, après que leurs biens eussent été confisqués. Mais ces faits ne signifient pas nécessairement que ces réfugiés sont des « indigents ». Ce sont

---

[1] *Avance*, 5 juin 1939.
[2] *Hoy*, 6 juin 1939.

> des gens éduqués, des scientifiques, des industriels, d'importants écrivains, des artistes et intellectuels – un bien inestimable pour n'importe quel pays, même s'ils n'ont pas d'argent. [...]
>
> Il n'y en a aucun qui ait ouvertement manifesté son intention de s'installer dans ce pays. Ils veulent partir vers d'autres pays, spécialement les Etats-Unis. Beaucoup, nous le savons, ont officiellement fait la demande pour cette entrée, tandis que d'autres ont cherché à être admis par d'autres pays d'Amérique centrale ou d'Amérique du Sud.
>
> Aucun n'est devenu une charge pour l'Etat. A notre connaissance, il n'y a pas eu un cas de réfugié qui aurait pris ou qui aurait essayé de prendre la place d'un travailleur cubain. Ils savent trop bien que cela serait pratiquement impossible compte tenu du renforcement de la loi sur le travail en vigueur.
>
> Au contraire, subvenant à leurs besoins, cela contribue à fournir davantage de travail aux Cubains. [...]
>
> La preuve supplémentaire que les réfugiés ne sont pas des indigents se trouve dans le fait qu'aucun d'entre eux ne s'est installé dans les bidonvilles de La Havane. Ils n'ont pas construit leurs maisons dans les camps d'indigents de 'Las Yaguas' ou de 'Los Pinos'. Ils ont établi leurs résidences dans les meilleurs quartiers résidentiels de La Havane, vivant en paix et tranquillement.[1]

Le *Havana Post* ne modifie pas sa ligne lorsque le *St. Louis* entre dans le port de La Havane. Entre le 28 mai et le 18 juin, le quotidien publie 14 articles concernant le *St. Louis,* dont 13 en première page, avec des développements plus conséquents dans les pages suivantes. Contrairement aux violentes critiques contre les réfugiés en général et plus particulièrement les réfugiés juifs, le journal brandit l'étendard du devoir moral à l'égard des passagers du *St. Louis* :

> [...] il y a un élément manifeste d'injustice dans le cas de ce bateau. Lorsqu'ils ont quitté Hambourg le 14 mai, ils possédaient des permis en règle fournis par le Département d'Immigration, et étaient donc persuadés que leur débarquement serait garanti. La faute de leur détresse actuelle semble par conséquent peser directement sur les épaules du... gouvernement cubain. Disons que ses agents ont fait une erreur en délivrant les

---

[1] *The Havana Post*, 26 mai 1939, Editorial.

permis. Le gouvernement a dès lors une obligation morale de réparer l'erreur en acceptant que ces victimes débarquent.[1]

Dans les colonnes du *Havana Post*, le 29 mai, le secrétaire cubain à la Présidence, A. Pujol, déclare même à des journalistes : *« il n'y a aucun doute que certains des réfugiés du* St. Louis *soient des personnes en bonne santé dont Cuba pourrait bénéficier. Mais leurs papiers ne sont pas en règle*[2] *».*

Bohemia, le journal en espagnol, prend lui aussi à sa manière, fait et cause pour les réfugiés, en décrivant les conditions de vie que ces derniers ont laissées derrière eux :

> Derrière eux s'étale Hambourg avec ses cheminées sales et ses fumées se mélangeant au froid gris du vent de la Mer du Nord. [...] Et les yeux des hommes, des femmes et des enfants brillent d'espoir. D'une vie oubliée vers une nouvelle vie. [...] Les camps de concentration allemands. Chacun avec des larmes dans les yeux porte en lui la mémoire des barrières, [...] des chaînes à leurs poignets. Presque tous ont laissé quelqu'un derrière, des amis, des amours ! Mais à présent, un tournant de la vie, à nouveau la paix sans difficulté. Une vie merveilleuse parmi des gens sains, tolérants et justes. [...] On commencera une nouvelle vie, chère Maman. Cuba est une terre merveilleuse. C'est quelque peu chaud, mais tu t'y habitueras très vite. Plus jamais la peur des visites nocturnes de la blonde ' Schutzstafel'. [...] Plus jamais le terrible sentiment ressenti face aux insultes que l'on vous lance à la figure. [...] Maintenant – merveilleux moment ! – du travail, du soleil, la liberté. [...] Ici à Cuba, mon cher enfant, tu mangeras des fruits que tu n'as jamais goûtés auparavant. [...] C'est comme un miracle. [...] Délicieux miracle ! – Cuba !
>
> [...] La Havane est le centre du monde.
>
> [...] L'ordre est tombé, sèchement : Personne ne débarque ! 907 cœurs sont remplis d'angoisse. Cuba à un jet de pierre ! La terre ferme devant nos yeux ! La possibilité d'une vie nouvelle et libre...
>
> Des mains tremblantes s'agrippent au bastingage du *St. Louis*. Des larmes coulent sur les joues d'une femme. Une enfant pleure comme si quelqu'un la frappait. Sur une des chaises du

[1] *The Havana Post*, 4 juin 1939.

[2] *The Havana Post*, 31 mai 1939, p.1.

> pont, une vieille femme est assise, petite et ratatinée comme une noix séchée. Elle essuie des larmes coulant de ses yeux, sans un son, sans une expression sur son visage, sans qu'un muscle de son visage ne bouge. Elle pleure, sans consolation, sans honte.[1]

Le ton volontairement dramatique de cet article contraste avec les papiers publiés dans les autres journaux cubains en espagnol. L'atmosphère décrite et la comparaison entre les persécutions en Allemagne et l'espoir que représente Cuba sont d'autant plus flagrantes. L'absurdité de la décision cubaine est ici ramenée à l'échelle individuelle. Un drame humain additionné à plus de 900 autres drames humains. Il ne s'agit plus d'un millier de Juifs, mais d'êtres humains confrontés à l'inhumanité du monde politique d'alors.

Avec l'arrivée des réfugiés d'Europe, le climat change quelque peu dans l'île des Caraïbes. Il existe depuis 1937 à Cuba une Association nationale contre les discriminations raciales, dont le président est Fernando Ortiz. Ce dernier publie, en juin 1939, un article intitulé '*Défense cubaine contre le racisme antisémite*', dans lequel il critique la propagande distillée dans l'île contre les Juifs :

> Les racistes maudits s'agitent à nouveau pour augmenter les maux dont souffre notre Cuba. Il faut nous prémunir contre ces propagandes nocives. Pour ce motif, cette association nationale contre le racisme antisémite et les discriminations, fondée en 1937, s'adresse à tous les habitants de Cuba, nationaux et étrangers, de tous niveaux, pour les avertir des nouveaux phénomènes de dissolution qui nous menacent. [...] Actuellement, une nouvelle forme de racisme arrive à Cuba avec des éléments qui intriguent contre les Hébreux. Elle agit avec fureur dans divers pays, les expulsant de leur pays d'origine, confisquant leurs biens, les soumettant à des conditions bestiales et à de perfides calomnies. On veut y entraîner Cuba afin que ce pays nie ses traditions, sa personnalité démocratique, ses propres libertés et son héroïsme afin d'accepter le despotisme que nous avons connu à l'époque coloniale et aussi républicaine. [...] Sur le plan économique, les Cubains ont plutôt tendance à attaquer les Juifs lorsqu'ils occupent des postes de banquiers et de patrons. Mais la plupart

---

[1] *Bohemia*, 11 juin 1939. Traduction en anglais. JDC : 385.

> des Hébreux sont du même niveau social que les petits commerçants. A Cuba précisément, la concurrence vient autant des Hébreux que des Chinois, des Français, des Espagnols et des Cubains eux-mêmes. [...] Il n'y a aucune race au-dessus des autres, possédant une capacité génétique supérieure. De plus, le préjudice racial contre les Juifs est supérieurement ridicule dans cette Amérique qui est un immense creuset, mais pas plus qu'en Europe où ont commencé les théories et certaines propagandes politiques dépravées. [...] Ni les Noirs, ni les Espagnols, ni les Cubains ne doivent se retourner contre les Juifs, personne contre personne ne peut le faire pour des motifs de race.[1]

Bien qu'il soit difficile de mesurer l'impact d'un tel article, compte tenu de son origine associative, il est intéressant de mentionner son existence afin de contrebalancer l'impression d'une levée de boucliers contre les Juifs dans la presse cubaine. Même si les voix qui prennent la défense des réfugiés juifs sont minoritaires, il n'en demeure pas moins qu'elles ne restent pas toutes silencieuses. La parution d'un autre texte favorable aux réfugiés, intitulé *« Pour la vérité et la justice : le problème des réfugiés hébreux »,* révélait que les Cubains ne sont pas tous prêts à adhérer aveuglément à la propagande d'origine allemande. D'après ce texte,

> l'arrivée à Cuba de plusieurs groupes de réfugiés hébreux, en provenance de pays totalitaires d'Europe, a réveillé chez certains éléments un esprit d'agression féroce contre l'immigration juive dans le but inavoué de la réussite de cette campagne injuste qui tente, d'une part, de défigurer la vérité à travers des versions absolument fausses et, d'autre part, d'occulter des faits indéniables. Il est indispensable de rétablir la vérité sur cette question avec un critère dépassionné, offrant au public son aspect réel, sans les mensonges et fards qui la dénaturent. [...] Nous n'avons pas à nous effrayer de l'origine de cette immigration hébraïque en cet instant.[2]

---

[1] Fernando ORTIZ, «Défense cubaine contre le racisme antisémite», cité in : Richard PAVA, *Les Juifs de Cuba 1492-2001*, Nantes, Editions du Petit Véhicule, 2001, pp. 48 à 50.

[2] « Pour la vérité et la justice : le problème des réfugiés hébreux », cité In : Richard PAVA, *Les Juifs de Cuba 1492-2001*, Op. cit, pp. 54-55.

Des écrits dont il est difficile d'apprécier la diffusion dans l'opinion publique cubaine quotidiennement abreuvée d'articles antisémites.

Pendant que certains mènent ces joutes oratoires, vue du bateau, la situation semble désespérée et invraisemblable. Que peuvent encore espérer les passagers ?

CUBA : INTERDITE AUX JUIFS

Les négociations

Pendant ce temps, le compte à rebours des négociations au plus haut niveau commence. Dès que le *National Coordinating Committee* apprend le refus de débarquer, il dépêche par avion le 29 mai, à La Havane, Lawrence Berenson, président de la Chambre de Commerce cubano-américaine à New York, qui entretenait d'étroites relations avec les représentants officiels du gouvernement cubain ; ainsi que Cecilia Razovsky qui a déjà une longue expérience de l'immigration juive d'Europe en Amérique du Sud. Cecilia Razovsky a en effet l'habitude d'être réveillée en pleine nuit par un appel téléphonique en provenance de Suède, du Costa Rica, de la côte Ouest des Etats-Unis, du Canada, de Prague, *« lui signalant un groupe de réfugiés qui attendait sur un bateau, dans un port, à la merci d'un refus de débarquer parce qu'il n'avait pas de papiers en règle. »* [1]

Cecilia Davidson-Razovsky a jusque-là consacré sa vie professionnelle à l'intégration des réfugiés et à leur installation. Née à St. Louis dans le Missouri, elle représente Jane Addams[2] à la Conférence Internationale sur les Migrations à la Ligue des Nations. Dès 1934, elle fut nommée Directrice générale du *National Coordinating Commitee for Refugees* et, à ce titre, elle travaille avec le Haut Commissaire pour les Réfugiés à la Ligue

---

[1] Cecilia RAZOVSKY, *Memorandum with regard to the steamer* St. Louis *while in the port of Havana*, septembre 1961, p. 1. Archives de l'American Jewish Historical Society (AJHS), P-290, box 3, Folder 3.

[2] Jane ADAMS : féministe américaine, fondatrice en 1915 du Parti de la Paix aux Etats-Unis.

des Nations. Sous sa direction, cet organisme devient le *National Refugee Service* qui porte secours à des milliers de victimes des persécutions nazies pour pouvoir rejoindre leurs familles aux Etats-Unis et s'intégrer à la société américaine. En 1939, Cecilia Davidson-Razovsky est nommée directrice du *Migration Department of the National Refugee Service* et recentre son activité sur l'émigration des réfugiés allemands en Amérique et dans d'autres pays. Elle accompagne son mari, le Dr. Morris Davidson, en Amérique latine afin d'y étudier les possibilités d'immigration pour les réfugiés d'Europe, et travaille sous les hospices du Joint. Cecilia Razovsky est également l'auteur de nombreux articles sur les réfugiés[1]. Son expérience professionnelle la conduit donc en toute logique à Cuba afin d'effectuer cette mission de sauvetage des réfugiés du *St. Louis*.

Sur le terrain, les rôles respectifs de L. Berenson et de C. Razovsky se complètent. Pendant que Berenson négocie avec les représentants du gouvernement cubain, Cecilia Razovsky maintient une communication permanente avec le Comité des Passagers à bord du bateau[2]. Ce Comité de cinq passagers *du St. Louis* sert de liaison entre le capitaine Schröder et les autres passagers[3]. Il est créé à la demande du capitaine dès le 23 mai, après que ce dernier eut reçu un autre câble de Holthusen l'informant de la situation critique concernant le débarquement des passagers du *St. Louis* à La Havane. Afin d'éviter toute panique à bord, le capitaine Schröder a ainsi préféré prendre l'initiative de constituer ce comité de liaison qui devait tenir les passagers informés de l'évolution de la situation.

Berenson et Razovsky entrent aussi en contact avec les deux représentants du bureau du Comité de Secours (*El Servicio Nacional de Refugiados – SNR – National Refugee Service*) à La Havane, Milton Goldsmith et Laura Jarblum-Margolis qui œuvrent sur place en faveur des réfugiés juifs. Il faut aller vite et des

---

[1] Cecilia RAZOVSKY DAVIDSON, Bibliographical Notes, Archives de l'American Jewish Historical Society (AJHS), P-290, box 1, Folder 1.

[2] Lettre de Joseph P. CHAMBERLAIN, président du National Coordinating Committee for Aid to Refugees and Emigrants Coming from Germany, 15 juin 1939, JDC : File 378.

[3] Au sein de ce Comité : Dr. Max WEISS, Dr. Herbert MANASSE (avocat), Dr. Josef JOSEPH (avocat), Dr. Max ZELLNER (avocat), Dr. Arthur HANSDORFF (avocat).

négociations sont entamées par de nombreux intervenants. Le *St. Louis* devient une affaire mondiale. Dès le 30 mai, le consul général américain, Coert du Bois, s'est entretenu de manière informelle avec le secrétaire d'Etat cubain à la Défense, le Dr. Juan J. Remos, afin d'attirer son attention sur l'éventuelle mauvaise publicité que représente le refus de débarquement décidé par Cuba[1]. L'implication de Coert du Bois sera déterminante dans la mesure où, étant sur place, il est le pivot entre le gouvernement cubain d'un côté, et le gouvernement américain de l'autre. Il téléphone à Avra Warren, chef de la section des visas au département d'Etat à Washington, mais ce dernier l'informe que le département d'Etat ne souhaite aucune représentation officielle auprès du gouvernement cubain dans cette affaire[2] ! En d'autres termes, les Etats-Unis ne prévoient pas de s'impliquer de manière officielle dans une histoire qu'ils considèrent relever de la politique intérieure cubaine, dans laquelle ils refusent toute ingérence[3].

Le 31 mai, le Dr. Mario Lazo s'est entretenu par téléphone avec le secrétaire cubain de la Défense Nationale, le Dr. Ramos, qui assiste alors à une réunion à Camp Columbia et n'est pas en mesure de parler librement. Néanmoins, Ramos avoue que le *St. Louis* est un « *caso cerrado* », c'est-à-dire une affaire close [4]. Afin d'en savoir davantage, Mario Lazo se rend à Camp Columbia pour rencontrer le Dr. Ramos qui lui apprend alors que le cabinet cubain a voté à l'unanimité l'exclusion des réfugiés, et que le président Bru pense ainsi donner une leçon à la Hapag qui a osé passer outre les nouvelles lois cubaines en vigueur[5]. Pourtant, le secrétaire d'Etat cubain Ramos a insisté sur l'aspect humanitaire de la situation, mais le Président Bru en fait une affaire personnelle tant il ressent comme un affront le fait que la Hamburg-Amerika-Linie ait délibérément « *giflé le Président*[6] ». En conséquence, le Président se doit d'être intransigeant, afin de ne pas perdre la face au profit des manigances de son directeur de l'Immigration. Il

---

[1] Department of State, 12 juin 1939, p. 3, NARA : 837.55J/63.
[2] Conversation entre COERT DU BOIS et Avra WARREN, 30 mai 1939, NARA : document non côté à la pièce.
[3] Department of State, 1er juin 1939, NARA : 837.55J/36.
[4] American Consulate General, Havana, Cuba, 31 mai 1939, Rapport de COERT DU BOIS, p. 1, NARA : document non côté à la pièce.
[5] Department of State, 12 juin 1939, p. 3, NARA : 837.55J/63.
[6] American Consulate General, Havana, Cuba, 31 mai 1939, Rapport de COERT DU BOIS, p. 1, NARA : document non côté à la pièce.

se retrouve piégé par la situation embarrassante des réfugiés et, de fait, s'estime contraint de répondre avec fermeté et de manière définitive aux agissements de la Hapag, tout en sauvegardant si possible une bonne image internationale.

Au-delà de cela, il faut aussi et surtout mettre un terme au trafic de Benitez, d'autant que le président n'a aucun profit dans ce négoce. Cette situation inspirera au président de l'*Americain Jewish Joint Distribution Committee* (JDC), Rosenberg, lors d'une discussion informelle sur Cuba, la réflexion suivante : *« Si je comprends bien, derrière tout cela, il s'agit d'un combat politique pour l'ascendance à Cuba*[1] *»*.

Jusque-là, Berenson a constamment échoué dans ses tentatives de rencontrer personnellement le Président cubain. Cela s'explique par le fait que Bru tient Berenson pour responsable de la situation, car il sait que celui-ci a été informé plusieurs mois auparavant que les passagers du *St. Louis* ne seraient pas autorisés à débarquer[2]. Le sentiment méfiant de Bru à l'égard de Berenson est évoqué par Mario Lazo dans une conversation avec l'ambassadeur américain et le consul général. Il tient lui-même cette information du Dr. Ramos qui a déclaré :

> la personne que le président tenait pour principale responsable de cette situation déplorable, était Lawrence Berenson à qui il avait été dit plusieurs mois auparavant que les réfugiés qui arriveraient dans les circonstances exactes de celles du *St. Louis* ne seraient pas admis.[3]

En tant que représentant du JDC, Berenson travaille en collaboration avec Amado Lopez Castro, ancien ministre de l'Agriculture et José Garcia Montes, ministre de l'Agriculture de l'époque. Le 1er juin à 13 heures 30, Berenson téléphone à Coert du Bois, après s'être entretenu avec le président cubain. Rapportant qu'il a tenté de plaider la cause humanitaire des passagers du *St. Louis* auprès de Bru, Berenson explique que le Président l'a interrompu pour rappeler que personne mieux que lui n'était plus au fait ou plus sensible à la situation, mais qu'il se devait de

---

[1] Minutes of an Informal Discussion with reference to Cuba, 1er juin 1939, JDC : File 378.

[2] Ibid, p. 3.

[3] American Consulate General, Havana, Cuba, 31 mai 1939, Rapport de COERT DU BOIS, p. 1, NARA : document non côté à la pièce.

maintenir une position ferme à l'égard de la compagnie Hapag. En conséquence, le président vient d'ordonner au *St. Louis* de quitter le port de La Havane. Par ailleurs, Bru insiste sur le fait qu'il ne discutera aucun plan de garantie tant que le bateau n'aura pas quitté les eaux territoriales cubaines, en dehors de la limite des trois *miles*.

Fort de ses nombreuses relations, Berenson interprète à tort cette déclaration du Président comme une ouverture pour de futures négociations. Il déclare même au consulat qu'il se sent encouragé car, selon lui, la solution réside principalement dans une question de garantie financière. Ce sentiment s'avérera plus tard être une erreur de jugement. Berenson interprète l'histoire du *St. Louis* comme relevant d'une logique de compensation financière, couramment en vigueur à Cuba. Mais dans le cas du *St. Louis*, aucune garantie ne fera changer le Président Bru.

Malgré la détermination du Président cubain lors de l'entretien, Berenson tente une ultime proposition : envoyer les passagers sur l'Ile des Pins qui est proche de Cuba, sur laquelle une prison pourrait servir de bâtiment provisoire. L'option de l'Ile des Pins a déjà fait l'objet de réflexions dans un plan de colonisation américain. On envisageait alors d'y envoyer 25.000 réfugiés européens, juifs et non-juifs : *« Parmi les pays de l'hémisphère ouest (les Etats-Unis exceptés), Cuba offrait, apparemment, les facilités les plus opportunes et avantageuses pour les réfugiés*[1] *»*.

Cependant, le Président Bru ne veut rien négocier et décide de mettre fin à l'entretien. Une fois de plus, l'interprétation de Berenson relève du malentendu. Dans son rapport à Coert du Bois, le représentant du Joint adopte une position optimiste, persuadé que le refus de Bru est provisoire et, qu'une fois le *St. Louis* hors des limites territoriales de 3 miles, le Président autorisera le retour des passagers sous conditions de garanties[2]. Il affirme également que Lopez Castro et Garcia Montes se sont entretenus avec Bru le matin même et ont requis une solution favorable et rapide. Suivant l'enthousiasme du représentant du Joint, Coert du Bois insiste, dans son rapport, sur les manières et le ton utilisés par Berenson

---

[1] H. S. TEWELL, *European Refugees in Cuba*, 17 mai 1939, pp. 3 à 6, NARA : 837.55J/I.

[2] American Consulate General, Havana, Cuba, 1er juin 1939, Rapport de COERT DU BOIS, NARA : document non côté à la pièce.

qu'il qualifie d' « encourageants ». Il donne l'impression de croire que le Président cubain agira en faveur des réfugiés.

L'optimisme de Berenson gagne aussi la presse :

> Un espoir certain concernant l'entrée à Cuba des 907 réfugiés européens à bord du *S.S. St. Louis* fut exprimé hier soir par Lawrence Berenson, le représentant du National Coordinating Committee. Le paquebot a été vu, de source sûre, croisant près des eaux cubaines en attendant une décision définitive du gouvernement cubain. La tentative de plan, révélée par l'avocat Lawrence Berenson dans une déclaration écrite à la presse, est de débarquer temporairement les réfugiés sur l'île des Pins. Immédiatement après le départ du bateau au-delà des limites territoriales de la République de Cuba, précisa Berenson, le président Laredo Bru a convoqué le secrétaire au Trésor, Joaquin Ochotorena et le Major Bernardo Garcia, chef en second de la Police, afin de poursuivre les négociations pour l'entrée des réfugiés.[1]

Dès le 1er juin, le journal américain *The Boston Globe* rapporte les déclarations optimistes de l'avocat mandaté par le Joint, tout en restant méfiant en précisant que *« le plan n'avait pas été approuvé par le gouvernement cubain[2] »*. Durant les trois jours qui suivront, les journaux n'auront de cesse d'entretenir cet optimisme. Le 4 juin, *The San Francisco Examiner* titre l'un de ses articles : *« Les réfugiés juifs pourraient s'installer sur l'île des Pins[3] »*. Puis, cette rumeur enfle au point de prétendre que le Président cubain autorisera le débarquement sur l'île des Pins, à condition d'interner les passagers dans un camp qualifié de « *camp de concentration*[4] ».

L'information provient d'une station-radio, 'Tropical Radio', qui aurait capté un message envoyé par le *St. Louis* faisant savoir qu'il se dirige vers Isla de Pinos (l'Ile des Pins)[5]. Il n'en faut pas davantage aux journalistes pour extrapoler. Cette rumeur puise-

---

[1] *The Havana Post*, 4 juin 1939, p. 1.
[2] *The Boston Globe*, 1er juin 1939, p.11.
[3] *The San Francisco Examiner*, 4 juin 1939, p. 15.
[4] *The Boston Globe*, 6 juin 1939, p.1 ; *The San Francisco Examiner*, 6 juin 1939, p. 1; *The Cincinnatti Enquirer*, 6 juin 1939, p. 1; *The Los Angeles Times*, 6 juin 1939, p.1; *Des Moines Register*, 6 juin 1939, p. 2; *The Miami Herald*, 6 juin 1939, p. 1.
[5] *Ce Soir*, 7 juin 1939, p. 3.

t-elle ses racines dans un fait précédent relaté par la presse quelques jours plus tôt ? En effet, à la fin du mois de mai, tandis que le *St. Louis* vient tout juste d'entrer dans le port de La Havane, les mêmes journaux annoncent déjà que 20 passagers du bateau *Orduna* ont été retenus dans le camp d'internement pour immigrés appelé Tiscornia, en attendant qu'une décision soit prise[1].

La situation sur place est si confuse que même les agences de presse les plus sérieuses reproduisent des informations erronées. Ainsi le journal belge *Le Soir* publie-t-il une fausse information fournie par l'agence Reuter :

> Les autorités chargées du service de l'immigration ont autorisé le débarquement du '*Saint-Louis*' de 48 réfugiés juifs, mais elles en ont retenu 900 dont les papiers n'étaient pas en règle. Parmi ces derniers, un certain nombre sont demeurés à bord du navire, tandis que d'autres étaient transférés au camp d'immigration de Tiscornia.[2]

Non seulement aucun passager ne sera autorisé à descendre du bateau, mais pas un ne sera envoyé au camp de Tiscornia. Durant toute la durée des négociations, l'option de l'île des Pins reviendra pourtant comme un leitmotiv. Dans cette confusion générale, un seul élément reste sûr : le *St. Louis* doit s'éloigner du port de La Havane et les appels lancés au Président cubain n'y changeront rien :

> Des personnalités officielles du National Coordinating Committee ont déclaré hier que des centaines d'appels d'organisations américaines renom-mées et chrétiennes ont été reçues par le président Laredo Bru. Parmi ces appels, certains ont été lancés « au nom de l'humanité » par le sénateur Robert Wagner, le *Representative* Sol Bloom and Hamilton Fish, Sydney Hillman, président de International Ladies Garment Workers Union, le Committee for Christian German Refugees, le Catholic Committee for Refugees, la Quakers Society of Friends, l'American Jewish Committee et l'American Jewish Congress.[3]

Pas un de ces appels ne sera entendu.

---

[1] *The New York Times*, 28 mai 1939, p. 15; *The Havana Post*, 28 mai 1939, p. 1;
[2] *Le Soir*, 29 mai 1939, p. 4.
[3] *The Havana Post*, 1er juin 1939, p.1.

Le 1er juin, le capitaine Schröder rédige un message à l'intention des passagers, qu'il placarde sur le tableau d'affichage [1] :

> Le gouvernement cubain nous a ordonné de quitter le port. Il nous a seulement permis de rester jusqu'à demain matin. Nous partirons à 10:00 heures vendredi matin. Mais notre départ ne signifie pas la fin des discussions avec le gouvernement cubain. Ce n'est qu'en quittant La Havane que nous permettrons à M. Berenson et à ses collaborateurs de poursuivre leur tâche. Le navire restera en contact avec toutes les organisations juives et d'autres organismes officiels. Ils continueront tous à tenter d'organiser un débarquement hors d'Allemagne. Pendant ce temps, le navire restera à proximité de la côte américaine.[2]

La principale terreur des passagers est de retourner en Allemagne. Pour ceux qui ont connu les camps de concentration, cela signifierait une mort certaine. Le *Havaner Lebn* écrit alors :

> Au moment où sont écrites ces lignes, se joue la plus profonde tragédie de cette semaine : le navire '*Saint-Louis*' avec 900 de nos frères et sœurs à bord quitte le port. [...] Un très jeune homme [...] criait : 'Nom de Dieu, qu'est-ce que c'est ? Le bourreau allemand a-t-il tous les droits, les 900 échappés doivent-ils à nouveau être remis aux bourreaux'?[3]

Dans le même esprit, le *Miami Herald* titre le 2 juin : *« Cuba ordonne aux Juifs de partir »* et le 3 juin, de nouveau en première page, paraissait un article intitulé *« Le bateau des morts-vivants refoulé de La Havane*[4]*»*. Un dossier photographique montre les petites embarcations remplies de parents des passagers, venus leur dire au revoir et les encourager à ne pas perdre espoir. Lorsque le bateau quitte La Havane, il y a aussi quelques cris antisémites. *« Dans des cas très isolés, des Cubains mêlés à la foule hurlaient des insultes aux réfugiés. Ils furent vite tenus au silence*[5]*»*.

---

[1] Le capitaine SCHRÖDER tint les passagers informés grâce à ce panneau d'affichage. Témoignage d'un enfant de 10 ans et demi qui se trouvait sur le bateau, juillet 1939. USHMM : Betty YAEGER TROPER, 1997.36.

[2] USHMM : Liesl LOEB : 1991.164.18.

[3] *Havaner Lebn*, 2 juin 1939, p. 1.

[4] *The Miami Herald*, 2 et 3 juin 1939, p. 1.

[5] *The Havana Post*, 3 juin 1939, p. 1.

La panique est si grande que l'équipage a reçu des ordres pour empêcher les passagers de sauter par-dessus bord. Le soir, environ 70 passagers, tous des hommes, patrouillent sur le bateau pour éviter à quiconque de sauter par-dessus bord[1]. C'est effectivement l'une des craintes du capitaine du navire. Les passagers pourraient-ils envisager de sauter par-dessus bord collectivement ? Cela ne servirait à rien car la police cubaine les contraindrait à remonter sur le navire. D'autre part, des familles entières se trouvent sur le *St. Louis*. Il ne s'agit pas d'hommes seuls qui n'ont rien à perdre. Preuve en est ce souvenir de Gerald Granston (né Grunstein) dont le père, incapable de cacher son inquiétude, lui demande : *« Si je saute dans l'eau, t'accrocheras-tu à moi et resteras-tu sur mon dos pendant que je nage jusqu'à la rive ?*[2] *»*

Dès lors que le *St. Louis* quitte le port, Berenson pense être en mesure de reprendre les négociations. Malgré les précédentes négociations, il reste persuadé que l'affaire se réduit à une somme d'argent à payer pour le débarquement des passagers. Après avoir quitté le palais présidentiel, Berenson s'entretient avec le colonel Benitez qui, aux dires de Berenson, ne semble pas être au mieux de sa forme. Une rumeur circule au palais que Benitez aurait donné sa démission et que le Président y réfléchit[3].

Berenson reprend alors les discussions avec José Garcia Montes et Amadeo Lopez Castro. La vie de 900 personnes prend des allures de marchandage. Une proposition de 50.000 dollars (ou plus si nécessaire) est faite par la *Maryland Casualty Company*, autorisée par la loi cubaine à faire des affaires avec Cuba. Cette somme doit couvrir les dépenses pour les passagers du *St. Louis* pendant une période de six ans et leur éviter d'être à la charge de l'Etat. Les conditions imposent par ailleurs qu'après trois années, tous les hommes âgés de plus de 21 ans sans activité devront quitter Cuba et s'installer ailleurs aux frais du comité de secours à Cuba, le *Joint Relief Committee*. En échange, tous les passagers du

---

[1] Betty SKLOW on the St. Louis – to Cuba and back to Europe – 1939, USHMM : 1999.A.0269 : Carla GELBAUM.

[2] Gerald GRANSTON and Judith STEEL, « The Voyage of the *SS St. Louis* », In : *To Life*. 36 Stories of Memory and Hope, New York, Museum of Jewish Heritage. A Living Memorial to the Holocaust, Boston, Bulfinch Press, 2002, p. 29.

[3] American Consulate General, Havana, Cuba, 1er juin 1939, Rapport de COERT DU BOIS, NARA : document non coté à la pièce.

bateau de la Hapag pourront débarquer à La Havane et le *Joint Relief Committee* disposera de 9 mois pour veiller à leur répartition sur l'ensemble du territoire cubain, incluant l'Ile des Pins. L'éducation des enfants sera également aux frais du comité de secours.

Berenson s'entretient par téléphone vers minuit avec l'ambassadeur américain qui se trouve à une soirée à la maison d'Aguilar. L'avocat affirme que le Président Bru semble prêt à accepter la proposition à condition d'y apporter quelques modifications. Parmi ces changements, la somme doit s'élever à 150.000 dollars et non à 50.000, mais la période de résidence des passagers passe de 6 ans à 9 ans, et les hommes de plus de 21 ans devront quitter Cuba le plus rapidement possible. Autre changement, le *St. Louis* doit débarquer les passagers non plus à La Havane mais un peu plus loin, au port de Matanzas[1]. En quelques heures, la situation ne cessera d'évoluer. A 21 heures, l'ambassadeur des Etats-Unis téléphone à Coert du Bois pour lui faire part de la conversation téléphonique qu'il vient d'avoir avec Berenson. Une demi-heure plus tard, Berenson et l'ambassadeur Butler Wright se rendent chez le consul des Etats-Unis, Coert du Bois, et discutent jusqu'à minuit des nouvelles difficultés. Les termes de la négociation ont encore changé. Ochotorena et le major Bernardo Garcia, les négociateurs du Président cubain, veulent qu'en plus de l'ensemble des conditions déterminées, un bon de garantie de 500 dollars par personne soit versé pour les passagers du *St. Louis*. Ce qui fait, au total, un dépôt au Trésor cubain de 450.000 dollars qui doit être immédiat, sinon, le bateau retournera en Allemagne[2]. Derrière ce marchandage, Luis Clasing, de la Hapag, a sans doute assuré l'avocat du *Joint Relief Committee* à La Havane qu'il pourra maintenir le *St. Louis* dans les eaux pendant une durée n'excédant pas vingt-quatre heures. L'ambassadeur et le consul général conseillent alors à Berenson de s'entretenir directement avec Clasing, et de considérer la proposition faite par le gouvernement de Saint-Domingue d'accepter les passagers du *St. Louis*. Mais, pour une raison aujourd'hui encore inconnue, Berenson refusera d'accorder crédit à cette option.

---

[1] American Consulate General, Havana, Cuba, 5 juin 1939, Rapport de COERT DU BOIS, NARA : document non coté à la pièce.
[2] Ibid.

Finalement, le Président cubain propose que le débarquement des passagers du *St. Louis* se fasse selon les conditions suivantes :

- 150.000 dollars devront être versés ;
- il ne négociera plus ni avec Berenson, ni avec Antonio Bustamente, l'avocat du *Joint Relief Committee* ;
- des arrangements devront être respectés par les associations juives, par l'intermédiaire de deux représentants du Président Bru : Emilio Pino Redondo et un avocat nommé Cueto ;
- des bons de 500 dollars devront être déposés pour chacun des réfugiés et conservés jusqu'à ce qu'ils quittent Cuba, ou décident de s'installer définitivement, auquel cas la somme serait reversée à son dépositaire ;
- le *St. Louis* ne doit pas revenir dans le port de La Havane, mais se rendre à Cienfuegos (port situé sur l'autre façade maritime de Cuba), lieu de résidence du Président Bru, où des arrangements seront pris pour accueillir les passagers ; ils pourront, sinon, débarquer sur l'Ile des Pins (l'actuelle « île de la Jeunesse » située également dans la mer des Caraïbes). Dans les deux cas, les passagers ne seront pas autorisés à quitter la communauté dans laquelle ils sont arrivés ;
- enfin, le Président pose un ultimatum : si cette proposition n'est pas acceptée avant le 2 juin à midi, le *St. Louis* devra quitter définitivement Cuba.

D'heure en heure, le marchandage grandit, tandis qu'à New York, les représentants du Joint sont dépassés. Après une longue réunion qui débuta le 1er juin à 15 heures, rassemblant les principaux représentants du JDC, Joseph C. Hyman, directeur général, fixe un rendez-vous avec la compagnie d'assurance, concernant le montant du dépôt qu'il faut verser au gouvernement cubain[1]. Au cours de cette réunion, la discussion sera âpre et de nombreuses solutions seront discutées, tant sur le montant de la somme à verser que sur les éventuels pays d'accueil envisagés pour les passagers du bateau allemand.

Quelques jours plus tard, le 5 juin à 11 heures 25, M. Warren, chef de la division des visas au Département d'Etat à Washington, téléphone au Joint à New York. Le Joint comprend

---

[1] The American Jewish Joint Distribution Committee, Inc. Minutes of an Informal Discussion with Reference to Cuba, 1er juin 1939, p. 11. JDC : 378.

que le gouvernement cubain est intervenu auprès de Berenson afin qu'il augmente considérablement le montant de la garantie destinée à faire débarquer les passagers du *St. Louis*[1]. Berenson propose 500.000 dollars, mais les deux ministres cubains, Castro Lopez et Garcia Montes, en veulent trois fois plus en incluant les 104 réfugiés du *Flandre* et les 154 émigrants de l'*Orduna*. Bustamante prend part au marchandage et affirme que les grandes familles juives d'Amérique sont tout à fait capables de rassembler de fortes sommes d'argent en peu de temps ! Berenson a quarante-huit heures pour réunir l'argent.

Mais le 6 juin, le gouvernement cubain annonce que les conditions du débarquement des passagers n'ayant pas été respectées, l'affaire est définitivement close. Berenson apprend la nouvelle par la presse. Les journaux *Avance* et *Pais* ont en effet annoncé que Cuba refuse de laisser débarquer les passagers et que le *St. Louis* retourne en Europe[2]. Berenson a alors une longue conversation avec le consul général américain. Aux termes de celle-ci, Coert du Bois écrit que pendant deux heures Berenson lui a décrit la situation et qu'il n'a jamais rencontré Batista. Le consul général américain précise aussi dans son rapport que le reste de la conversation est *« incohérent, et souvent grossier, voire obscène*[3]*»*.

Les négociations semblent donc définitivement terminées du côté cubain. Ce qui n'empêchera pas un représentant local de la Chase Bank d'intervenir directement auprès du président cubain afin de l'assurer que la somme, quelle qu'elle soit, sera versée. Même l'intervention de l'ambassadeur américain, Butler Wright, auprès du Président n'y changera rien. Laredo Bru l'informe que la question du *St. Louis* est enterrée à partir du moment où le déroulement des négociations n'a pas respecté l'ultimatum imposé !

Le 8 juin, Bru reçoit néanmoins M. Finlay, représentant de la Chase Bank à Cuba, habilité à négocier pour les passagers des trois bateaux[4]. Mais le président cubain campe sur sa position en

---

[1] American Consulate General, Havana, Cuba, 5 juin 1939, Rapport de COERT DU BOIS, p. 1, NARA : document non côté à la pièce.
[2] American Consulate General, Havana, Cuba, Memorandum for the Files, 6 juin 1939, COERT DU BOIS, NARA : document non côté à la pièce.
[3] Ibid.
[4] Rapport de l'ambassadeur américain à Cuba envoyé au secrétariat d'Etat à Washington, 8 juin 1939, 5 pages, NARA : 837.55 J.

rappelant, d'une part, que Berenson n'a pas respecté les délais et qu'il le tient pour responsable de l'échec des négociations. D'autre part, afin de se dédouaner totalement, le président cubain insiste sur le fait que Cuba a étudié cette affaire d'un point de vue humanitaire, soulignant que l'île a accepté proportionnellement davantage de réfugiés que d'autres pays[1]. L'affaire est cette fois, définitivement entendue. Le *St. Louis* ne devra donc jamais débarquer ses passagers à Cuba.

Pourtant, le 7 juin, le Joint tente une ultime approche du président cubain en lui adressant le télégramme suivant :

> A l'honorable président de la République de Cuba, La Havane. Hier après-midi, alors que nous avions l'impression que les détails des négociations se poursuivaient avec votre gouvernement à La Havane en faveur d'une possible admission par Cuba des réfugiés du bateau St. Louis, nous avons reçu l'information précisant que votre gouvernement considérait ces négociations comme terminées Stop. Avec tout notre respect, nous nous empressons de vous assurer que nous apprécions votre désir de trouver rapidement une solution juste et humaine à ce problème délicat. Nous n'avons pas économisé nos efforts ici pour rassembler les fonds nécessaires afin de remplir les conditions de votre gouvernement Stop. Nous avons autorisé aujourd'hui la Chase National Bank à La Havane à vous faire la proposition suivante en notre nom Stop. Payerons un dépôt de 500 dollars pour chaque réfugié à bord du *S.S. St. Louis* pour permettre entrée à Cuba selon la loi cubaine et même somme pour chaque réfugié du *S.S. Flandre* et du *S.S. Orduña* afin qu'ils soient autorisés à débarquer à Cuba Stop. Chase Bank a reçu les fonds de notre part à cette fin Stop. En plus, ce comité garantit qu'aucun des réfugiés ne sera à la charge du gouvernement cubain Stop. Confiant que pendant que le *St. Louis* dit être en route pour rentrer en Allemagne, il n'est pas trop tard pour le prévenir par radio de revenir à La Havane Stop. Nous vous prions de le faire Stop. Demandons respectueusement à Votre Excellence d'accéder favorablement à notre requête. Signé James N. Rosenberg, Président.[2]

[1] Department of State, 12 juin 1939, NARA : 837.55J/63.

[2] Minutes of the Meeting of the Executive Committee, 8 juin 1939, p. 3, JDC : 378.

Les termes de ce câble sont parfaitement clairs, et tout est fait pour honorer les conditions posées par le gouvernement cubain. La réponse du Président ne se fait pas attendre :

> Je réponds à votre câble concernant les réfugiés à bord du *S.S. St. Louis*. Vous savez cher M. Rosenberg que Cuba a contribué, en adéquation avec ses ressources et sa population, à donner l'hospitalité à plus d'éléments que n'importe quelle autre nation, à des peuples persécutés. Néanmoins, il est tout à fait impossible d'accéder à la demande du bateau *St. Louis* d'entrer sur le territoire national et cette affaire est totalement terminée pour le gouvernement. Déplorable pour moi dans un sens négatif de réitérer cette impossibilité d'autoriser l'entrée à Cuba. J'aurais aimé pouvoir le faire. Mes vœux les plus sincères.
>
> *Signé* : Laredo Bru.[1]

Depuis le début, l'argent n'est pas au cœur de cette histoire, contrairement à ce que croit Berenson :

> Interrogée par un réfugié qui sauta de manière excitée par-dessus la plateforme, voulant savoir si le refus de débarquer pour les passagers du *St. Louis* venait du fait que le Comité eût été réticent à donner de l'argent, Mme Razovsky répondit clairement : ' Je vous donne ma parole d'honneur que la raison n'est pas l'argent'.[2]

Il est plus vraisemblable de croire que Bru n'a jamais eu l'intention de laisser les réfugiés débarquer. Bru a, selon les dires de Garcia Montes, pris cette décision calmement et sans animosité[3]. Il a tout simplement habilement utilisé cet incident pour réaffirmer son pouvoir et mettre un terme au trafic de son Directeur de l'Immigration. Ce dernier se retrouva, par ce biais, affaibli. Quant à Batista, il s'est arrangé pour rester en dehors des négociations. Il a, selon un rapport de Coert du Bois, contracté une grippe qui le contraint à ne pas quitter le lit sur ordre des médecins. Batista demeurera isolé durant toute la durée des négociations et ne

---

[1] Ibid.
[2] *The Havana Post*, 7 juin 1939, p. 10.
[3] Lettre de Garcia MONTES, 8 juin 1939, JDC : 378.

recevra pas même les rapports quotidiens sur l'évolution de la situation[1].

Bru ne sort pas diabolisé de cette histoire, puisque Cuba a en effet accepté de nombreux immigrés que les autres pays refusent. Il ne peut être jugé plus inhumain que son voisin l'Amérique, dont l'implication dans l'épisode du *St. Louis* est demeurée discrète au plan officiel. Néanmoins, les nombreux documents du Département d'Etat américain permettent de mesurer la place considérable que le consul général Coert du Bois a occupée dans les négociations. Berenson ne cessera jamais de le tenir informé de l'évolution des tractations et son bureau servira souvent pour des réunions entre les divers protagonistes. Le 6 juin, le consul général rencontre même Mario Lazo à l'American Club afin d'avoir une discussion officieuse. Lazo est persuadé que si les passagers du *St. Louis* débarquent à La Havane, la population cubaine se mobilisera largement contre l'arrivée d'autres bateaux, craignant même des manifestations de violence à l'égard des immigrés.

Par ailleurs, Lazo informe Coert du Bois que si les Etats-Unis ont l'intention d'intervenir dans les négociations pour forcer Cuba à accepter ces immigrés, les relations d'amitié jusque-là entretenues entre les deux pays risqueraient d'en pâtir. Mise en garde à peine voilée d'une interdiction d'ingérence des Etats-Unis dans les affaires cubaines. Lors de cette discussion, Coert du Bois rassure Lazo sur le fait que l'Amérique n'a rien décidé et qu'aucune exception n'est prévue dans la politique des quotas pour les 937 passagers[2].

Durant tout le temps que le *St. Louis* restera ancré dans le port de La Havane, le consul sera heure par heure en relation avec l'ambassadeur Butler Wright et, par ce biais, le gouvernement américain sera au courant des moindres détails des négociations. L'Amérique n'a donc jamais été tenue à l'écart de l'épisode du *St. Louis*, mais son implication doit impérativement demeurer discrète.

---

[1] Rapport de COERT DU BOIS au Secrétaire d'Etat américain, « Jewish Refugee Situation in Havana », 7 juin 1939, NARA : 837.55/39.

[2] Memorandum for the Files de COERT DU BOIS, 6 juin 1939, NARA: 837.55 J.

Le *St. Louis* quitte La Havane

Les passagers du *St. Louis* ont été les victimes d'une machination et d'une lutte de pouvoir interne au gouvernement cubain. Que sont-ils sinon les boucs émissaires d'une situation internationale de plus en plus instable et fragile, et d'une Europe au bord de la guerre ? Leur sort est scellé d'avance, au moment même où ils quittent le port de Hambourg. Rien ni personne ne semble pouvoir encore les sauver.

Le 2 juin, à 11 heures du matin, le capitaine Schröder manœuvre lentement pour sortir du port de La Havane. Une foule de curieux assiste au départ. La myriade de petites embarcations qui gravite autour du paquebot chaque jour depuis son arrivée, est cette fois-ci maintenue à distance par un cordon de police.

Déception, tension, angoisse, peur, larmes ; les mots se déclinent à l'infini pour décrire ce que ressentirent les passagers et leurs proches. A aucun moment, ils n'ont eu la possibilité d'être réunis, pas même l'instant d'une accolade, d'un baiser, d'un geste de tendresse ou d'amour. Pendant tout le temps que le bateau est amarré dans le port, entre les passagers et leurs proches, la loi des hommes a dressé un mur infranchissable. Combien ont dû subir la frustration de n'échanger que de vagues gestes, tentant d'exprimer leurs sentiments ou quelques encouragements ? Combien se sont époumonés pour hurler quelques mots, donner de brèves nouvelles ; des bribes de phrases qui se mêlent à celles criées par les autres, des sons qui se perdent dans l'espace de séparation et qui doivent faire fi de toute intimité ou pudeur compte tenu des circonstances ? Tous partagent, contraints, les destins de chacun, les nouvelles des uns, les cris des autres. Ils subissent le même sort sans distinction sociale. Et là, au moment du départ, la détresse non plus ne distingue plus l'avocat du tailleur, le professeur de l'ouvrier.

Une passagère dira plus tard : *« Ce fut une journée de désespoir absolu. Tout le monde était monté sur le pont. Les garde-côtes nous ont escortés et les officiers semblaient de notre côté. Ils nous faisaient de grands signes en nous disant : 'Nous espérons vous revoir bientôt !'* [1] *»* Tandis que Gustav Schröder consigne dans son journal de bord : *« C'est le départ le plus triste qu'il m'ait*

---

[1] Témoignage de Liesl LOEB, In : *Le Voyage du St. Louis*, (Documentaire), Op. cit.

été donné de vivre. Parmi les passagers, les femmes surtout étaient très inquiètes : ' Capitaine, où nous emmenez-vous ?' Pour la première fois de ma vie, je ne pouvais pas répondre à cette question[1] *».*

Le bateau quitte donc La Havane tandis que le Comité des Passagers placarde le message suivant sur le tableau d'affichage à l'attention des passagers du *St. Louis* : *« Le capitaine laissera le navire croiser dans un rayon de 10-20 miles de La Havane*[2] *».* Les portes de Cuba se sont-elles refermées pour toujours ? Quel pays acceptera 907 passagers détenteurs de permis de débarquer désormais décrétés invalides par Cuba et, pour une grande majorité d'entre eux, en attente d'être admis à émigrer aux Etats-Unis ? Y a t-il encore un espoir qu'un pays d'Amérique du Sud ait pitié de ces indésirables pour ouvrir provisoirement ses portes ? Et pourquoi pas l'Amérique de Roosevelt ? Après tout, il ne s'agit que d'accélérer le processus administratif des quotas puisque l'Amérique est la destination ultime, à plus ou moins brève échéance, de la plupart des passagers ? Ne peut-on envisager humainement de précipiter le cours des choses ? Tant de questions. Qui, sur le bateau, ne se les est pas posées ? Qui n'a pas caressé le rêve d'assister à un *happy end,* que seule l'Amérique est en mesure d'offrir ?

Chaque jour, les passagers sont tenus au courant de l'évolution des négociations qui se poursuivent à La Havane. Entre le 3 et 8 juin, le capitaine Schröder tient la Hapag informée par télégrammes de sa position en mer (à mi-parcours entre La Havane et la Floride) ; de l'état moral des passagers ; des vivres dont il dispose et de l'estimation du temps qu'il peut naviguer tout en réclamant d'urgence des instructions[3]. Le 3 juin, la direction du navire affiche le message : *« Encore aucune nouvelle. Le navire croise lentement entre La Havane et Miami*[4] *».* Le même jour à 11

---

[1] Journal de bord de Gustav SCHRÖDER, In : *Le Voyage du St. Louis,* (Documentaire), Op. cit.

[2] USHMM : Liesl LOEB : 1991.164.19.

[3] Télégrammes envoyés par le *St. Louis* à la Hapag entre les 3 et 8 juin 1939, USHMM : Hapag-Reederei, Staatsarchiv Hamburg, microfilm, USHMM : Acc. 2000.148.

[4] USHMM : Liesl LOEB : 1991.164.20.

heures 45, un autre message émanant à la fois de la direction du navire et du Comité des Passagers précise :

> Suite nouvelle téléphonique de La Havane, le JOINT a travaillé pour nous toute la nuit. D'autres nouvelles sont attendues dans le courant de la journée.
>
> Le bureau new-yorkais de Hapag nous a télégraphié à 11h15 […] « La Havane encore plein d'espoir. Espérons arrangement définitif aujourd'hui[1]» ». Le Joint a, en effet, entamé des négociations à la minute où le refus cubain est officiel. A 21 heures 45, par un autre message, le Comité fait savoir aux passagers : « Direction de Hapag New York informe télégraphiquement à 18h 00 ; « Perspective de débarquement à La Havane persiste ». [2]

Malgré le laconisme de ces messages, ils sont la preuve que des pourparlers se poursuivent. Mais que signifie cet espoir face à l'obstination dont le Président Bru fait preuve ?

Malgré ces nombreux messages, les passagers ne savent rien de la teneur des négociations qui se poursuivent entre le représentant du Joint, le gouvernement cubain et les protagonistes qui épaulent les principaux négociateurs. Ils n'imaginent pas non plus – fort heureusement - le marchandage dont ils font l'objet. Leur unique moyen d'information reste ces messages que le capitaine Schröder accepte que le Comité des passagers affiche. Mais même le capitaine du *St. Louis* sait peu de choses. Lui aussi est l'otage des négociations.

En attendant que le monde veuille bien faire un geste pour sauver ses passagers, le capitaine ne se préoccupe que de maintenir le calme et la paix sur son navire afin d'éviter, dans un geste désespéré, toute tentative de suicide ou de mutinerie. Il ne peut qu'espérer que les organisations juives fassent tout ce qui est en leur pouvoir pour trouver une issue pour les immigrés du *St. Louis*. Dans cette atmosphère, l'espoir surgit pourtant… pour une poignée de chanceux seulement.

Sur la totalité, 29 passagers débarqueront à La Havane. Parmi eux, 22 auraient été en possession de visas et se trouveraient

---

[1] USHMM : Liesl LOEB : 1991.164.21.
[2] USHMM : Liesl LOEB : 1991.164.23.

donc, en situation légale[1]. Il y a aussi 4 Espagnols et 2 Cubains qui ont embarqué sur le *St. Louis*, mais qui ne rentrent pas dans la catégorie des réfugiés[2]. En dehors de l'avocat Max Loewe, qui sera transporté à l'hôpital après avoir tenté de se suicider, 6 passagers anonymes reçoivent l'autorisation de descendre dans le port de Cuba. Ils débarquent à la dernière minute. Personne à bord ne sait comment ils obtiennent cette permission que le gouvernement cubain a refusée à l'ensemble des passagers.

Près de 36 ans plus tard, un échange épistolaire entre Max Morgan-Witts, l'auteur du livre *Le Voyage des Damnés* et une ex-passagère du *St. Louis*, Lillian Friedman, vivant aux Etats-Unis, nous éclaire sur ces 6 mystérieux passagers. Il s'agit de : Amanda Friedman, la mère qui mourra à Cuba et Bruno Friedman, son fils qui parviendra ensuite à émigrer aux Etats-Unis ; Celia Back, fille d'Amanda, et son époux, James Back, tous deux partiront également aux Etats-Unis ; George Friedman et son épouse Lillian Friedman, qui réussiront aussi à se rendre en Amérique. Comment ces 6 personnes d'une même famille parviennent-elles à débarquer ?

Pour comprendre, il faut chercher quelques explications dans la généalogie de la famille Friedman. L'époux d'Amanda Friedman (beau-père de Lillian) a un frère qui vit à New York, auquel il écrit peut-être deux fois l'an. Ils sont tous deux nés en Russie. L'un émigrera en Pologne, l'autre en Amérique. Dans ses rares courriers, celui d'Amérique a coutume d'écrire que sa fille, Sadie Annenberg, possède une telle richesse qu'elle en ignore le montant exact ! Après la mort des deux frères, les contacts entre ceux de la génération suivante sont interrompus. Dès 1933, la famille Friedman comprend qu'il faut quitter l'Allemagne. Le mari d'une sœur de Lillian Friedman, qui est alors à New York, fait tout pour trouver l'adresse de la riche Sadie Annenberg et la rencontrer. Bien qu'elle n'ait jamais entendu parlé de cette partie de la famille

---

[1] Robert M. LEVINE, Tropical Diaspora, Op. Cit, p. 118; Arthur D. MORSE, "Voyage of the Doom", In : *Look Magazine*, vol. 31, N° 24, 28 novembre 1967, p. 8; Irwin F. GELLMAN, "The St.Louis Tragedy", In : *American Jewish Historical Quarterly*, decembre 1971, vol. LXI, N° 2, p. 151. Ce fut le cas de la famille de Beatrice BONNE SICHEL, USHMM : 2003-127.

[2] D'après le journal cubain *El Diàrio de la Marina*, il s'agissait d'un fabriquant espagnol, nommé José JIMENEZ, les frères MENENDEZ, Ramira et Cesar ; le compositeur cubain Lazaro Quintero. *El Diàrio de la Marina*, 28 mai 1939, p. 22.

vivant en Allemagne, elle accepte de se porter garante financièrement afin que chacun d'entre eux obtienne un affidavit pour venir en Amérique. Entre-temps, les événements de la Nuit de Cristal envoient deux hommes de la famille au camp de Dachau. Mais, peu de temps après, les autorités allemandes acceptent de relâcher des internés à condition que ceux-ci quittent l'Allemagne. C'est alors que la famille Friedman, comme nous l'avons décrit précédemment, entreprend de longues démarches afin de rassembler tous les papiers nécessaires pour émigrer en Amérique. Après avoir obtenu, dans un premier temps, des billets sur l'*Orinoco*, les six membres de la famille réussissent à partir plus tôt que prévu sur le... *St. Louis*.

Lorsque le débarquement à Cuba est refusé aux passagers, Sadie Annenberg usera de toute son influence pour que les 6 personnes de sa famille qu'elle ne connaît pas, soient autorisées à débarquer à La Havane. Ce qui ressemble à un sauvetage de dernière minute faillit pourtant échouer. En effet, le *St. Louis* est déjà sorti du port de La Havane et se trouve à plusieurs *miles* en haute mer, lorsque les 6 membres de la famille Friedman entendent leurs noms par haut-parleur. Selon Lillian, ils ont rencontré un avocat cubain nommé Carson[1]. La famille Friedman n'a jamais eu connaissance de la nature des négociations. Le seul élément, que Lillian Friedman confie dans sa lettre, concerne une forte somme d'argent que Sadie Annenberg doit dépenser pour les aider. En réalité, la tractation impliquera non seulement Sadie Annenberg et cet avocat cubain, mais également l'ambassadeur cubain à New York, Señor Pedro Fraga[2]. Contrairement à ce qu'affirment les auteurs du livre *Le Voyage des Damnés*, la famille Friedman ne partira pas directement pour l'Amérique[3]. Les Friedman devront attendre plusieurs mois à Cuba que leurs numéros de quotas américains sortent. Lillian et Celia patienteront 9 mois, puis à quelques mois d'intervalle, les autres membres de la famille pourront rejoindre les Etats-Unis[4]. Parmi cette poignée de

---

[1] Lettre de Lillian FRIEDMAN à Max MORGAN-WITTS, 20 juin 1975, Leo Baeck Institute : AR 7223, Folder 1.

[2] Gordon THOMAS et Max MORGAN-WITTS, *Le Voyage des Damnés*, Op. cit, p. 226.

[3] Ibid, p. 226.

[4] Lettre de Lillian FRIEDMAN à Max MORGAN-WITTS, 20 juin 1975, Leo Baeck Institute : AR 7223, Folder 1.

'privilégiés' qui débarquent, il y a également Béatrice Sichel, née Bonné[1].

Le départ de ces 6 passagers demeura un mystère aux yeux de l'ensemble des passagers du *St. Louis* ; y compris pour le capitaine Schröder à qui personne ne croit bon de fournir le moindre renseignement[2]. Les négociations demeureront sinon secrètes, pour le moins discrètes, puisque même Coert du Bois écrira à ce sujet : *« aucune autre information authentique ultérieure dans mon rapport téléphonique d'hier à ce sujet[3] ».*

Ce débarquement-sauvetage fera naître à bord à la fois l'espoir et l'angoisse. Pour tous les autres passagers du *St. Louis*, l'errance se poursuit.

Un monde hermétiquement fermé aux Juifs

Dès l'annonce du refus définitif de Cuba, les associations juives se sont mobilisées afin de trouver un pays d'accueil. De multiples télégrammes, câbles et appels téléphoniques révèlent une effervescence grandissante née de la situation désespérée des passagers du *St. Louis* à qui personne ne semble vouloir tendre une main secourable.

Dès le 3 juin, M. Troper du JDC décide d'informer le bureau principal de New York. Il leur câble le message suivant :

> HICEM conseille au bateau *St. Louis* de la Hapag de ne pas faire demi-tour, mais d'attendre le résultat de multiples interventions au-delà de la limite des 12 miles. Stop. Le second bateau de la Hapag, l'*Orinoco* en route vers Cuba avec 200 réfugiés est retourné à 12:00 aujourd'hui Cuxhaven. Stop.[4]

Ce câble croise celui envoyé au Joint à Paris, par le bureau de New York, le 4 juin. Ce dernier décrit une situation difficile, voire inextricable au plan mondial. Les pays ferment leurs portes les uns après les autres :

---

[1] Lettre de survivants du *St. Louis* en réponse à une école américaine. USHMM : 2003-127. Lettre de Béatrice BONNE SICHEL du 12 janvier 2003.

[2] Gordon THOMAS et Max MORGAN-WITTS, *Le Voyage des Damnés*, Op. cit, p. 226.

[3] Télégramme de COERT DU BOIS, 2 juin 1939, NARA : 837.55 J/25.

[4] Câble du 3 juin 1939. JDC : 386 : Memorandum on S.S. « St. Louis – Hapag », p. 6.

> Vous êtes certainement au courant terrible situation réfugiés cherchant entrer Cuba Mexico Pays d'Amérique du Sud et d'Amérique centrale actuellement. Stop. Nous recevons constamment messages pays après pays leur refusant admission rejetant bateaux remplis de réfugiés vers port d'embarquement. Stop. En attendant, nous sommes sous terrible pression ces gens, leurs parents et amis trouver un lieu admission. Stop. Nous n'avons pratiquement aucune de ces possibilités. Stop. Ces circonstances nous considérons comme vital chaque effort fait par vous en coopération avec toutes organisations pour rendre ces faits connus et décourager toutes compagnies bateaux etc. d'envoyer passagers ou faire croire aux réfugiés qu'ils pourraient être admis excepté seulement s'ils ont des visas et tous les autres documents légalement obtenus avec l'approbation gouvernements centraux. Stop. Par exemple, ces derniers jours, nous avons subi expérience terrible trouver solution 900 passagers *St. Louis* qui avaient atteint port de La Havane et donc furent refusés car gouvernement insistait certificats non valides donnés à ces passagers. Stop. Nous ne connaissons pas encore l'issue. Stop. Beaucoup d'efforts faits par nos deux représentants qui sont à La Havane depuis lundi. Stop. En même temps, nous apprenons autre bateau *ORINOCO* a déjà quitté Cuba avec 200 réfugiés dont condition sur arrivée nous n'osons pas prévoir. Stop. Bateau *Flandre* avec plus de 100 réfugiés admission refusée à La Havane continua Veracruz et fut refusé Mexico retourne probablement Europe. Stop. Vous conseillons d'ores et déjà compte tenu câbles reçus du Hilfsverein Buenos Aires ce matin concernant réfugiés sur Cap Norte Monte Olivia General Artigas beaucoup d'entre eux ont connu même sort. Stop. Hilfsverein Buenos Aires et Montevideo Comité Claim sans espoir résoudre situation. Stop. Impératif ces terribles conditions soient plus clairement et fermement suivies toutes agences et éventuels émigrants pour éviter future épreuve sans espoir.[1]

Après avoir fait l'état des lieux concernant la situation des bateaux de réfugiés errant sur les océans et les mers du globe, il faut agir rapidement. Le Joint et la HICEM tentent de négocier avec tous les gouvernements, ne serait-ce que pour entrouvrir leurs portes. Au sujet du *St. Louis*, un câble du Joint est envoyé à New York :

---

[1] Ibid, pp. 6-7.

> Concernant *St. Louis* HICEM a demandé Caracas si intervention possible réponse négative. Stop. Tentative similaire envisagée Equateur Colombie Chili nous câblerons résultats. Stop. HICEM croit demander Hilfscomite Santiago excessif comparé autre pays Amérique du Sud. Stop. Suggère nous tenir entièrement informés futurs développements *St. Louis, Flandre* pour éviter interventions inutiles HICEM.[1]

Parmi ces nombreux refus, un espoir semble cependant exister : Saint-Domingue. Le 6 juin, la HICEM transmet au Joint la copie d'un câble qu'elle a reçu de Frey Ciudad Trujillo. Ce message laisse espérer une aide éventuelle de Saint-Domingue aux passagers du *St. Louis*. Cecilia Razovsky n'est pas convaincue par cette offre. Elle semble avoir une bonne raison d'être dubitative. En effet, lorsque cette hypothèse est avancée pour la première fois, c'est le 3 juin à 10 heures et demie du matin quand le consul de la République Dominicaine à La Havane, Nestor Pou, s'entretient avec Berenson à l'hôtel 'Sevilla-Biltmore' où ce dernier est descendu. Pou lui confie que son gouvernement est prêt à accueillir les passagers du *St. Louis*, et à étudier toute sorte de garantie que le Joint pourrait proposer pour couvrir l'ensemble des passagers du bateau[2].

Un document émanant du Département d'Etat américain daté du 5 juin confirme la décision dominicaine : *« Le gouvernement dominicain a proposé de les accueillir pour 500 dollars par personne ; ceci étant un 'paiement irrévocable'[3] »*. Il semble que Berenson n'ait pas souhaité explorer davantage cette proposition car il n'y voit qu'une vulgaire histoire d'argent. Il estime que l'intervention de Saint-Domingue n'est motivée non pas par des raisons humanitaires, mais par une volonté de gagner facilement une forte somme qu'il est par ailleurs en train de négocier avec Cuba.

---

[1] Ibid, p. 7.

[2] Enclosure N° 8 to Despatch N° 1017 dated June 7, 1939, entitled « Jewish Refugee Situation in Havana », American Consulate General, Havana, Cuba. Memorandum for the file, June 5, 1939, COERT DU BOIS, p. 2. NARA : document non côté à la pièce.

[3] Document du Département d'Etat américain, 5 juin 1939, signé Ellis O. BRIGGS, NARA : 837.55 J/44.

Une autre option est alors envisagée. Là encore, des négociations seront menées au plus haut niveau. Un télégramme de Hull, daté du 10 juin, mentionne le Honduras comme potentiel pays d'accueil :

> Le Département a été informé qu'un groupe de personnes responsables à New York, qui possèdent des fonds considérables, s'efforcent de trouver un refuge pour les réfugiés à bord du bateau de croisière *St. Louis* de la Hamburg-American Liner et également pour les autres bateaux qui n'ont pas reçu la permission de débarquer leurs passagers. Ils sont entrés en contact avec le consul général du Honduras à New York au sujet des possibilités d'accueil par le Honduras de ces réfugiés sous certaines conditions de sécurité et de garanties. Ce groupe serait prêt à verser la somme de cinq cents dollars pour chacun des réfugiés. Il est entendu que le gouvernement du Honduras est généreusement en train d'étudier la possibilité de prendre ces réfugiés et le Cabinet hondurien a le dossier sur son bureau en ce moment.[1]

Le Dr. Gonzalo Carias, consul général hondurien en poste à New York, est effectivement intervenu auprès du Président Carias du Honduras. Le sujet des passagers du *St. Louis* aurait été débattu sans que, ni le Président, ni le ministre des Affaires étrangères ne demandent l'avis du gouvernement des Etats-Unis : *« Le sujet a été discuté au sein du Cabinet hondurien et une division aiguë en a résulté[2] »*. Les divers télégrammes envoyés au Département d'Etat américain par John D. Erwin, représentant au Honduras, contiennent des renseignements sur la position du gouvernement de Roosevelt dans ces négociations. Malgré la demande de Maurice P. Davidson, du *Joint Distribution Committee* de New York, à Erwin *« d'utiliser ses bonnes relations avec le président Carias pour aboutir à une rapide action favorable[3] »*, John Erwin ne souhaite pas intervenir auprès du gouvernement hondurien. En d'autres termes, tant qu'il ne reçoit pas l'aval du

---

[1] Télégramme de HULL, 10 juin 1939, NARA : 837.55 J/45A.

[2] Télégramme de John D. ERWIN, American Minister, envoyé au Département d'Etat, 12 juin 1939, NARA : 837.55 J/47.

[3] Télégramme de John D. ERWIN envoyé à Washington, 12 juin 1939, NARA : 837.55 J/46.

gouvernement américain, il ne peut agir. Or, aucun document n'atteste d'une démarche en ce sens.

Une proposition pour le moins inattendue est faite au Département d'Etat américain par l'intermédiaire de l'ex-sénateur Lornegan. Un groupe de citoyens américains particulièrement aisés envisagent d'acheter l'île cubaine de Guajaba, dans la municipalité de Huevitas, province de Camaguey, dans l'unique but d'y fonder une colonie pour les réfugiés allemands[1]. Un rapport est même rédigé en ce sens, contenant tous les détails sur cette île. Guajaba se trouve au nord-est de Cuba, environ à 250 miles de La Havane et à 200 miles au sud-est de Miami en Floride. L'île mesure 22 kilomètres de long sur 5 à 8 kilomètres de large. Au plan économique, le rapport prévoit la mise en place et le développement de certaines cultures, telles que la canne à sucre, le café, le cacao, le tabac, les ananas, les oranges, les noix de coco, toutes sortes de fruits et légumes[2]. La pêche pourrait également figurer parmi les industries. Le statut juridique envisagé est une corporation semi-publique comme c'est le cas de la compagnie des Iles Vierges[3]. En somme, tout a été prévu. Il reste à négocier l'achat de cette île avec le gouvernement cubain.

Une poignée d'hommes et de femmes en est réduite à imaginer transporter ces réfugiés de la vieille Europe, habitués à une vie citadine, dans une île à l'autre bout du monde, qu'ils auraient défrichée comme des colons récemment débarqués... Projet qui n'a jamais été réalisé. Cela dit, son existence même révèle la situation désespérée dans laquelle se trouvent les réfugiés d'Europe. Il n'y a, semble-t-il, plus de place pour les accueillir, au point que certains n'hésitent pas à échafauder les projets les plus saugrenus. La plus petite partie du monde, éloignée de toute civilisation, semble encore trop proche pour y accueillir des réfugiés. Le monde entier souhaite-t-il à ce point refouler les réfugiés juifs ? Ces derniers n'ont-ils aucun allié susceptible de leur tendre une main secourable ?

Dans cette quête, de nombreuses personnalités se mobilisent pour aider les passagers des bateaux errants et toutes les

---

[1] Département d'Etat, 1er juin 1939, NARA : 837.55 J/60.
[2] Ibid, . 4.
[3] Ibid, p. 10.

solutions sont étudiées. Ainsi, le 10 juin, une réunion importante est organisée à 10 heures du matin. Elle rassemble des représentants de la HICEM. Troper, Rosen, Rosoff, Schweitzer, Melamede, Bernstein et Beckerman s'asseyent autour d'une table afin de trouver une issue au problème posé par le *St. Louis*, le *Flandre* et l'*Orbita*[1]. Le sort des deux derniers bateaux est rapidement réglé en raison de leur pays d'embarquement respectif. Ainsi, le gouvernement français est-il tenu responsable du devenir du *Flandre*, tandis que l'*Orbita* doit retourner dans un port anglais. Mais concernant le *St. Louis*, il est hors de question de lui intimer l'ordre de rentrer à Hambourg. Shanghaï est envisagé comme ultime solution si aucun autre pays n'accepte les immigrés du *St. Louis*[2]. Mais dans ce cas, les représentants de la HICEM n'envisagent pas de prendre cette décision sans, au préalable, avoir consulté les passagers.

Melamede suggère que le Comité étudie une autre possibilité : les colonies et territoires français. La Guadeloupe, la Martinique et Tanger sont pressentis. Mais seule Tanger paraît une solution envisageable, dans la mesure où les deux autres territoires se trouvent trop éloignés de la route du *St. Louis*. Tanger demeure une éventualité qui conduit les représentants de la HICEM à inviter M. Braunschweig à se joindre à la réunion. Il est présenté comme un ami du baron de Rothschild, membre du Comité Français et détenteur d'intérêts financiers à Tanger. Ce dernier téléphone au consul français à Tanger afin de lui demander d'accepter 500 passagers du *St. Louis*, en possession d'affidavits et inscrits sur les listes de quotas américains. Il est entendu que le Joint prendra financièrement en charge ces passagers, à raison de 150 dollars par personne et par an[3].

---

[1] Memorandum on S.S. « St. Louis – Hapag », p. 9. JDC : 386.

[2] Sur la colonie juive qui s'est constituée à Shanghai : Avraham ALTMAN & Irene EBER, « Flight to Shanghai, 1938-1940 : The Larger Setting », In : *Yad Vashem Studies*, XXVIII ; Joan GROSSMAN & Paul ROSDY, *The Port of Last Resort*. A Jewish Refuge in Shanghai, Documentaire, 1996 ; Anne GRYNBERG, « Le ghetto du bout du monde. Les réfugiés juifs de Shanghai », In : *Les Nouveaux Cahiers*, N° 87, Paris, hiver 1986-1987, pp. 26 à 32 ; Marcia REYNDERS RISTAINO, *Port of Last Resort : The Diaspora Communities of Shanghai*, Stanford, CA, Stanford University Press, 2001, 369 p ; Angel WAGENSTEIN, *Adieu Shanghai*, Paris, L'Esprit des Péninsules, 2004, 476 p (roman).

[3] Memorandum on S.S. « St. Louis – Hapag », p. 9. JDC : 386.

Immédiatement après la réunion, une lettre sera rédigée à l'attention de M. Garzon, président du Comité pro-Réfugiés, Communauté Israélite à Tanger, lui demandant officiellement d'accueillir les passagers du *St. Louis*. La lettre précise que, le jour même, un télégramme a été envoyé à M. Chesneau, consul à Tanger, suite à la conversation téléphonique que ce dernier a eue avec Jules Braunschweig. Il est prévu également que le transfert de l'argent nécessaire à la prise en charge des réfugiés pourrait être effectué à tout moment dans n'importe quelle banque[1]. La teneur de la lettre ne laisse supposer aucun refus de la part du consul français à Tanger. Tour est pensé et prévu pour que l'accueil des réfugiés soit sans heurt. Jules Braunschweig prie le consul d'informer la presse de l'arrivée des passagers et d'insister sur leur séjour provisoire à Tanger. Il lui est même conseillé d'utiliser ses relations diplomatiques pour obtenir une publication dans la *Gazette de Tanger* dont la teneur serait positive[2]. Même le baron Robert de Rothschild a été joint par téléphone afin d'être tenu au courant dudit projet.

Parallèlement à cette solution, les membres de la HICEM discutent d'autres possibilités lors de la réunion du 10 juin. La Belgique, la Hollande, le Luxembourg et le Portugal sont également suggérés, alors que des réponses par câbles sont déjà revenues des pays d'Amérique du Sud. Aucun d'entre eux ne laisse entrevoir d'espoir. De Bogota en Colombie, Wasserman-Zelner câbla : *« Intervention Colombie sans aucune chance. Stop. Immigration arrêtée néanmoins continuerons de prendre mesures nécessaires. Stop*[3]*»*. De Buenos Aires en Argentine, Milabowsky rédige un message peu encourageant lui aussi : *« Votre câble* St. Louis *Paraguay encore non décidé Monte Olivia Stop. Uruguay s'engage à trouver asile quelques groupes. Stop. Argentine entrepris mesures résultats incertains. Stop. Toutes mesures prennent en compte rumeurs presse mondiale fermeture totale tous pays. Stop. Câblerai*[4]*»*. Quant au télégramme de Weinstein provenant de Santiago du Chili, rien n'est plus clair : *« rien à faire* St. Louis *compte tenu situation politique. Stop. Aide absolument*

---

[1] Ibid, pp. 11-12.
[2] Ibid, p. 12.
[3] Ibid, p. 12.
[4] Ibid, p. 10.

nécessaire Hilfsverein Committee. *Stop. Résultats difficultés économiques émigration non organisée*[1] ».

Deux jours avant la réunion des représentants de la HICEM, les membres du Comité Exécutif du Joint se sont déjà réunis à 16:00 heures dans le bureau du Comité, sis 100 East 42nd Street à New York. Les principaux membres du Comité Exécutif répondent présents : David M. Bressler, Harry Fischel, Mme. H.B.L. Goldstein, Harold K. Guizburg, Joseph C. Hyman, Henry Ittleson, Alfred Jaretzki Jr, Dr. Bernhard Kahn, Sam A. Lewisohn, Mlle Evelyn M. Morrissey, Dr. Joseph A. Rosen, James N. Rosenberg, Lewis L. Strauss et Edward M.M. Warburg. Tout comme la réunion de la HICEM, cette réunion est organisée pour répondre à l'urgence de la situation du *St. Louis*.

Malgré les démarches entreprises et surtout compte tenu du peu de résultats obtenus jusqu'alors, Rosenberg propose d'en appeler aux plus hautes instances. Parallèlement aux efforts qui ont été faits par M. Baerwald, président du *European Executive Council* de New York, et M. Harold Linder à Londres, ainsi qu'aux interventions de Morris Troper, représentant du Joint à Paris, Rosenberg pense qu'il faut envoyer un câble à Sir Herbert Emerson, Haut Commissaire pour les Réfugiés à la Ligue des Nations ; ainsi qu'à Lord Winterton, président de l'*Inter-governmental Refugee Committee,* et à Norman H. Davis, président de la Croix Rouge Internationale à Genève.

Le Joint est déterminé à ne négliger aucune aide dans l'espoir de trouver une issue pour les passagers du *St. Louis*[2]. Ces derniers devenant un enjeu de politique internationale. En désespoir de cause, le Joint a même étudié une ultime hypothèse qui révèle à quel point ses dirigeants se trouvent acculés. Lors d'une discussion informelle, qui a lieu le 1er juin 1939 à 15 heures dans les bureaux du Joint à New York, Rosenberg souligne d'abord que la situation des réfugiés du *St. Louis* résulte de la politique de l'Allemagne nazie qui envoie

> de pauvres gens incapables de subvenir à leurs moyens, vers des pays où ils ne sont pas désirés et, ensuite, de se

[1] Ibid, p. 10.

[2] The American Jewish Joint Dictribution Committee, Inc. Minutes of the Meeting of the Executive Committee, 8 juin 1939, p. 4. JDC : 378.

retrouver avec ces gens qui semblent pauvres, sans un sou, inutiles (parce qu'ils ne peuvent pas travailler) et de les transformer en monstrueux exemple qui sert à la diffusion de l'antisémitisme dans chaque partie du monde.[1]

Rosenberg ajoute qu'il ne faut pas faire le jeu de l'Allemagne, au risque d'avoir à gérer d'autres cas similaires dans les semaines à venir. Néanmoins, face à la détresse humaine des réfugiés du *St. Louis* et à la situation de crise, il propose une solution, loin d'être satisfaisante. Il s'agit de sauver les enfants qu'il estime à 110 ayant moins de quatorze ans. Afin de justifier cette proposition, il rappelle que dans l'histoire du Joint, les enfants ont toujours fait l'objet d'une attention particulière. Rosenberg envisage de proposer à Batista – qu'il considère être « *notre ami* », comme il n'hésite pas à le souligner – une garantie de 60.000 dollars pour les 110 enfants du *St. Louis*. Cecilia Razovsky et Lawrence Berenson seraient les intermédiaires dans cette négociation.

Cette hypothèse permet, comme Rosenberg le fait remarquer, de montrer à l'Allemagne que le Joint n'est pas prêt à accepter ses méthodes tout en faisant preuve d'humanité face à ce qu'il considère comme une tragédie. Néanmoins, Rosenberg est pleinement conscient des conséquences psychologiques que risque d'engendrer la séparation des jeunes enfants de leurs parents, mais il s'empresse d'ajouter : *« mais il est préférable pour les parents que l'enfant ait une chance de vivre plutôt que d'être renvoyé vers la destruction*[2]*»*. Face à cette idée, Ittleson se montre dubitatif en raison des circonstances particulières des réfugiés du *St. Louis*. Contrairement aux enfants des *Kindertransport*[3] qui seront envoyés

---

[1] The American Jewish Joint Distribution Committee, Inc. Minutes of an Informal Discussion with Reference to Cuba, 1er juin 1939, p. 11. JDC : 378.

[2] Ibid, p. 11.

[3] *Kindertransport* : En 1938, le gouvernement britannique accepta de recueillir près de 10.000 enfants juifs non accompagnés. Ces enfants étaient originaires d'Allemagne, d'Autriche, mais aussi de Tchécoslovaquie. Ils arrivèrent par train en Grande-Bretagne grâce notamment à l'aide d'organisations britanniques, d'organisations juives en Angleterre et des Quakers. Leurs parents ignoraient alors qu'en les confiant à ces associations et en les laissant partir en Grande-Bretagne, ils leur sauvaient la vie. La plupart des parents ne revirent jamais leurs enfants et furent déportés dans les centres de mise à mort en Pologne. Voir également le documentaire *Kinder-Exodus 1939*, Hilary Gatoff, Ergo Media Inc., 2001. Voir également : Susanne HEIM, « Imigration Policy and Forces

- sans leurs parents, notamment en Grande-Bretagne dans des familles d'accueil -, les enfants du *St. Louis* sont certains de ne jamais revoir leurs parents après avoir partagé avec eux l'espoir de vivre en famille dans un pays libre. *« C'est une chose que de laisser votre enfant aller en Angleterre ou au Canada ; c'en est une autre d'avoir ces enfants avec leurs parents et de leur dire : 'Vous devez envoyer votre enfant là-bas et vous, vous repartez'. Il se peut que cela ne fonctionne pas*[1] *»*.

L'échec est quasiment certain. Personne n'a de doute sur le fait que, de retour en Allemagne, les parents ne reverront jamais leurs enfants. Cette solution sera donc abandonnée.

A ce propos, le sort des passagers qui retourneraient en Allemagne est discuté au sein du Joint. En effet, M. Troper et M. Epstein du *Reichsvertretung* l'évoqueront le 9 juin[2]. Ce dernier s'est entretenu auparavant avec la Hapag et les bureaux de la Gestapo à Berlin, afin de les tenir informés du retour du *St. Louis* en Allemagne - mais à vitesse réduite, en attendant qu'un autre pays veuille bien autoriser leur débarquement.

Lors de cette conversation, on laisse clairement entendre à M. Epstein que si les réfugiés du *St. Louis* rentrent en Allemagne, ils seront très certainement envoyés dans des camps de concentration[3]. Tandis que le lendemain, Epstein précise à Troper que si au moins la moitié des passagers trouve refuge hors d'Allemagne, il pense être en mesure de négocier avec la police secrète allemande afin d'éviter que les passagers qui retourneraient à Hambourg ne soient internés dans un camp de concentration[4].

Pendant que la HICEM et le Joint tentent de trouver une solution satisfaisante, les passagers du *St. Louis* proposent une

---

Emigration from Germany : The Situation of Jewish Children (1933-1945) », In : *Children and the Holocaust, Symposium Presentations*, Center for Advanced Holocaust Studies – United States Holocaust Memorial Museum, 2004, pp. 1 à 18.

[1] Déclaration de Ittleson. The American Jewish Joint Distribution Committee, Inc. Minutes of an Informal Discussion with Reference to Cuba, 1er juin 1939, p. 13. JDC : 378.

[2] Record of telephone conversation with Mr. TROPER, Paris, 9 juin 1939. Conversation au sujet du *St. Louis*. JDC : 378.

[3] Ibid.

[4] Record of telephone conversation with Mr. TROPER, 10 juin 1939. Au sujet du *St. Louis*. JDC : 378.

alternative. Le 9 juin, la HICEM reçoit un télégramme envoyé par le Comité des Passagers à bord du *St. Louis* :

> 907 passagers sur *St. Louis* bien qu'ayant des permis à présent en route Hambourg. Stop. Demandons désespérément votre assistance pour débarquer à Southampton ou asile à vieille noble France.[1]

Plus le temps passe, plus les portes se ferment les unes après les autres, et plus les chances de trouver asile de ce côté de l'Atlantique s'amenuisent. Jusqu'alors, durant toutes les négociations, un pays est resté particulièrement discret : le Canada qui figure parmi les pays d'immigration du continent nord-américain et assiste de loin à la détresse des passagers du *St. Louis*.

Parmi les pays qui auraient pu ouvrir leurs portes aux 907 passagers restant sur le *St. Louis*, le Canada est *a priori* envisageable. Mais c'est sans compter sur la politique pratiquée alors à l'égard des réfugiés, ni sur l'antisémitisme profondément enraciné au sein du gouvernement canadien d'alors. Si l'on devait résumer la position du gouvernement canadien en une phrase, on pourrait dire qu'aucun immigrant n'est le bienvenu à cette époque. Faisant suite à la récession économique due au krach boursier de 1929, le Canada pratique une politique encore plus stricte en matière de régulation de l'immigration. Ce qui explique que le gouvernement canadien restera sourd aux multiples appels lancés par les Juifs d'Europe. En cela, les autorités ne font qu'exprimer le sentiment général de l'opinion publique canadienne qui est, en majorité, opposée à l'immigration juive[2]. Tous les efforts entrepris avant le déclenchement de la Seconde Guerre mondiale pour ouvrir les portes du Canada aux réfugiés juifs échoueront. Les autorités restent insensibles aux appels désespérés de Juifs qui fuient l'Allemagne et l'Autriche. Pourtant, la *Jewish Colonization Association* reçoit de nombreux appels à l'aide, dont voici un exemple. Le 31 juillet, Bertha Fugend-Witzer résidant à Vienne, en

---

[1] Memorandum on S.S. « St. Louis – Hapag », p. 8. JDC : 386.

[2] *Archives of the Holocaust.* An International Collection of Selected Documents. National Archives of Canada, Ottawa. Canadian Jewish Congress Archives, Montreal, Vol. 15, New York & London, Garland Publishing, Inc; 1991. Introduction par Paula DRAPER et Harold TROPER, p. XI.

Autriche, écrit à cette association une lettre l'implorant d'intervenir :

> Je prends la liberté de m'adresser à votre organisation et j'espère que votre organisation, qui a tant fait pour le peuple, pourra aussi m'aider. Mon mari et moi, avions un hôtel à Vienne que je fus contrainte, selon les circonstances actuelles, d'abandonner. Mes trois fils qui ont respectivement 19, 24 et 25 ans et qui, jusqu'à nos jours travaillaient assidûment et courageusement, ont également dû quitter leurs postes et nous sommes à présent sans ressource.
>
> J'ai une cousine à Montréal, Mme Gusta Samuelson, 6044 Waverly St. Montreal, à qui je me suis adressée. Elle nous envoie un peu d'argent pour nous aider et serait prête à tous nous accueillir au Canada, ou du moins, mes fils.
>
> Très estimée organisation, je n'ai rien et je n'ai aucun parent à l'étranger à qui m'adresser. Et si la seule et ultime chance de sauver mes enfants disparaissait, alors je ne saurais plus que faire.
>
> Par conséquent, je vous supplie d'assister ma cousine afin d'obtenir les permis nécessaires. Peut-être avez-vous la possibilité d'obtenir de tels permis. Nous ne serons pas une charge sociale. Mes fils, ici, ont travaillé dans des fermes et sont prêts à faire n'importe quel travail.
>
> J'apprécierais beaucoup que vous me répondiez rapidement et je vous en remercie par avance.[1]

En réalité, la politique du Canada a été clairement définie suite à la Conférence d'Evian. Le Directeur de l'Immigration, du Département des Mines et des Ressources, Frederick Charles Blair, est un fervent défenseur d'une politique ferme et n'hésite pas à affirmer son hostilité à toute immigration juive. En septembre 1938, faisant référence à la Conférence d'Evian, il écrit : [...] *« notre participation ne nous engageait d'aucune manière à recevoir des réfugiés, bien que cela fût l'impression donnée à l'étranger[2] »*. S'agissant des Juifs, il poursuivait :

---

[1] Lettre de Bertha FUGEND-WITZER à Vienne envoyée à la Jewih Colonization Association, 31 juillet 1938, cité in Ibid, document 19, p. 44.

[2] Lettre de Frederick C. BLAIR à F. MACLURE SCLANDERS, Ottawa, 13 septembre 1938, cité in Ibid, document 26, p. 57.

> J'ai souvent pensé que, plutôt que des persécutions, il serait bien mieux de leur dire [aux Juifs] plus souvent franchement pourquoi nombre d'entre eux sont impopulaires. S'ils se débarrassaient de certaines de leurs coutumes, je suis certain qu'ils seraient aussi populaires au Canada que nos Scandinaves.[1]

Le principal argument que Blair brandit contre les Juifs n'est autre que la vieille image antisémite du Juif incapable de travailler la terre :

> Il est étrange qu'il en soit ainsi. Néanmoins, il est vrai que le pourcentage de Juifs est plus faible dans l'industrie basique de l'agriculture dans ce pays que celui des autres races ou classes parmi les populations que nous avons, sans inclure les Chinois, les Japonais, les Grecs, les Syriens et les Arméniens. Et à l'autre bout de l'échelle, se trouvent les Allemands avec le pourcentage le plus élevé. Je ne reproche pas au Juif de ne pas cultiver, mais d'un autre côté, cela ne doit pas étonner ce peuple qu'un pays, dont la Confédération a encouragé l'immigration de la classe d'agriculteurs, favorise les autres races plutôt que celles qui n'ont jamais ou rarement cultivé. Simplement parce que le peuple juif ne comprendrait pas la franchise de cette déclaration que je viens de faire dans cette lettre qui vous est adressée, je l'ai estampillée du sceau confidentiel.[2]

Rien d'étonnant donc dans la politique pratiquée par le Canada, compte tenu des déclarations antisémites de son Directeur de l'Immigration. Pour Blair, l'argument de l'agriculture est récurrent dans ses prises de position. Né de parents écossais en 1874 à Carlisle dans l'Ontario, Blair travaille en 1901 pour le Département de l'Agriculture puis en 1903 comme employé du Département de l'Immigration dont il devient Directeur en 1936. Il a occupé depuis 1924 le poste d' *« assistant deputy minister of Immigration »*. Il est considéré comme un homme croyant, membre de l'église baptiste[3].

Toutefois, l'attitude de F. Blair n'est pas un cas isolé. William Lyon Mackenzie King, Premier ministre libéral, se pose

---

[1] Ibid, document 26, p. 58.

[2] Ibid, p. 58.

[3] Irving ABELLA and Harold TROPER, «« The Line Must be Drawn Somewhere » : Canada and Jewish Refugees, 1933-9» , In : *Canadian Historical Review*, LX, 2, 1979, University of Toronto Press, p. 183.

en fervent défenseur du sentiment nationaliste du Canada français. En ce sens, il voit dans l'immigration juive un facteur de division au sein du Canada français et se déclare nettement contre l'ouverture du Canada aux réfugiés juifs. En mars 1938, il écrit d'ailleurs dans son journal : *« je crains que nous ayons des émeutes si nous optons pour une politique qui admette de nombreux Juifs*[1] *»*.

Afin de mieux cerner le personnage, il convient de préciser qu'il décrit Hitler comme étant *« un homme très sincère »*, qu'il qualifie d'« adorable » (*sweet*)[2] ! On aura donc compris que la position des membres du gouvernement demeurerait inflexible. Quelques statistiques résument cet état de fait : sur 5.718 personnes qui entrent au Canada entre 1931 et 1937, 1.983 sont des Juifs ; en 1937, lorsque 11.352 Juifs se réfugient aux Etats-Unis, le Canada en accepte...619[3] ! Au total, entre 1933 et 1945, seuls 5.000 réfugiés juifs pourront émigrer au Canada !

Dans ce contexte, que peuvent espérer les passagers du *St. Louis* ? Au sein de la population, le sort des passagers a cependant touché quelques Canadiens influents qui décident le 7 juin d'écrire un télégramme au Premier ministre. Parmi eux, il y a l'historien George Wrong, professeur à l'Université de Toronto, B.K. Sandwell du journal *Saturday Night*, Robert Falconer, ancien président de l'Université de Toronto et Ellsworth Flanelle, un businessman très riche[4]. Dans ce télégramme, ils implorent Mackenzie King de faire montre de « vraie charité chrétienne » en laissant entrer les passagers du bateau. Mais une fois encore, le sort semble jouer contre les passagers du *St. Louis*. Cette fois-ci, ils doivent rivaliser avec un personnage haut placé, qui ne peut souffrir aucune entorse au protocole. Mackenzie King se trouve en effet à Washington aux côtés du... couple royal d'Angleterre qui

---

[1] Journal de W. MACKENZIE KING, Ottawa, 29 mars 1938, cité in *Archives of the Holocaust*. An International Collection of Selected Documents, Op. Cit, document 1, p. 1.

[2] Irving ABELLA & Harold TROPER, *None is too Many*, Canada and the Jews of Europe 1933-1948, Toronto, Lester & Orpen Dennys, Publishers, 1983, pp. 36-37.

[3] Lettre de F. BLAIR à William R. LITTLE, Commissioner of Immigration, Londres, 6 juin 1938, cité in : *Archives of the Holocaust*. An International Collection of Selected Documents, Op. cit, document 8, pp. 11-12. Ce document expose les grandes lignes qui devaient être suivies par le représentant du Canada à la Conférence d'Evian.

[4] Irving ABELLA & Harold TROPER, *None is too Many*, Op. Cit., p. 64.

termine un voyage sur le continent nord-américain et dont la presse se fait largement écho[1]. Bien que le *St. Louis* soit l'une de ses dernières préoccupations, le Premier ministre canadien accepte de s'en entretenir avec O.D. Skelton, sous-secrétaire d'Etat aux Affaires étrangères, le Québécois Ernest Lapointe, Ministre de la Justice et F. Blair[2]. La réponse de Lapointe ne se fait pas attendre : il se déclare « radicalement opposé[3] ». Blair, quant à lui, reste fidèle à la ligne de conduite qu'il a adoptée jusqu'alors, en précisant :

> Aucun pays ne pourrait ouvrir ses portes assez largement pour laisser entrer les centaines de milliers de Juifs qui veulent quitter l'Europe : la limite doit être tracée quelque part. [4]

Pour les 907 passagers juifs du *St. Louis*, la limite fut tracée juste… devant eux.

---

[1] Dans son appel envoyé par radio à United Press, Herbert MANASSE du Comité des passagers faisait référence au voyage du couple royal d'Angleterre, *Philadelphia Inquirer*, 9 juin 1939, p. 5. Voir également la presse française et notamment *Le Figaro*, 14 mai 1939, p. 1 et 18 mai 1939, p. 1.

[2] Irving ABELLA & Harold TROPER, *None is too Many*, Op. Cit., p. 64.

[3] Ibid, p. 64.

[4] Ibid, p. 64.

CHAPITRE III

L'AMERIQUE : UN MIRAGE DE LAIT ET DE MIEL

Donnez-moi les foules harassées, misérables,
Grouillantes, qui cherchent à respirer librement,
Le déchet misérable de vos rivages prolifiques.
Envoyez-les-moi ces sans-abri, ballottés par la tempête.
Je soulève ma lampe au seuil de la porte d'or.[1]

UN PAYS EN CRISE

L'Amérique et les réfugiés

L'Amérique aussi fermera ses portes aux 907 passagers juifs du *St. Louis*. Comment croire qu'en juin 1939, ce pays de cocagne refuserait de sauver la vie à moins d'un millier de Juifs ? Pourtant, l'Amérique a toujours été le pays d'immigration. Quelques décennies plus tard, les historiens américains n'ont pas de mots assez durs pour analyser, voire dénoncer, l'attitude américaine d'alors. La politique pratiquée à l'égard des réfugiés en général et des réfugiés juifs en particulier est sévèrement critiquée. « Echec », « abandon » des Juifs qui ne sont pas considérés comme « indispensables », autant de qualificatifs qui révèlent un profond sentiment d'injustice[2]. Souvent, ces études historiques commencent

---

[1] Vers d'Emma LAZARUS gravés au pied de la Statue de la Liberté, cité par André KASPI, *Les Etats-Unis d'aujourd'hui - Mal connus, mal aimés, mal compris*, Paris, Tempus-Perrin, 2004, p. 41.

[2] Les livres qui abordent ces sujets sont relativement nombreux. Nous n'en citerons que quelques-uns : Yehuda BAUER, *American Jewry and the Holocaust.* The American Jewish Joint Distribution Committee, 1939-1945, Detroit, Wayne State University Press, 1981, Richard BREITMAN, Alan M. KRAUT, *American Refugee Policy and European Jewry, 1933-1945*, Bloomington and Indianapolis

dans les années 1930 – à partir de l'arrivée de Hitler au pouvoir – pour se terminer en 1945.

S'agissant de la Seconde Guerre mondiale, les Etats-Unis souffrent encore aujourd'hui d'un sentiment de culpabilité[1] dû à ce que l'on pourrait appeler le syndrome du « non-bombardement d'Auschwitz ». Ce qui est « reproché » aux Etats-Unis, c'est de n'avoir pas bombardé les lignes de chemin de fer sur lesquelles passent les convois de déportés qui roulent vers les centres de mise à mort de Pologne[2]. A la lumière des nombreuses informations attestant de l'anéantissement des Juifs d'Europe, dont le gouvernement américain et les gouvernements alliés disposent, l'Histoire les a jugés « coupables » de non-assistance à peuple en voie d'être exterminé. Si l'on voulait forcer le trait, on pourrait presque dire que les six millions de Juifs assassinés pèsent lourdement sur la conscience de l'Amérique.

Après cela, on comprend que les années 1930 sont perçues comme une période « d'actes manqués ». Apparaît alors le temps du conditionnel, insupportable en Histoire : *si* l'Amérique avait accueilli davantage de réfugiés juifs entre 1933 et 1939, l'Allemagne n'en aurait pas assassiné six millions. Il est toutefois important de ne pas confondre les deux périodes et de ne pas considérer que l'échec en matière de sauvetage des Juifs, pendant la guerre, est identique à l'échec de la politique américaine à l'égard des réfugiés dans les années 1930.

En 1921, plus de 800.000 immigrants s'installent en Amérique[3]. Face à cet afflux massif, des quotas nationaux sont établis par la loi de 1921. Dorénavant, un nombre équivalent à 3%

Univesity, Indiana University Press, 1987 ; Saul S. FRIEDMAN, *« No Haven for the Oppressed »*, United States Policy Toward Jewish Refugees, 1938-1945; Arthur MORSE, *While Six Million Died* A chronicle of American Apathy, New York, Random House, 1967.

[1] Sur le sentiment de culpabilité, cf. Georges BENSOUSSAN, *Auschwitz en héritage ?* D'un bon usage de la mémoire, Paris, Mille et une nuits, 2003, pp. 85 – 97.

[2] Auschwitz-Birkenau; Treblinka; Maïdanek; Sobibor; Chelmno; Belzec.

[3] Sur la politique américaine à l'égard des réfugiés, cf. le numéro spécial de la revue *Matériaux pour l'histoire de notre temps*, « Les Etats-Unis et les réfugiés politiques européens. Des années 1930 aux années 1950 », N° 60, octobre – décembre 2000 et plus particulièrement l'article de Catherine COLLOMP et Bruno GROPPO, « L'Europe productrice de réfugiés ; les Etats-Unis, un accueil sélectif », pp. 1-8.

des Américains nés à l'étranger, sera accueilli sur le territoire des Etats-Unis. En 1924, une autre loi appelée « *Immigration Act* » abaisse les quotas à 2%. Un certain racisme motive en partie cette nouvelle restriction[1]. A partir de 1929, 150.000 immigrants par an peuvent entrer en Amérique[2]. Mais l'Amérique des années 1920 connaît un renouveau du *Ku Klux Klan* qui diffuse sa haine des étrangers, des immigrés, des Noirs et des Juifs. La décennie suivante traîne aussi son cortège de crises. Les ondes de choc de la crise de 1929 frappent des millions d'Américains, tandis qu'à la même période, l'Europe assiste à la montée et au développement de mouvements d'extrême droite et des ligues fascistes qui poussent à l'exil plusieurs centaines de milliers de personnes.

Dès 1930, le Président américain Herbert Hoover demande au Département d'Etat que l'application de la loi sur l'immigration soit plus stricte afin d'éviter que les immigrants deviennent une charge (« *public charge* ») pour l'Etat. Le nombre d'immigrés passe de 242.000 en 1931 à 35.000 l'année suivante[3] - dont 3.000 Juifs parmi ces derniers[4]. Bien évidemment, à partir de 1933, le contexte européen change la donne. D'un côté, les réfugiés cherchent à fuir l'Allemagne, tandis que de l'autre côté de l'Atlantique, la politique des quotas les refoule. Sous cet éclairage, le choix délibéré de l'Amérique d'utiliser les quotas comme un filtre, voire comme un rempart, peut paraître inhumain.

Mais à partir de l'année 1936, la notion de « *public charge* » connaît un certain assouplissement dans son application. Les raisons de cette décision sont doubles : d'une part, les parents américains des candidats à l'immigration sont prêts à subvenir financièrement à leurs besoins ; d'autre part, parmi les réfugiés, nombreux sont ceux qui ont des compétences et un haut degré de qualifications susceptibles d'être utiles à l'économie américaine[5]. Par conséquent, les quotas sont relevés et passent de 7.000 en 1936 à près de 12.500 en 1937. Après l'*Anschluss*, le Président

---

[1] Peter NOVICK, *The Holocaust in American Life*, Boston, New York, Houghton Miffin Company, 1999, p. 49.

[2] André KASPI, *Les Etats-Unis d'aujourd'hui*. Mal connus, mal aimés, mal compris, Op. cit, pp. 56-57.

[3] Diana L. LINDEN, « Ben Shan. The Four Freedoms and the S.S. St. Louis », In : *American Jewish History*, 86.4, 1998, pp. 419-440.

[4] Peter NOVICK, *The Holocaust in American Life*, Op. cit, p. 49.

[5] Richard BREITMAN, « The Failure to Provide a Safe Haven for European Jewry », In : *FDR and the Holocaust*, New York, St. Martin's Press, 1996, p. 132.

Roosevelt en personne préconise un allègement des procédures d'immigration. Il suggère également que l'on ne fasse plus de distinction entre Allemands et Autrichiens, pour l'attribution des quotas, puisque l'Autriche fait désormais partie du Reich. Grâce à cette mesure, les Juifs d'Autriche ont une chance supplémentaire d'obtenir leur visa. Survient la Nuit de Cristal. En réaction, F. Roosevelt annonce dès la mi-novembre qu'il prolonge les visas touristiques de 12.000 à 15.000 Juifs allemands qui se trouvent sur le sol américain depuis au moins six mois.

L'ensemble de ces mesures ne permet cependant pas d'ouvrir plus grand les portes de l'Amérique. Pourtant, le Président Roosevelt a tenté, souvent contre la volonté du Département d'Etat, de libéraliser et d'assouplir la politique d'immigration. Il est toujours aisé, plus d'un demi-siècle plus tard, de dire que l'Amérique aurait pu faire davantage ; qu'elle aurait dû augmenter les quotas en adéquation avec les événements d'Europe.

Cependant, si l'on étudie isolément la politique des quotas, ces critiques, ou ces regrets, ne sont pas complètement justifiés. Comme le souligne l'historien américain Richard Breitman, à partir du milieu de l'année 1938 et jusque vers la fin de 1939, les quotas pour les Allemands permettent précisément aux Juifs allemands, et anciennement d'Autriche, de fuir[1]. En revanche, c'est pour les autres nationalités d'Europe centrale et orientale que la politique des quotas est restrictive et proportionnellement sous-évaluée par rapport à la forte population juive qui réside dans ces pays. La Hongrie, la Pologne, la Roumanie, la Tchécoslovaquie abritent, elles aussi, des populations juives importantes. Or pour ces pays, les quotas américains sont ridiculement bas[2].

Mais là encore, le jugement n'est-il pas sévère parce qu'il est prononcé au regard de ce qui s'est passé pendant la guerre ? Car si l'on fait abstraction de ce que l'on sait aujourd'hui de la Shoah, pour se concentrer seulement sur la période de la fin des années 1930, ceux qui couraient le plus grand danger étaient alors les Juifs allemands et autrichiens. Les populations juives d'Europe orientale n'étaient pas encore sous le joug de l'Allemagne nazie. Le principal grief que l'on pourrait faire au gouvernement américain serait de n'avoir pas tenu compte des déclarations que Hitler faisait

---

[1] Ibid, p. 133.
[2] Ibid, p. 133.

depuis 1933 à l'encontre des Juifs et qu'il avait auparavant publiées dans *Mein Kampf*.

Pourtant, dès le départ, Roosevelt ne se faisait aucune illusion concernant Adolf Hitler. Le président américain était parfaitement bien renseigné, notamment par le consul général des Etats-Unis en poste à Berlin, qui jugeait en juin 1933 qu'Hitler et son entourage étaient *«capables d'actions qui, en vérité, interdisent toutes relations normales avec eux. Ce sont des psychopathes* [1] *»*.

L'antisémitisme aux Etats-Unis

Dans les années 1930, Roosevelt doit prendre en considération un phénomène déterminant dans la politique des quotas : les Etats-Unis de cette époque ne sont pas épargnés par l'antisémitisme, ni par des sentiments violents à l'égard des réfugiés. Un regain de nationalisme prend appui sur le fort taux de chômage qui continue de sévir. Comme chaque fois, les réfugiés constituent une cible privilégiée. Un sondage publié dans le magazine *Fortune*, en juillet 1938, atteste de cette propension : 64,7% des personnes interrogées se déclarent contre la libéralisation de la politique d'immigration, en raison de la faiblesse économique du pays. Les Américains craignent, en grande majorité, de perdre leur emploi si le pays accepte un pourcentage plus élevé d'immigrés. Argument classique mis en avant par la quasi-totalité des pays confrontés à l'immigration.

Lors d'une conférence présentée en avril 1939 devant le *All Day Institute on Immigration and Naturalization of the National Council of Jewish Women* à Chicago, Cecilia Razovsky, alors *Associate Director* au Conseil et *Executive Director of The National Coordinating Committe*, argumente en faveur de l'apport économique des réfugiés[2] :

> Nous sommes certains que pour la plupart, les réfugiés ne prennent pas le travail des citoyens américains. […] En quoi les émigrés peuvent-ils apporter leur contribution ? Ils ont trouvé de nombreuses manières de gagner leur vie – faire du pain, faire des

---

[1] 26 juin 1933, cité par André KASPI, *Franklin Roosevelt*, Paris, Fayard, 1988, p. 373.

[2] Cecilia RAZOVSKY, « Refuge for Refugees – Where ? », Notes on the talk given by Cecilia RAZOVSKY, 26 avril 1939, AJHS, P-290, box 3, folder 3.

> bonbons, etc. Il y a un homme qui, à présent, fabrique des chaussures de ski et a embauché beaucoup de citoyens américains qui travaillent pour lui. Il y a une boutique ouverte par un Viennois qui auparavant avait le même genre de boutique à Vienne et qui fait des petits pains. Et beaucoup de citoyens américains apprennent ce travail. Beaucoup d'Américains gagnent leur vie et apprennent de nouveaux métiers, découvrent de nouveaux arts – arts et métiers d'Europe qui produisent des articles que nous avions l'habitude d'importer. [...] Les Américains ont bénéficié des émigrés qui sont venus en Amérique avec un capital. Nous sommes en train de faire une recherche et espérons produire un rapport bientôt. En Angleterre, 15.000 sujets britanniques travaillent grâce aux émigrés. Dans quelques années, dans ce pays, nous aurons un rapport positif à rédiger concernant ce que les émigrés ont été capables d'accomplir.[1]

Mais l'argument économique n'est pas l'unique frein à l'immigration lorsque l'on considère que 6 Américains sur 10 s'opposent à des quotas spéciaux pour les enfants qui, eux, ne risquent pas de prendre leur travail[2] ! A l'origine de ces propositions, il ne faut pas négliger – ni surestimer par ailleurs – l'influence de certains discours violemment anti-immigrés et antisémites. En avril 1938 à New York, ville d'immigration par excellence, les violentes diatribes du Père Charles Coughlin à la radio prennent les immigrés pour cible : *« Refugees Get Jobs in This Country ! Why don't 100% Americans ?*[3] *»* Le prêtre de Detroit ne s'exprime pas officiellement au nom de l'Eglise catholique, mais on se garde bien de le critiquer en public tant son influence est patente. Dans le même esprit, le journal *The Brooklyn Tablet*, appartenant à l'archiduché catholique de Brooklyn, défendait Coughlin et accuse également les Juifs de voler le travail des citoyens américains[4].

---

[1] Ibid, p. 2.

[2] Diana L. LINDEN, « Ben Shan. The Four Freedoms and the S.S. St. Louis », Op. cit.

[3] Ibid. *« Les réfugiés trouvent du travail dans ce pays ! Pourquoi pas 100 % d'Américains ? »*

[4] *The Brooklyn Tablet*, 3 décembre 1938, 1, « Thousands Oppose Move to Suppress Father Coughlin : Freedom is Threatened », *The Brooklyn Tablet*, 3 décembre 1938, 1 ; « Thousands Picket a Radio Station », *The Brooklyn Tablet*, 10 décembre 1938, 1,26 ; et « Father Coughlin Pleas for United People », *The Brooklyn Tablet*, 17 décembre 1938, 1, 14.Cité par Ibid.

Les événements de la Nuit de Cristal ne modifient pas la position adoptée par la population américaine, même si ce pogrom suscite une vive émotion de l'autre côté de l'Atlantique. La condamnation par l'Amérique de la brutalité des Nazis est en effet unanime et quelques voix inattendues se font même entendre. Parmi elles, celle du magnat de la presse, William Randolph Hearst. Jusque-là, il n'a pas caché son admiration pour Hitler et il a même été reçu par le Führer à Berlin. Il déclare alors : *« Nous, les Américains, devons commencer l'immense travail, parce que nous sommes libres de parler ; nous sommes libres d'agir*[1] *»*.

Faisant écho à cette déclaration patriotique, une autre personnalité américaine exprime de manière surprenante sa sympathie à l'égard des Juifs, auxquels il a jusqu'alors témoigné de l'hostilité[2]. Il s'agit de Henry Ford, l'homme qui développa le travail à la chaîne dans ses usines de voitures. Il fait une déclaration explicite qui en étonnera certainement plus d'un :

> Je crois que les Etats-Unis ne peuvent échouer cette fois dans le maintien de leur traditionnel rôle de paradis pour les opprimés. Je suis convaincu que, non seulement ce pays pourrait absorber nombre des victimes de l'oppression qui doivent trouver un refuge en dehors de leur pays de naissance, mais aussi que beaucoup d'entre eux, qui pourraient être admis sous notre système sélectif des quotas, constitueraient un réel atout pour notre pays. Mon acceptation de la médaille du peuple allemand n'implique pas, comme certains semblent le penser, de la sympathie de ma part pour le Nazisme. Ceux qui me connaissent depuis des années, savent que tout ce qui engendre la haine me répugne. Je suis persuadé que le temps est proche où il y aura tant de travail dans ce pays, que l'arrivée de quelques milliers de Juifs, ou d'autres immigrants, sera négligeable. Je crois que le mouvement du retour à la terre est l'une des solutions ultimes à nos problèmes économiques et que dans ce mouvement, les Juifs du Vieux Continent peuvent jouer un rôle déterminant. Je suis entièrement favorable au fait de donner au Juif oppressé, une chance de reconstruire sa vie dans ce pays, et je ferai moi-même tout ce qui est en mon pouvoir pour y contribuer.[3]

---

[1] Saul S. FRIEDMAN, *« No Haven for the Oppressed »*, Op. cit, p. 85.

[2] Ibid, p. 85.

[3] « Statement of Henry Ford », In : *National Jewish Monthly*, 53, janvier 1939, cité par Ibid, pp. 85-86.

Ford ne fait qu'exprimer ce qu'a été la réaction officielle du gouvernement après la Nuit de Cristal. Roosevelt rappelle l'ambassadeur américain en poste à Berlin en guise de protestation. Malgré cela, l'Amérique ne souhaite pas s'engager plus avant comme en témoigne la déclaration du sous-secrétaire d'Etat américain, Summer Welles, à l'ambassadeur de France, le comte de Saint-Quentin :

> Le gouvernement américain [est] résolu pour le moment à garder la plus grande réserve face à une situation, préoccupante certes, mais devant laquelle les gouvernements français et britanniques, plus directement intéressés, semblaient demeurer impuissants.[1]

Dans les faits, l'Amérique n'est pas non plus disposée à ouvrir ses portes. Bien que Roosevelt ait déjà fait un geste en faveur des réfugiés, sa réponse au sujet d'un éventuel assouplissement de la politique d'immigration pour permettre aux Juifs d'entrer aux Etats-Unis est sans ambiguïté : *« Ce n'est pas envisageable ; nous avons le système des quotas[2] »*. La solution doit être trouvée en dehors des frontières de l'Amérique du Nord. Après avoir été à l'origine de la Conférence d'Evian, qui n'a proposé aucune solution concrète aux réfugiés, Roosevelt s'intéresse à divers projets de colonisation en dehors de la Palestine que les Britanniques maintiennent fermée à toute émigration juive, grâce notamment au Livre Blanc[3]. Presque tous les continents seront explorés pour y créer une colonie juive permanente de plus de 5 millions de personnes ; l'Afrique, l'Asie et même l'Alaska seront discutés[4].

---

[1] André KASPI, *Franklin Roosevelt*, Op. cit, p. 380.
[2] Saul S. FRIEDMAN, *« No Haven for the Oppressed »*, Op. cit, p. 87.
[3] Le *Livre Blanc de MacDONALD* envisageait la création dans les 10 ans d'un État unique en Palestine et prévoyait surtout un plan de 5 ans pour l'immigration de 75.000 Juifs (10.000 personnes par an et 25.000 réfugiés par la suite). Une fois ces quotas atteints, il n'y aurait plus d'immigration sans l'accord préalable des Arabes. Le *Livre Blanc* ne tenait pas compte des persécutions, ni du danger de mort dans lequel se trouvaient les Juifs d'Allemagne et d'Autriche. Mais dans le contexte international de 1939 et l'imminence d'un nouveau conflit mondial, les Anglais ne souhaitaient pas offenser les Arabes ou le monde musulman.
[4] Richard BREITMAN, Alan M. KRAUT, *American Refugee Policy and European Jewry, 1933-1945*, Op. cit, p. 231.

Tout vaut mieux pour Roosevelt que de risquer de s'opposer au Congrès américain. Roosevelt entretient des relations difficiles avec le Congrès depuis 1937. Précisément, sur le sujet des réfugiés, les membres du Congrès n'ont jamais soutenu le Président[1]. Le courant isolationniste des années 1930 est à la fois puissant, mais surtout particulièrement répandu puisque les isolationnistes ont remporté une victoire en janvier 1935. Comme le souligne André Kaspi : *« l'isolationnisme des années trente revêt un caractère nouveau, composé d'une dose de pacifisme et d'une dose de nationalisme[2] »*. Roosevelt choisit de composer avec cette tendance, refusant d'imposer sa vision en matière de politique étrangère. Il devra constamment ménager son opinion publique et les fervents défenseurs de l'isolationnisme, tout en étant enclin à développer une politique étrangère comme peu de présidents américains avant lui ont été capables de le faire, en raison de ses solides connaissances de l'Europe et de son ouverture au monde.

Mais, si l'Amérique de Roosevelt a choisi de rester éloignée aussi longtemps que possible des risques de conflits en Europe, elle ne demeure pas impassible face au sort de certains réfugiés. La loi Wagner-Rogers en est un exemple. Le 9 février 1939, Robert Wagner de New York et Edith Nourse Rogers du Massachusetts proposent un projet de loi au Sénat concernant l'admission de 20.000 enfants réfugiés allemands de moins de quatorze ans en dehors des quotas et ce, pour les deux années à venir[3]. La volonté délibérée de ne pas mentionner que ces enfants sont juifs évite toute attaque antisémite. Cette idée émane d'une précédente initiative du *German-Jewish Children's Aid Committee*.

Entre avril 1934 et janvier 1939, 397 enfants juifs ont été accueillis aux Etats-Unis en dehors de la loi des quotas et grâce à un arrangement avec le Département de Naturalisation et d'Immigration[4]. La presse américaine s'est largement faite l'écho de l'arrivée des enfants par bateau dans le port de New York. Elle a également mentionné des critiques à l'égard de cette décision :

---

[1] *The Terrible Secret*, presentation of NBC News in cooperation with the Jewish Seminary of America. Conversation entre Walter Laqueur, l'avocat Morris B. ABRAM et le correspondant de NBC News Carl Stern. Transcription, déclaration de W. LAQUEUR, p. 21.

[2] André KASPI, *Franklin Roosevelt*, Op. cit, p. 367.

[3] Saul S. FRIEDMAN, *« No Haven for the Oppressed »*, Op. cit, p. 91.

[4] Ibid, pp. 91-92.

> Une proposition d'admettre 20.000 enfants réfugiés allemands aux Etats-Unis a été dénoncée par Mme Agnes Waters de Washington, D.C., comme étant un complot communiste visant à renverser le gouvernement de ce pays. Intervenant devant le House Immigration Committee hier, elle a déclaré : « Les enfants viennent pour être les troupes de choc de la révolution de demain. Chaque enfant va être envoyé dans un foyer communiste et quiconque soutiendra cette mesure est un communiste ».[1]

Difficile, dans un tel climat, d'agir ouvertement en faveur des réfugiés, lorsque même les enfants sont considérés comme potentiellement dangereux pour l'équilibre de la politique nationale.

L'INFLEXIBILITE AMERICAINE DANS L'EPISODE DU *ST. LOUIS*

Les télégrammes envoyés à Roosevelt

Au même moment, 907 réfugiés juifs voguent le long des côtes de Floride avec l'espoir de voir les portes de l'Amérique s'ouvrir devant eux. Face à cette tragédie humaine, la Maison Blanche reçoit des centaines de télégrammes d'Américains prêts à venir en aide aux passagers. 233 messages rédigés sur cartes postales, des lettres et surtout des télégrammes sont aujourd'hui conservés au Archives Nationales à Washington. Difficile d'imaginer qu'il s'agit d'un corpus exhaustif. Ils sont rédigés par des Juifs, mais aussi par des non Juifs vivant aux Etats-Unis. S'ils émanaient le plus souvent de particuliers, certaines associations et organisations prient aussi Roosevelt d'agir en faveur des réfugiés juifs. De la même manière que des Américains se sont associés pour écrire au Président. Ainsi, un télégramme est signé par « les employés et employées de la cafétéria de la 7ème Avenue-498ème rue » à New York[2].

---

[1] *The St. Louis Post Dispatch*, 2 juin 1939, p. 4D.

[2] Télégramme, 3 juin 1939, NARA : 837.55 J.

Certains expéditeurs s'adressent au secrétaire d'Etat, Cordell Hull, mais la plupart écrivent directement au Président des Etats-Unis. Tandis que quelques-uns préfèrent tenter d'attirer l'attention de la *First Lady* dont la réputation d'action en faveur des déshérités n'est plus à faire.

Le contenu de ces télégrammes est variable, mais certains thèmes sont récurrents. Des reproches, des critiques, des appels aux sentiments humains, à la grandeur de l'histoire américaine, des références aux textes saints, mais aussi des propositions pour aider les passagers, autant de réactions différentes dans leur approche, mais semblables sur le fond : ces Américains veulent spontanément aider des hommes, des femmes et des enfants en détresse. Ces télégrammes et lettres doivent être pris comme autant d'élan de solidarité, de sentiments humains désintéressés. Un faible nombre de télégrammes à caractère antisémite ou tout simplement contre l'accueil des réfugiés, composent cette collection. Cependant, il y en a.

Parmi les réactions des Américains, l'incompréhension est souvent manifestée à travers un ressenti de la détresse des 907 réfugiés juifs. Le silence de leur gouvernement est inexplicable. Même si, comme on l'a vu, l'Amérique de la fin des années 1930 se déclare globalement contre l'immigration massive, lorsque la tragédie humaine arrive jusqu'aux côtes du pays, les Américains s'insurgent contre l'apparente apathie du gouvernement :

> Si ce navire était attaqué par les flammes, nous enverrions nos gardes-côtes, nous enverrions nos avions amphibies, nous enverrions nos bateaux de guerre pour rechercher les corps. Sur ce bateau, il y a 903 corps vivants. Allons-nous les renvoyer vers la mort ? Parmi eux, 500 femmes et 150 enfants. Dans ce grand pays qu'est l'Amérique, n'avons-nous pas assez de place pour ces 903 ? Je ne suis pas juif ; je ne suis pas un réfugié.[1]

Les Américains ne comprennent pas le silence de Roosevelt, et ne mâchent pas leurs mots pour le lui faire savoir :

---

[1] Télégramme de Joe HANNAGAN au président ROOSEVELT, 8 juin 1939, NARA : 837. 55 J.

> Honte à vous de ne rien faire pour ouvrir les portes de cette terre à ces malheureux 917 êtres humains (qui, par accident de la nature, sont nés de parents juifs) à bord du bateau allemand *St. Louis*. [...] Je vous en supplie, agissez maintenant, non comme un homme politique, mais comme un être humain.[1]

Tantôt suppliants, tantôt vindicatifs, les citoyens n'hésitent pas à apostropher leur Président, et à s'adresser à lui sur un ton autoritaire : *« Je veux que vous fassiez quelque chose pour ce bateau avec tous ces être humains à bord qui n'ont aucun endroit où aller*[2]*»*. Plus diplomates, d'aucuns en appellent à la grandeur d'âme de Roosevelt : *« Je suis sûre que vous ferez tout ce qui est humainement possible pour ces pauvres âmes à bord de ces trois bateaux* [3]*»*. Des sentiments généralement réservés à l'être humain sont prêtés au pays. Ainsi, l'égoïsme est-il mentionné dans un télégramme comme si, à l'échelle internationale, ce sentiment devait peser sur les décisions des dirigeants : *« S'il vous plaît, agissez rapidement avant qu'il ne soit trop tard. L'égoïsme ne doit pas empêcher l'Amérique d'être charitable*[4] *»*.

Dans leurs suppliques, les expéditeurs de ces télégrammes en appellent à l'Humanité, à Dieu, à Jésus : *« Moi, un Américain, je vous vous implore, au nom de l'Humanité, d'utiliser votre énorme pouvoir et votre influence pour leur offrir un paradis américain. Aucune nation ne perdra quoi que ce soit si elle protège Israël* [terme utilisé ici pour désigner le peuple juif] *dans ces instants troublés* [5]*»*. Les valeurs religieuses ont toujours occupé une place considérable dans la vie quotidienne des Américains et dans leurs décisions. Il n'est donc pas étonnant qu'ils en appellent à Dieu pour aider les réfugiés du *St. Louis* : *« Les puissants gouvernements d'Europe et leurs dirigeants ont fait preuve de leur échec à 100%. Le seul grand dirigeant à réussir cet examen amer a été notre Président qui craint Dieu, Franklin D. Roosevelt, et notre nation qui craint Dieu* [...] *Laissez ces cœurs qui saignent et ces âmes blessées entrer dans ce paradis des réfugiés, le pays béni*

---

[1] Télégramme de Mme B. STEINERT, Brooklyn, New York, au président ROOSEVELT, 8 juin 1939, NARA : 837.55 J.
[2] Télégramme de Ed FINC, 4 juin 1939, NARA : 837.55 J.
[3] Télégramme de Helen HAMLIN FINCKE au président ROOSEVELT, 7 juin 1939, NARA : 837. 55 J.
[4] Télégramme de Mme T.S. ELIOT, 12 juin 1939, NARA : 837.55 J.
[5] Télégramme de T.H. HAMLIN, 5 juin 1939, NARA : 837.55 J.

de Dieu »[1]. Les Américains ont foi en leur Président et s'en remettent à lui comme on s'en remet à Dieu :

> Si j'en appel à vous, Monsieur, c'est parce que seule votre voix peut être le moyen de sauver ces âmes en détresse et oubliées. Faisons que l'histoire se souvienne qu'il y eut au moins une voix, dans ce monde cruel, qui eut le courage de s'élever contre l'injustice qui s'est abattue sur ces innocents, hommes, femmes et enfants. Dieu vous récompensera pour votre bonté et après tout, c'est à Lui seul que l'on doit s'en remettre.[2]

Dans ce registre religieux, la crainte d'un Jugement divin revient régulièrement dans les télégrammes : *« Souvenez-vous ce que dit notre Seigneur : 'Je bénirai ceux qui vous bénissent et maudirai ceux qui vous maudissent'*[3] *»* Certains vont même jusqu'à rappeler la judéité de Jésus : *« Je vous fais cette demande au nom de notre Christ qui, lui-même, était un Juif*[4]*».* De manière plus générale, c'est l'image de la nation chrétienne qui est remise en cause. Si les Etats-Unis n'agissent pas en faveur des réfugiés juifs du *St. Louis*, leur image de grande nation chrétienne risque de s'écouler : *« Nous ne pouvons plus oser prétendre que nous sommes une nation chrétienne si nous échouons dans leur sauvetage*[5]*».*

Plus prosaïquement, d'aucuns cherchent des raisons dans l'histoire de l'Amérique susceptibles de justifier l'accueil des réfugiés. Des télégrammes rappellent que ce sont les immigrants qui ont fondé l'Amérique. La devise des Etats-Unis n'est-elle pas *« E pluribus unum*[6]*»* ? Ils ont été nombreux à fuir la Vieille Europe et les persécutions religieuses, pour se réfugier en Amérique où la liberté religieuse est inscrite dans la Constitution :

---

[1] Télégramme du Dr. Samuel FRIEDMAN, New York, 8 juin 1939, NARA : 837.55 J.
[2] Lettre de Eva Williams, BROOKLYN, New York, 10 juin 1939, NARA : 837.55 J.
[3] Télégramme de Mme N.B. FALL, 8 juin 1939, NARA : 837.55 J.
[4] Télégramme de Mme Joe W. HOLLEY, Los Angeles, 9 juin 1939, NARA : 837.55 J.
[5] Télégramme de Elizabeth IRVINE GERARD, New York, 10 juin 1939, NARA : 837.55 J.
[6] André KASPI, *Les Etats-Unis d'aujourd'hui.* Mal connus, mal aimés, mal compris, Op. cit, p. 45.

> Certainement, notre grand pays, qui a été fondé et construit par les victimes des persécutions du Vieux monde, ne laissera pas ces innocents, hommes, femmes et enfants, retourner vers les horreurs des camps de concentration allemands.[1]

Autre moment important de l'histoire des Etats-Unis, la Déclaration d'Indépendance de 1776 : *« Les Etats-Unis devraient-ils fermer leurs portes à l'humanité souffrante. Lisez la Déclaration d'Indépendance de notre peuple américain*[2] *»*. Les noms des Grands hommes qui ont fait l'Histoire américaine sont également invoqués, comme pour rappeler que l'Amérique a connu des dirigeants capables de prendre des décisions capitales, voire historiques à une époque cruciale : *« Au nom de George Washington, de la Liberté et de l'Humanité, s'il vous plaît, aidez-les*[3] *»* ! Le dernier symbole dont les Américains sont fiers, la Statue de la Liberté, et ce qu'elle a toujours représenté :

> J'aimerais que nous nous souvenions de la magnifique poésie inscrite au pied de notre Statue de la Liberté. Quelle blague dans les circonstances actuelles ! La suffisance et l'inaction constantes de notre grand gouvernement fourniront aux dictateurs des nations la plus grande victoire, sans verser une goutte de sang, qu'ils n'ont jusqu'alors jamais remportée.[4]

Les références aux fondements de l'histoire des Etats-Unis vont de pair avec le sentiment patriotique. Les Américains – et surtout les immigrants - ont toujours été fiers d'appartenir à une nation qui les a acceptés en leur offrant la liberté d'expression (1er amendement), la liberté de pratiquer leur religion et, pour certains, la liberté tout court. En retour, leur amour de l'Amérique peut être démesuré et le sentiment patriotique particulièrement développé. Le patriotisme américain doit être compris comme un sentiment de fierté d'être un citoyen de l'Amérique avec tout ce qu'elle représente de symboles, mais aussi de mythes. Rien d'étonnant à ce que

---

[1] Télégramme de Theresa DRAMOND, New York, 8 juin 1939, NARA : 837. 55J.

[2] Télégramme de Mme Jean DUPONT, Chicago, 3 juin 1939, NARA : 837. 55J.

[3] Télégramme de Joseph COLKER, daté du 4 mai, mais ne peut être que du 4 juin 1939, NARA : 837.55 J.

[4] Télégramme de Anthony G. JACKSON, président de l'Anti-Semitism League of America, 8 juin 1939, NARA : 837.55 J.

ce sentiment patriotique ait été ébranlé par l'épisode du *St. Louis* : « *Toute froideur à l'égard des passagers du St. Louis serait pure folie ; devons-nous encore saluer le drapeau d'un tel pays* [?][1] ».

L'arrivée du *St. Louis* au large des côtes américaines coïncide avec le voyage officiel du couple royal d'Angleterre en Amérique du Nord. Le parallèle est certes facile, et certains télégrammes opposent l'accueil réservé à leurs Majestés au silence adopté face aux réfugiés :

> Considérant comme un accueil mémorable de leurs Majestés, le roi et la reine d'Angleterre, et comme un acte de gratitude envers Dieu pour notre libre démocratie, qu'y aurait-il de plus noble que l'ouverture de nos portes aux 907 hommes, femmes et enfants ? [2]

Plus cynique est le court texte d'un télégramme d'une habitante de New York : « *Pendant que vous receviez la Royauté cette semaine, le sort de 900 Juifs innocents était en suspens* [3] ». D'autres choisissent un ton vindicatif : « *Nous dépensons des dollars pour accueillir un roi et une reine d'Angleterre, bien nourris et dorlotés, mais personne ne fait attention ou pense à ce millier de personnes qui n'ont nul endroit où aller* [4] ».

Certains proposent des solutions au Président Roosevelt pour accueillir les réfugiés. Parmi celles-ci, des Américains suggèrent d'augmenter exceptionnellement les quotas[5]. Toutes les solutions sont envisagées – même les plus inattendues - dès lors qu'elles permettent aux passagers de pénétrer sur le sol américain :

> Les Etats-Unis sont probablement le seul pays dans le monde qui puisse aider. Si nécessaire, nous pourrions même construire un ghetto juste pour leur donner un lieu de refuge. L'immigration a toujours amélioré notre pays.[6]

---

[1] Télégramme de Mme L. MARKLUND, 8 juin 1939, NARA : 837.55 J.
[2] Télégramme de Morris IVRY (signature difficile à lire), 8 juin 1939, NARA : 837.55 J.
[3] Télégramme de Anna BLUMBERG, New York, non daté, NARA : 837.55 J.
[4] Lettre de Audrey S. KIMBALL, 8 juin 1939, NARA : 837.55 J.
[5] Télégramme de Alice P. GANNET, 2 juin 1939, NARA : 837.55 J.
[6] Télégramme de Louis LOWENSTEIN, Baltimore, 3 juin 1939, NARA:837.55 J.

Une lettre signée « *The Unitedstaters* », envoyée de Butte dans le Montana, émet une hypothèse encore plus invraisemblable. Il s'agit d'installer provisoirement les 907 passagers dans l'île « *Dry Tortugas, Island of Mystery* », non loin de l'île (cubaine) des Pins et de la Floride. Aux dires de ce groupe, cette île est à vendre (l'annonce date du 31 juillet 1926 !) et possède des fortifications[1].

Parallèlement aux propositions des citoyens américains pour aider les réfugiés, certaines reflètent la générosité. Nombreux sont les télégrammes qui prient le Président Roosevelt d'agir pour aider ces 907 réfugiés juifs, en considérant que l'aide doit venir exclusivement du gouvernement américain. Mais d'autres dépassent cette supplique pour proposer leur propre aide, en offrant qui, un toit, qui du travail. Le sort des passagers a personnellement touché plus d'un Américain, au point que certains souhaitent tendre une main secourable : « *Mon mari donnera du travail à deux personnes et un toit, si nous nous pouvons compter sur votre permission. Je suis sûre que l'on peut trouver neuf cents autres places comme celle-ci* [2]». Autre exemple :

> « J'ai un appartement qui peut accueillir une famille de trois ou quatre réfugiés, et je les accueillerai gratuitement aussi longtemps que cela sera nécessaire, et je les nourrirai aussi longtemps que cela sera nécessaire. Et je suis sûre que je peux obtenir que trois cents ou quatre cents habitants de Miami fassent la même chose, afin que nous puissions nous occuper de ces pauvres gens.[3]

Une Américaine du Wisconsin propose de mettre à la disposition des passagers dix *acres* qu'elle possède dans l'Arkansas pour une durée de six mois, renouvelables six autres mois, jusqu'à juin 1940[4]. L'avocat George Sandler de New York offre de régler la somme de 50.000 dollars à la Hapag pour couvrir

---

[1] Lettre à Cordell HULL envoyée par « The Unitedstaters », 8 juin 1939, NARA : 837.55 J.

[2] Télégramme de Mme Rose EHRLICH, 7 juin 1939, NARA : 837.55 J.

[3] Télégramme de Mana ZUCCA CASSEL, Miami, 2 juin 1939, NARA : 837.55 J.

[4] Lettre de Emilie WIESE à Cordell HULL, 9 juin 1939, Wisconsin, NARA : 837.55 J.

les frais des 907 passagers[1]. Cette proposition est reproduite par la presse américaine :

> Si personne ne prend ces réfugiés, nous en appellerons au Président Roosevelt pour qu'il envoie un message d'urgence au Congrès afin de suspendre les lois d'immigration jusqu'à ce que le statut de ces infortunés soit décidé. Je pense que le Congrès leur donnera asile temporairement ici lorsqu'il deviendra évident qu'ils retourneraient vers une mort certaine en Allemagne.[2]

Ces quelques extraits choisis témoignent tous de la générosité et de la spontanéité des Américains face à des êtres humains en détresse. Parmi les appels les plus émouvants, celui d'une fillette de 14 ans qui écrit au Président des Etats-Unis :

> Cher Président Roosevelt, Je suis une petite fille de 14 ans. Je n'ai pas à me vanter de mes notes à l'école, mais je suis humaine. Si vous recevez cette lettre, s'il vous plaît, laissez ces 907 réfugiés juifs débarquer quelque part aux Etats-Unis, ou dans une île qui appartient aux Etats-Unis.[3]

Les Juifs américains déjà installés aux Etats-Unis se manifestent aussi auprès du Président Roosevelt. Ils sont prêts à accueillir leurs coreligionnaires, tout en insistant sur le fait qu'ils ne seront pas à la charge de l'Etat et ne prendront pas le travail des Américains. Dans cette période de chômage, ils tentent de rassurer le gouvernement :

> Pour l'amour de Dieu, s'il vous plaît, permettez à ces malheureuses victimes de la bestialité de Hitler d'entrer aux Etats-Unis. Nous, Juifs, nous pouvons facilement veiller à ce qu'elles ne soient pas en compétition avec les Américains. [...] S'ils retournent [en Allemagne], ils mourront probablement de faim dans des camps de concentration.[4]

---

[1] Télégramme de George SANDLES, New York, 9 juin 1939, NARA : 837.55 J.
[2] *The Evening Star* (Washington, DC), 6 juin 1939, p. 1.
[3] Lettre de S.C. ANDREWS, juin 1939, NARA : 837.55 J.
[4] Télégramme de Helena LEVY, Sara KOPELLY (signatures difficiles à lire), 7 juin 1939, NARA : 837.55 J.

De nombreux télégrammes visent à rassurer tout en démontrant que les Juifs ne sont pas plus « dangereux » que les autres immigrants. Ces quelques phrases révèlent la portée des clichés antisémites dans la société américaine : *« Ces pauvres Juifs, nous avons besoin d'eux ici, lorsque l'on pense quels citoyens américains merveilleux ils feraient.* [...] *Je suis un Américain né dans ce pays, tout comme mes parents. Je suis un «Gentil»* [terme utilisé pour désigner un non juif], *mais j'aime le peuple juif*[1] *»*. Autre argument concernant l'intégration des Juifs dans les diverses catégories de sociétés :

> Les Juifs sont loyaux envers les diverses formes de gouvernements sous lesquels ils vivent, et le fait qu'ils soient puissants dans chaque gouvernement prouve leur capacité et leur habilité. Ils sont toujours bons envers les pauvres et les nécessiteux. Je n'ai jamais entendu quoi que ce soit concernant un Juif qui refuserait d'aider quelqu'un dans le besoin, sans distinction de race.[2]

La Maison Blanche ne reçoit pas que des télégrammes de particuliers. Des associations se mobilisent aussi pour tenter d'intervenir auprès du Président des Etats-Unis. Le président de la communauté juive de Tallahassee envoie un télégramme à Roosevelt[3]. La *Zionist Youth Organization Gordoniah* de Dallas au Texas qui a pour but *« d'installer des Juifs dans leur foyer national en Terre Sainte »* adresse une lettre au président américain le suppliant d'aider les infortunés du *St. Louis*[4]. La *League for Humanity* demande *« un sauvetage immédiat des réfugiés de Cuba »* en insistant auprès du gouvernement américain pour que celui-ci *« les amène ici sans délai*[5] *»*. Le 8 juin, l'*American League for Tolerance* écrit un second courrier au Secrétaire d'Etat Cordell Hull, se plaignant de n'avoir pas encore reçu de réponse à un télégramme du 2 juin[6].

---

[1] Télégramme non signé, Philadelphie, 6 juin 1939, NARA : 837.55 J.
[2] Télégramme de Dora M. BURKHOLDER, Montana, 10 juin 1939, NARA : 837.55 J.
[3] Télégramme de Sam MENDELSON, Tallahassee, 7 juin 1939, NARA: 837.55 J.
[4] Lettre à ROOSEVELT, 12 juin 1939, NARA : 837.55 J.
[5] Télégramme de Mary SIEGRIST, fondatrice de la League for Humanity, 2 juin 1939, NARA : 837.55 J.
[6] Lettre de l'*American League for Tolerance*, 8 juin 1939, NARA : 837.55 J.

Même Hollywood se sent concerné par le sort des réfugiés du *St. Louis*. Le 2 juin, la *Hollywood Anti Nazi League for the Defense of American Democracy* adresse un télégramme au même Cordell Hull. Parmi les signataires du texte, figurent des noms que l'on a plutôt l'habitude de voir sur les affiches des films à succès : l'acteur Edward G. Robinson et sa femme l'actrice Miriam Hopkins, le metteur en scène Anatole Litvak, Frank Tuttle, le scénariste Donald Ogden et son épouse Ella Winter Stewart, Viola Brothers, Herbert Biberman, Boris Ingster, Carl Laemmle jr, Jay Gorney, Marian Spitzer. Leur requête ne concerne curieusement pas l'accueil des réfugiés par les Etats-Unis. La ligue suggère que le gouvernement américain fasse pression sur le gouvernement cubain afin que ce dernier accepte de donner asile aux passagers, au moins temporairement[1]. Tandis que sept jours plus tard, un second télégramme de la même ligue demande à Cordell Hull de permettre au *St. Louis* d'amarrer dans le port de New York pendant dix jours, en attendant de trouver un pays d'accueil pour les passagers[2].

De nombreux télégrammes sont aussi rédigés par des parents des passagers du *St. Louis*, déjà installés aux Etats-Unis. Ainsi, Lotte Frenkel écrit-elle : *« J'ai mes parents à bord de ce bateau. Je vous en prie, essayer aider immédiatement*[3]*»*. Des appels sont désespérés : *« Nous avons personnellement cinq personnes à bord. Nous espérons que nous ne vous implorons pas en vain pour ces malheureux êtres humains*[4]*»*. Certains supplient même le gouvernement d'accorder exceptionnellement des visas aux passagers. Un télégramme est envoyé en ce sens au Département d'Etat par une personne ayant de la famille à bord du *St. Louis*. La réponse est administrative. Il n'est pas question d'étudier les 907 passagers cas par cas ; même pour ceux qui ont la chance *a priori* d'avoir de la famille déjà installée aux Etats-Unis :

---

[1] Télégramme de la *Hollywood Anti Nazi League for the Defense of American Democracy*, 2 juin 1939, NARA : 837.55 J. Sur cette ligue, cf. Neal GABLER, *An Empire of their Own*. How the Jews Invented Hollwood, New York, Anchor Books, 1989, 502 p.

[2] Télégramme de la *Hollywood Anti Nazi League for the Defense of American Democracy*, 9 juin 1939, NARA : 837.55 J.

[3] Télégramme de Lotte FRENKEL, New York, 8 juin 1939, NARA : 837.55 J.

[4] Télégramme de Edith, WALTER et H.J. CORTNER, New York, 7 juin 1939, NARA : 837.55 J.

> Cher M. X, [*le nom de l'expéditeur est chaque fois repris comme pour personnaliser la réponse officielle*]
>
> J'ai reçu votre lettre du [date], concernant le cas de votre sœur et de son mari qui ont fait une demande de visas d'immigration au Consulat général de Berlin en Allemagne. Il n'est pas possible de savoir à quel moment les noms de vos parents seront sélectionnés sur les listes d'attente pour un examen de leur demande de visa car cela dépend du nombre de demandeurs au préalable. [...].[1]

Le Département d'Etat prend la peine de répondre aux télégrammes qui lui sont adressés ou qui sont envoyés directement au Président. Il s'agit évidemment d'une réponse-type, personnalisée par le rappel du nom de l'expéditeur précédé de la formule consacrée « Cher Monsieur ou Chère Madame » :

> Ma chère Madame X,
>
> Votre télégramme du [*date*] au président Roosevelt concernant les réfugiés juifs du vapeur *St. Louis* a été transmis au Département d'Etat pour être étudié.
>
> Nous savons que les réfugiés allemands sur le vapeur *St. Louis* ont enregistré en Europe leurs demandes sur les listes de quotas et doivent, selon nos lois d'immigration, attendre leur tour avant d'obtenir des visas d'immigration en vue de leur admission aux Etats-Unis. Nous savons que des négociations ont permis aux réfugiés d'être admis temporairement par des pays européens.[2]

Ce courrier est factuel, sans le moindre sentiment humain. Une réponse moins administrative est envoyée à une femme du Montana. Néanmoins, la teneur n'est pas très différente des courtes lettres envoyées d'ordinaire pour accuser réception des télégrammes et courriers reçus par la Maison Blanche :

> Bien que nous éprouvions une profonde compassion à l'égard de la terrible détresse de ces personnes, je suis certain que vous comprendrez, à la lumière des éclaircissements ci-après, que le Département ne peut manifestement rien faire pour les aider. L'*Immigration Act* de 1924 précise qu'aucun immi-

---

[1] A.M. WARREN, chef du Département des visas, 13 juin 1939, NARA: 837.55 J.

[2] Réponse type du Département d'Etat à Washington. Ce document est signé A.M. WARREN, chef du Département des visas, NARA : 837.55 J.

grant ne doit être admis aux Etats-Unis sans avoir un visa d'immigration valide [...].

Vous n'êtes pas sans savoir que les quotas d'immigration pour l'Allemagne, qui sont de 27.370 par an, tout comme les quotas pour les autres pays d'Europe centrale, sont si largement remplis que les demandeurs sont contraints d'attendre très longtemps après avoir été enregistrés au consulat américain.[1]

Aucune dérogation n'est donc prévue pour répondre au cas particulier que représente le *St. Louis*. L'administration américaine se retranche derrière ses lois, ne souhaitant surtout pas déroger à la règle. A situation exceptionnelle, pas de solution exceptionnelle. La Loi demeure au-dessus de tout impératif humanitaire.

Des Américains en appellent alors à la femme du Président, Eleanor Roosevelt : *« En cet instant d'extrême urgence, nous prenons la liberté de vous demander de l'aide pour ces pauvres misérables sur le* St. Louis. *Nous savons que vous êtes, vous-même, une mère »*. Cet appel est signé par : « (des) *enfants malheureux qui ont des parents à bord*[2] ». *« Vous êtes la First Lady aimée et admirée de notre pays et vous êtes toujours prête à aider les laissés-pour-compte*[3] *»*.

Mais comme pour tous les courriers reçus par le Président et le Département d'Etat, la réponse de la *First Lady* est inchangée, soit une réponse-type visant à rassurer l'expéditeur :

Mon cher M. X,

Votre télégramme du [*date*] à Mme Roosevelt, au sujet des réfugiés sur le bateau à vapeur *St. Louis,* a été transmis, à la demande de Mme Roosevelt, au Département d'Etat pour étude. Vous avez sans aucun doute été déjà informé que des arrangements ont été faits pour l'admission temporaire des réfugiés par certains pays européens.

Le signataire n'est autre que *A.M. Warren*, chef du département des visas.

[1] Réponse de A.M. WARREN à Dora M. BURKHOLDER, 21 juin 1939, NARA : 837.55 J. Voir également la lettre de A.M. WARREN à Louis LUDLOW de la Chambre des Représentants, 17 juin 1939, p.1, NARA : 837.55 J/45.

[2] Télégramme envoyée à Eleanor ROOSEVELT, Fischbach, 2 juin 1939, NARA : 837.55 J.

[3] Télégramme envoyé à Eleanor ROOSEVELT par Anna BLEICH, Brooklyn, 3 juin 1939, NARA : 837.55 J.

Des personnalités illustres interviennent, espérant que leur nom servira de clé pour ouvrir les portes jusqu'alors demeurées closes. Les journaux américains mentionnent l'intervention du professeur Albert Einstein et de Stephen S. Wise auprès du Président du Panama, Dr. Juan Demostenes Arosemena.[1] Mais rien n'y fera. Comme toutes les autres, ces requêtes seront vaines.

Parmi tous ces appels, il y a aussi quelques télégrammes envoyés pour demander qu'on ne fasse aucune exception et qu'on ne laisse surtout pas entrer ces 907 réfugiés juifs ! Ainsi, un télégramme est adressé au Président Roosevelt, le 8 juin, pour lui réclamer de ne pas ouvrir les portes de l'Amérique à des réfugiés de plus en plus nombreux. L'expéditeur justifie cette requête par le fait que l'Amérique a déjà accueilli, selon lui, suffisamment d'immigrants[2]. Une fois encore, les vieux clichés refont surface et l'antisémitisme est, chez certains, plus fort que tout sentiment humain :

> Il y a beaucoup trop de Juifs dans ce pays et tout particulièrement ici à Pittsburgh. Et je suis désolé de dire que 90 % sont indésirables en tant que personnes, en tant que voisins, en tant que politiques et en tant que citoyens. [...] Par pitié, n'acceptons plus un seul Juif. [*et en post-scriptum*] Demandez-vous pourquoi les Juifs n'ont jamais été intégrés dans aucun pays, ni par aucun peuple.[3]

L'analyse de ces télégrammes cités les uns après les autres peut donner l'impression que les Américains font preuve de compassion et de générosité à l'égard des réfugiés. Mais, il ne s'agit que de quelques centaines de télégrammes et de lettres ; pas davantage. Même si l'on peut supposer que tous n'ont pas été conservés, n'aurait-il pas dû y en avoir des milliers, si cet élan généreux avait touché les Américains ? D'autant que l'épisode du

---

[1] *The Sun* (Baltimore), 6 juin 1939, p. 8 ; *The Miami Herald*, 6 juin 1939, p. 6 ; *The Cincinnati Enquirer*, 6 juin 1939, p. 3 ; *San Francisco Chronicle*, 6 juin 1939, p. 2 ; *Des Moines Register*, 6 juin 1939, p. 2. Voir également, Gordon THOMAS et Max MORGAN-WITTS, *Le Voyage des Damnés*, Op. cit, p. 267.
[2] Télégramme de Mc CRAY, Ohio, 8 juin 1939, NARA : 837.55 J.
[3] Télégramme de J.M. FERREE, 8 juin 1939, NARA : 837.55 J.

St. Louis sera suivi par tous les journaux des Etats-Unis, dont beaucoup publieront des articles en première page.

Ce faible nombre est finalement révélateur des sentiments à l'endroit des réfugiés, et l'on comprend les raisons pour lesquelles le Président Roosevelt ne peut pas s'engager davantage pour aider les passagers du *St. Louis*. Son opinion publique l'aurait-elle vraiment soutenu dans cette démarche ? Aurait-il agi différemment si la Maison Blanche et le Département d'Etat avaient été littéralement submergés de télégrammes favorables à l'accueil des réfugiés ? Difficile d'imaginer ce scénario 60 ans après les faits. Toujours est-il que les Etats-Unis choisiront de fermer les yeux sur le drame qui se joue à leur porte.

Conséquence de ce refus : le mardi 6 juin à 23 heures 40, face au silence de l'Amérique, le *St. Louis* met le cap sur l'Europe après avoir perdu tout espoir de pouvoir débarquer ses passagers quelque part sur le continent nord-américain. A bord, le Comité des passagers décide d'envoyer un ultime appel de détresse au... Président Roosevelt, au Joint à La Havane, à Cecilia Razovsky et à l'agence *Associated Press* à New York[1]. Le message est court et sans équivoque :

> Très urgent. Implorons à nouveau aidez les passagers du '*St. Louis*' M. le Président, aidez les 900 passagers parmi lesquels plus de 400 sont des femmes et des enfants.[2]

Ce télégramme demeurera sans réponse...

Dès les premiers jours de juin, des rumeurs circulent au sujet d'un éventuel débarquement des passagers du *St. Louis* aux Etats-Unis. La presse relaye cette information sans en vérifier la source, ni l'exactitude. Le 2 juin, des journaux américains mentionnent à l'unisson la nouvelle d'un possible débarquement à New York[3]. Cependant, bien qu'ils n'aient pas pris la peine de s'assurer

---

[1] Message du 6 juin 1939. USHMM, Liesl LOEB's papers, 1991.164.27.

[2] Télégramme envoyé par le Comité des passagers à bord du *St. Louis*, 6 juin 1939 à 18 heures 29, NARA : 837. 55J. Voir également le témoignage d'une fillette de 11 ans et demi qui se trouvait sur le bateau, juillet 1939. USHMM : Betty YAEGER TROPER, 1997.36.

[3] *The Christian Science Monitor*, 2 juin 1939, p. 3. Voir également le témoignage d'une fillette de 13 ans qui se trouvait sur le bateau, juillet 1939. USHMM : Betty YAEGER TROPER, 1997.36.

du bien-fondé d'une telle rumeur, les journalistes américains se montrent quelque peu sceptiques et font preuve de prudence. La rumeur viendrait des autorités cubaines : « *Les autorités cubaines* [...] *ont déclaré qu'elles avaient compris que les réfugiés avaient reçu la permission de débarquer à New York, bien qu'il n'y ait pas de confirmation de cette déclaration*[1] ».

D'autres journaux comprennent très rapidement que cette rumeur est sans fondement. Son unique but est en réalité d'éviter tout mouvement de panique à bord et, surtout, de nouvelles tentatives de suicide parmi les passagers désespérés :

> Mais pour éviter des tentatives de suicide collectif, une rumeur a été répandue sur le bateau, disant que le gouvernement des Etats-Unis a autorisé leur débarquement à New York si la poursuite des efforts pour entrer à Cuba échouait.[2]

La preuve que cette rumeur n'a d'autre raison que d'éviter les suicides est révélée dans le même article :

> la nouvelle, de Washington DC, que des officiels du gouvernement avaient dit qu'aucun arrangement n'avait été fait pour eux concernant un débarquement à New York, ou dans n'importe quel autre port des Etats-Unis, fut cachée aux réfugiés. [3]

Tandis que le *Cincinnatti Enquirer* avouait : « *On a dit aux passagers qu'ils allaient débarquer à New York, pour éviter toute tragédie*[4] ».

Le 6 juin, le *St. Louis* se trouve désormais à 5 *miles* du port de Miami en Floride. Le capitaine Schröder fera tout ce qui est en son pouvoir pour retarder le retour du bateau en Allemagne, en espérant que le gouvernement américain sera clément à l'égard des 734 passagers qui possèdent des papiers d'immigration américains en règle. Pour toute réponse, l'Amérique envoie les garde-côtes.

---

[1] *The Christian Science Monitor*, 2 juin 1939, p. 3; *The Boston Evening Globe*, 3 juin 1939, p.1.

[2] *The Courrier Journal* (Louisville), 3 juin 1939, p. 3 ; *The Christian Science Monitor*, 3 juin 1939, p. 3 ; *The Hartford Courant* (Connecticut), 3 juin 1939, p.1; *The Sun* (Baltimore, Maryland), 3 juin 1939, p.1; *The Washington Post*, 3 juin 1939, p.1;

[3] *Des Moines Register*, (Iowa), 3 juin 1939, p.2.

[4] *The Cincinnatti Enquirer*, 3 juin 1939, p. 1.

Un bateau des garde-côtes *CG244* sort du port de Fort Lauderdale en Floride pour surveiller le *St. Louis,* afin soi-disant d'éviter qu'un passager ne saute par-dessus bord. La presse américaine précise que les *« garde-côtes et les officiels de l'immigration se tenaient en alerte*[1] *».* La surveillance est renforcée par 2 avions des garde-côtes qui décollent de Miami[2].

Le cas du *St. Louis* n'a rien d'exceptionnel si l'on en croit les déclarations de l'inspecteur de l'Immigration à Miami, Walter B. Thomas :

> [...] son intérêt concernant le vaisseau allemand était une affaire de routine. Il n'avait aucune instruction de Washington, dit-il, et l'attention pour ce bateau était seulement la même que celle que l'on aurait eue pour n'importe quel bateau transportant des étrangers à son bord.[3]

L'administration américaine traite donc le navire de la Hapag comme n'importe quel bateau d'immigrants. En minimisant l'épisode du *St. Louis* par des déclarations laconiques et rassurantes reproduites par la presse, le gouvernement des Etats-Unis espère pouvoir se débarrasser du problème facilement. Le journal *The San Francisco Examiner* va plus loin dans le cynisme et le mépris :

> La raison de la présence du bateau dans les eaux américaines n'a pas pu être déterminée, bien que l'on pense que le bateau soit principalement en croisière pour passer le temps, en attendant que des arrangements soient pris pour le débarquement des réfugiés à Cuba.[4]

Les réfugiés doivent être admis à Cuba ou n'importe où, du moment que ce n'est pas sur le sol américain. En quelques phrases, cet article résume l'attitude de l'administration.

La version officielle que la Maison Blanche fournit à la presse quant à la position du gouvernement est étonnante.

---

[1] *The Christian Science Monitor*, 5 juin 1939, p. 11; *The Detroit News*, 5 juin 1939, p. 1; *The Boston Daily Globe*, 5 juin 1939, p. 1.

[2] *Des Moines Register*, (Iowa), 5 juin 1939, p.1.

[3] *The Evening Star*, (Washington, DC), 5 juin 1939, p. 4; *Newarck Star Eagle*, 5 juin 1939, p.1.

[4] *The San Francisco Examiner*, 5 juin, p. 5.

Officiellement, le Président n'a reçu aucun appel. Pourtant, le télégramme envoyé par les passagers du *St. Louis* sera reproduit dans certains journaux américains[1]. Sans compter que le Joint intercède auprès du gouvernement américain pour que le Président Roosevelt intervienne.

Compte tenu des appels qui lui sont lancés et des personnalités qui en appellent à lui, le Président américain ne peut pas ignorer la détresse des passagers du *St. Louis*. Il aurait bien été le seul au sein du gouvernement à avoir été tenu à l'écart de cette histoire. Joseph Hyman du Joint, dans une lettre adressée au rabbin Morris S. Lazaron de Baltimore (Etat du Maryland), écrit :

> Je suis certain de n'avoir pas besoin de vous dire que nous avons épuisé tous les efforts possibles pour faire jouer les influences les plus utiles et puissantes à l'intérieur de notre propre gouvernement, à travers le Département d'Etat, à travers l'ambassadeur à Cuba, à travers la Chase Bank là-bas, à travers des messages directs au Président, etc. Tout cela en vain.[2]

Afin d'expliquer le refus de laisser débarquer les 907 réfugiés du *St. Louis*, le gouvernement se retranche derrière la législation sur les quotas. D'ailleurs, la position officielle ne se fait pas attendre :

> des représentants officiels de la Maison Blanche ont déclaré aujourd'hui qu'il n'y avait rien que le Président eût pu entreprendre pour aider les 907 réfugiés juifs qui retournent en Europe sur le bateau *St. Louis* après que son admission eut été refusée par Cuba. Ils ont dit que les réfugiés d'Allemagne n'avaient ni passeports, ni visas pour entrer aux Etats-Unis, et que le gouvernement a respecté les règles pour permettre aux immigrants d'entrer dans l'ordre de leurs requêtes et dans le respect des quotas décidés par la loi. Il a été précisé que M. Roosevelt n'a reçu aucun appel à l'aide de ces gens sans patrie.[3]

Aucune exception ne peut être faite dans le cas du *St. Louis*. L'administration est résolue à n'accepter aucun compromis

---

[1] *The New York Times*, 7 juin 1939, p. 11; *The San Francisco Chronicle*, 7 juin 1939, p.1.

[2] Lettre de J. HYMAN au rabbin Morris S. LAZARON, 12 juin 1939, JDC : 378.

[3] *The Evening Star*, (Washington, DC), 7 juin 1939, p. 3.

en matière de loi sur l'Immigration. Pour le dire autrement, le gouvernement américain considère les réfugiés comme n'importe quels immigrants désireux d'entrer aux Etats-Unis. Le mélange du statut de *réfugié* à celui d'*immigrant* n'est qu'un prétexte utilisé par le gouvernement de Roosevelt pour refuser les 907 passagers :

> Des officiels déclarèrent hier soir que [...] les réfugiés étaient sur le même pied d'égalité que n'importe quel immigrant et devaient s'inscrire sur les listes de quotas d'immigration.[1]

En avançant cet argument, la seule issue proposée aux passagers est de patienter jusqu'à ce que leurs numéros sur les listes de quotas sortent. 734 passagers sont inscrits sur ces listes[2]. En attendant, ces 907 êtres humains en sursis risquent de mourir dans un camp de concentration allemand.

L'attitude consensuelle de la presse américaine

Le fait que la presse américaine n'a pas publié davantage de critiques à l'égard de la décision gouvernementale de ne pas ouvrir les portes aux 907 immigrés pose le problème du traitement publicitaire de cet épisode. Aujourd'hui, on parlerait de phénomène de 'médiatisation' mais, en 1939, ce terme est anachronique. Ne pouvait-on envisager que le gouvernement de Roosevelt aurait peut-être agi discrètement si les journaux ne s'étaient emparés de cette histoire, qu'ils ont publiée souvent en première page ? Une fois l'opinion publique informée du sort de ces immigrés juifs par la presse, il n'était plus possible de les laisser entrer sur le territoire américain sans trop de publicité. Les journalistes ne portent-ils pas une part de responsabilité dans le refus des Etats-Unis, dans la mesure où l'Amérique ne pouvait officiellement ouvrir ses frontières sans risquer de créer un précédent qui aurait peut-être engendré l'arrivée massive d'autres bateaux de réfugiés ?

Pendant les deux premières semaines du mois de juin, presque tous les journaux américains – et ils sont nombreux -

---

[1] The *Evening Star*, (Washington, DC), 2 juin 1939, p. 6; *The St. Louis Post Dispatch*, 2 juin 1939, p. 4D; *The Courrier Journal* (Louisville), 2 juin 1939, p. 11; *The Christian Science Monitor*, 7 juin 1939, p. 1.

[2] Arthur MORSE, *Pendant que six millions de Juifs mouraient*, Op. cit, p. 267.

relatent quotidiennement l'épisode du *St. Louis*. Pas un journal n'est épargné par cette histoire. Du plus petit journal au plus renommé des quotidiens, des Etats du sud à ceux du nord, et d'est en ouest, toute la presse mentionne les faits[1]. Nombreux sont les journaux qui publient des articles en première page, ne serait-ce qu'un court article. Le *New York Times* publie à six reprises des articles en première page, durant les 8 premiers jours du mois de juin, et il n'est pas le seul journal à accorder autant d'espace à ce qui n'aurait pu être qu'un fait divers parmi tant d'autres. En tout, du 28 mai au 27 juin, le quotidien new-yorkais consacre 26 articles au *St. Louis* dont 8 en 1ère page.

Un dépouillement quotidien des journaux américains permet de mesurer l'impact qu'a eu l'histoire des immigrés du *St. Louis* dans la presse. Bien évidemment, il est impensable de dépouiller l'ensemble des journaux publiés sur le territoire des États-Unis car il en existe plusieurs par État et la presse locale est également très développée. En sélectionnant quelques grands quotidiens publiés dans 20 États répartis sur tout le territoire américain, on obtient un échantillon relativement représentatif. Il ne s'agit pas d'une étude détaillée et approfondie de la presse américaine. Le but de ce dépouillement est de sonder la place accordée à l'épisode du *St. Louis* dans les journaux et de confronter ce résultat à la réaction de l'opinion publique grâce à l'envoi des télégrammes, ainsi qu'à la réaction du gouvernement américain.

Sur 26 journaux publiés dans une vingtaine d'États différents, il est question du *St. Louis* à 247 reprises, dont 115 en 1ère page, pendant une période qui s'étend du 28 mai au 28 juin 1939. Certains journaux publient dans les pages intérieures des reportages photographiques montrant le plus souvent les passagers accoudés au bastingage. De manière générale, les divers journaux reprennent les informations diffusées par les grandes agences de presse comme l'*Associated Press* ; très peu d'entre eux prennent la peine d'envoyer des correspondants sur place.

A partir de cet échantillon, il est possible de remplir le tableau ci-après. Les titres des journaux sont classés par ordre alphabétique. Ce tableau comporte le titre du quotidien, l'État dans

---

[1] Deborah E. LIPSTADT, *Beyond Belief.* Op. cit, pp. 112 à 120. L'historienne américaine a étudié la réaction des journaux américains face à la crise du *St. Louis*. Son étude porte aussi bien sur les principaux journaux de chacun des Etats que sur des journaux dont le tirage était moins important.

lequel il est publié, les dates-butoirs entre lesquelles des articles sur le *St. Louis* sont parus, le nombre total d'articles entre ces deux dates, et le nombre total d'articles publiés en 1ère page.

Titre du journal	État	Dates	Nombre d'articl.	1ère page
Arizona Republic	Arizona	1er - 22 juin	12	9
The Atlanta Journal	Georgie	2 - 4 juin	2	1
Boston Globe	Massachussets	1er - 17 juin	9	6
The Chicago Daily News	Illinois	1er - 20 juin	8	2
The Cincinnatti Enquirer	Ohio	1er - 9 juin	6	4
The Cleveland Plain Dealer	Ohio	2 - 8 juin	7	3
The Christian Science Monitor	Massachussets	2 - 29 juin	10	4
The Courier Journal	Kentucky	1er - 18 juin	9	5
Daily News	New York	2 - 18 juin	11	2
Des Moines Register	Iowa	3 - 18 juin	8	2
The Detroit News	Michigan	3 - 17 juin	6	3
The Evening Star	Washington (DC)	2 - 18 juin	12	5
The Florida TimesUnion	Floride	2 - 14 juin	7	6
The Hartford Courant	Connecticut	3 - 18 juin	5	2
The Houston Post	Texas	1er - 11 juin	5	4

Los Angeles Evening Herald	Californie	2 - 26 juin	9	0
The Los Angeles Times	Californie	31 mai - 20 juin	14	5
The Miami Herald	Floride	2 - 21 juin	12	9
Newarck Star Eagle	New York	2 - 17 juin	5	4
The New York Times	New York	28 mai - 27 juin	26	8
The Philadelphia Inquirer	Pennsylvannie	2 - 18 juin	8	7
The San Francisco Chronicle	Californie	29 mai - 18 juin	12	7
The San Francisco Examiner	Californie	2 - 18 juin	11	1
St.LouisPost Dispatch	Missouri	31 mai - 18 juin	13	6
The Sun	Maryland	2 - 18 juin	10	5
The Washington Post	Washington (DC)	2 - 13 juin	10	5
TOTAL			247	115

La lecture de ce tableau permet de dégager quelques caractéristiques d'ordre général sur le traitement de l'épisode du *St. Louis* par la presse américaine.

Tout d'abord, les journaux américains s'intéressent à ce qui n'est encore qu'un fait divers dès les premiers jours du mois de juin et, pour certains, dès la fin du mois de mai. Que ce soit le *New York Times* ou un quotidien moins distingué, la presse américaine rapporte les faits alors même que le navire se trouve amarré dans le port de La Havane.

Dans le corpus choisi, 4 journaux commencent à s'intéresser au *St. Louis* dès les derniers jours de mai. Le *New York Times* (29 mai), le *San Francisco Chronicle* (29 mai), le *Los*

Angeles Times et le *St. Louis Post Dispatch* (31 mai). Si l'on tient compte de la géographie, il s'agit de 2 quotidiens de la côte ouest des Etats-Unis, d'un journal publié à l'intérieur des terres, et du *New York Times*, plus directement spectateur compte tenu de sa position privilégiée sur la côte atlantique.

De la même manière, la presse américaine s'intéressera au sort des 907 passagers jusqu'à leur retour en Europe. Rares sont les quotidiens qui cessent de publier des articles sur le sujet dès le début de la deuxième semaine de juin. *The Cincinnatti Enquirer* (9 juin) et *The Cleveland Plain Dealer* (8 juin), tous deux publiés dans l'État de l'Ohio, *The Houston Post* (11 juin) publié au Texas et *The Atlanta Journal* (4 juin) de Georgie sont les seuls journaux dudit corpus à n'accorder à ce sujet qu'un intérêt limité dans le temps.

Sur les 26 quotidiens retenus, 14 journaux publient entre 2 et 9 articles, tandis que 12 d'entre eux publient entre 10 et 26 papiers sur le *St. Louis*. Il ne semble pas se dégager une logique est-ouest dans ces résultats. Certains quotidiens de la partie ouest des États-Unis accordent davantage d'articles à cette histoire que leurs confrères de la Côte Est. Suivant cette logique, les journaux de Floride ne semblent pas plus concernés que leurs confrères de l'Iowa et de l'Arizona, pour ne citer que ces exemples.

Quant au traitement de l'information en première page, là non plus il ne semble pas y avoir une logique liée à la géographie, ni à la proportion d'articles accordée au sujet. Si les deux journaux de Floride consacrent une large place au *St. Louis* en première page, sur la totalité des articles qu'ils publient, comment justifier que l'*Arizona Republic* comptabilise rigoureusement la même proportion que le *Miami Herald* ? La proximité géographique avec l'événement du *St. Louis* ne modifie pas le degré d'intérêt que les journaux lui portent. On aurait pourtant pu imaginer que les Etats de la Côte Est se sentiraient davantage concernés – du moins les premiers temps – pour le cas où les passagers auraient été autorisés à débarquer en Amérique. Manifestement, il n'en est rien.

D'après son contenu, la presse américaine tient le gouvernement allemand pour principal responsable de cette situation :

> La seule démarche que les Etats-Unis pourraient entreprendre, selon les officiels, est celle qui a déjà été effectuée, à savoir : la demande au gouvernement allemand de refuser de laisser partir des réfugiés, excepté si les autorités sont absolument certaines qu'on les autorisera à débarquer et à rester dans le pays de destination.[1]

Cette démarche vaut pour les éventuels futurs bateaux d'immigrés qui partiraient des ports allemands, mais elle ne résout pas le cas du *St. Louis*. La presse souligne également que le gouvernement du Reich ne témoigne aucun intérêt pour le devenir des passagers du bateau de la Hapag[2]. A côté de la responsabilité allemande, les journaux tiennent pour second responsable le gouvernement cubain qui a accordé en grand nombre des permis de débarquer[3]. A l'inverse, certains journaux justifient l'attitude de Cuba, en raison du risque de voir débarquer sur l'île des Caraïbes, d'autres bateaux d'immigrés dans les mois qui suivent[4].

Une fois les coupables désignés, et après les déclarations sur l'impossibilité d'accueillir ces réfugiés aux États-Unis, la presse passe en revue les diverses solutions possibles pour les passagers du *St. Louis* : rien de nouveau dans les solutions proposées depuis la fin de la Conférence d'Évian. Le journal du Maryland, *The Sun* précise que le Comité Intergouvernemental pour les réfugiés avait trouvé un territoire, en Afrique, qui était considéré comme *« l'endroit le plus prometteur dans le monde concernant une colonisation juive*[5] *»*. Mais cette terre n'est pas sans comporter un inconvénient majeur :

> Le gouvernement britannique a rejeté cette proposition parce que – selon ce qui a été dit par le comité – il veut conserver cette zone en réserve, afin de pouvoir en faire don au Chancelier

---

[1] *The St. Louis Post Dispatch*, 2 juin 1939, p. 4D.
[2] *The New York Times*, 3 juin 1939, p.4.
[3] Deborah E. LIPSTADT, *Beyond Belief.*, Op. Cit, p. 116. L'auteur cite les journaux suivants : *Philadelphia Record*, 5 juin 1939; *New York Herald Tribune*, 3 juin 1939; *Memphis Commercial Appeal*, 3 juin 1939; *Pittsburgh Post Gazette*, 14 juin 1939; *Fresno Bee* (Californie), 8 juin 1939.
[4] *Louisville Courier Journal*, 9 juin 1939; *The Washington Star*, 17 juin 1939, cités par Deborah E. LIPSTADT, *Beyond Belief.*, Op. Cit, p. 116.
[5] *The Sun* (Maryland), 12 juin 1939, p.1.

Adolf Hitler au cas où la Grande Bretagne aurait une chance d'aboutir à un accord colonial avec le Troisième Reich.[1]

Le sort des 907 passagers juifs ne doit en aucune façon venir contrarier les règles qui régissent la diplomatie mondiale.

Autre hypothèse avancée : la Palestine. La *Pro-Palestine Federation of America,* dirigée par Charles Edward Russell, adresse un télégramme au Président Roosevelt lui demandant d'intervenir auprès du gouvernement britannique afin que celui-ci ouvre les portes de la Palestine aux réfugiés juifs *« cherchant à échapper à l'holocauste européen*[2]*».* Mais, là encore, la Grande-Bretagne est opposée à augmenter l'immigration juive en Palestine.

Les passagers du *St. Louis* se trouvent donc au centre d'un gigantesque échiquier politique où les négociations internationales ont d'autres priorités que le sort de 907 personnes. Que pèsent réellement ces 907 réfugiés dans la balance de la diplomatie mondiale ? Il n'y a aucun espace pour une action humanitaire, ni pour une action de sauvetage. Le contexte international, en 1939, est tel que l'on préfère éviter tout risque d'allumer l'une des nombreuses mèches susceptibles de déclencher un conflit mondial. Les passagers sont tout simplement sacrifiés sur l'autel de la politique internationale.

Parmi toutes ces tentatives pour repousser les immigrés loin des côtes américaines, la seule critique à l'égard de la décision du gouvernement de Roosevelt paraît dans le *Washington Post* :

> La recherche frénétique pour un paradis même temporaire pour ces victimes de persécutions religieuses et raciales semble abandonnée. Chaque porte s'est fermée devant eux et, partout, les ouïes des officiels sont restées sourdes à leurs cris pitoyables. [...] Il y a des nations de cet hémisphère qui ne sont certainement pas dans la position de jeter la pierre. Lorsque Cuba a claqué la porte aux réfugiés du *St. Louis,* aucune autre république américaine ne leur a offert d'abri. Il existe des sanctuaires pour les oiseaux et des refuges pour la nature sauvage partout aux Etats-Unis. Mais il n'y a pas de sanctuaire pour 907 êtres humains persécutés.[3]

---

[1] Ibid.
[2] *The New York Times*, 8 juin 1939, p. 15.
[3] *The Washington Post*, 11 juin 1939, p. B8.

Quelques jours plus tôt, le *New York Times* a publié une ébauche de critique, mais c'est sans comparaison avec l'article du *Washington Post* :

> Il est difficile d'imaginer l'amertume d'un exil lorsqu'il a lieu par-delà une frontière éloignée. Des familles sans défense sont chassées de leur foyer et refoulées sur une île déserte du Danube, jetées par-dessus la frontière polonaise ; d'autres se sauvent en tremblant pour leur vie, en Suisse ou en France. Ce sont des choses difficiles à concevoir dans un pays libre. Mais ces exilés ont passé à proximité de nos côtes. Certains d'entre eux sont sur la liste du contingent d'immigration, et pourront être admis dans ce pays plus tard. Que leur adviendra-t-il si, dans l'intervalle, chaque heure risque de leur être fatale ? Espérons que des cœurs s'adouciront quelque part et qu'un asile sera trouvé. La croisière du '*Saint-Louis*' proclame à la face des cieux l'inhumanité de l'homme envers l'homme.[1]

Le *St. Louis* mérite le nom que lui a donné le *New York Times* : *« le bateau le plus triste*[2]*»*. Contrairement au cynisme du *Washington Post*, le journal new-yorkais fait davantage part de son écoeurement à l'égard de l'acte manqué du gouvernement américain :

> Aucun bateau pestiféré n'avait jamais reçu un accueil plus désolé. [...] Au large de nos côtes, il fut pris en charge par un bateau secourable des garde-côtes pour repêcher des passagers qui auraient sauté par-dessus bord, et les ramener sur le *St. Louis*. Les réfugiés pouvaient même apercevoir les tours scintillantes de Miami s'élever de la mer, mais pour eux, ce n'était que les remparts d'une autre ville interdite. Il est inutile à présent de discuter de ce qui aurait pu être fait. Le cas a été rejeté. L'Allemagne, avec l'hospitalité de ses camps de concentration, accueillera ces malheureux à la maison. [...] Le *St. Louis* sera bientôt de retour à la maison, avec sa cargaison du désespoir. Son prochain voyage est déjà prévu. Ce sera une belle croisière pour des touristes insouciants.[3]

---

[1] *The New York Times*, 9 juin 1939, p. 20.
[2] *The New York Times*, 8 juin 1939, p. 24.
[3] Ibid.

De retour à Hambourg, le navire de la Hapag doit en effet retrouver son activité principale de paquebot de croisière pour de riches touristes américains. Cynisme et dégoût, mais pas la moindre révolte contre la décision du gouvernement américain. Comme le souligne Deborah E. Lipstadt, *« la volonté d'admettre implicitement un certain degré de complicité américaine dans le problème* [du St. Louis] *fut l'exception et non la règle*[1]*»*. Les journaux demeurent le reflet d'une Amérique certes compatissante, mais prisonnière de sa politique isolationniste qui ne doit tolérer aucune entorse, même dans des cas d'extrême urgence pour sauver des vies humaines.

D'ailleurs, ce qu'il y a de plus troublant à cet égard, dans l'histoire du *St. Louis*, c'est que dans les milliers de documents d'archives consultés aux Etats-Unis - y compris dans les archives du Département d'Etat - JAMAIS il n'est question d'accueillir ces immigrés en Amérique. A aucun moment, le gouvernement américain n'envisage de transgresser la loi des quotas pour les nombreux passagers inscrits sur les listes. Cette constatation est confirmée par un article du *New York Times* :

> Des officiels de Washington ont déclaré qu'aucun arrangement n'a été fait pour permettre aux réfugiés de débarquer à New York ou dans n'importe quel autre port américain. Ils ont ajouté qu'aucune négociation en ce sens n'a été entreprise ni par Cuba, ni par la Hamburg-American-Line.[2]

Comme le souligne le *Philadelphia Inquirer*, il ne reste plus aux passagers qu'à *« prier pour une intervention divine*[3]*»*.

Pourtant, leur débarquement, en juin 1939, n'aurait été qu'une anticipation. Mais personne, à la Maison Blanche ou au Département d'Etat, ne veut imaginer que cette dérogation de quelques mois ou de quelques années avant leur immigration officielle, permette à la majorité des passagers d'avoir la vie sauve. Ces immigrés, qui n'ont commis que le seul crime d'être nés juifs, sont abandonnés par le monde libre. Il n'y a tout simplement pas de place dans ce monde pour les accueillir. Partout où ils vont, les portes se ferment et les ordres de quitter les lieux résonnent comme

[1] Deborah E. LIPSTADT, *Beyond Belief*. Op. cit, pp. 118.
[2] *The New York Times*, 3 juin 1939, p.4.
[3] *The Philadelphia Inquirer*, 9 juin 1939, p. 5.

autant de rejets. Qu'y a t-il de pire : le refus sans explication de Cuba ou le silence de l'Amérique ? Dans les faits, le résultat est le même. Personne ne veut de ces 907 réfugiés juifs et la publicité faite autour de cette histoire sert finalement le gouvernement allemand pour qui le message du monde libre est clair : aucun pays n'est prêt à porter secours aux Juifs persécutés.

Si le cas du *St. Louis* fait l'objet d'un traitement particulier par la presse américaine, il n'en est pas de même pour les passagers de l'*Orduña*. La presse a été beaucoup plus discrète. Question de nombre sans doute ; les passagers de l'*Orduña* ne justifient pas un article en 1ère page contrairement aux 907 passagers du *St. Louis*. Pourtant, les passagers du bateau *Orduña* ont, eux aussi, dans un télégramme daté du 29 mai, prié le Président Roosevelt de les aider :

> Monsieur le Président. Nous sommes 72 réfugiés d'Autriche, de Tchécoslovaquie et d'Allemagne, sur un bateau anglais, *Orduña*. En dépit de permis de débarquer émanant du Département d'Immigration, Cuba a refusé le débarquement le 27 mai, et nous sommes forcés de poursuivre voyage direction Amérique du Sud et peut-être de retourner en Europe Stop. 67 d'entre nous ont soit des affidavits, soit un enregistrement pour les Etats-Unis et les moyens d'attendre leurs visas américains à Cuba. Au nom de tous, nous demandons de l'aide, confiants dans votre humanisme. Dr. Rabbi Roesler. Pinkus Hepner.[1]

Dans le cas de l'*Orduña*, il s'agit presque de l'histoire banale d'une poignée d'immigrés à une époque où les mers et les océans se couvrent de bateaux de réfugiés. L'Amérique aurait-elle pu accorder discrètement l'asile à 67 personnes ? Peut-être, mais les passagers du *Flandre* et du *St. Louis*, sans compter les potentiels autres immigrés, auraient eux aussi frappé aux portes des Etats-Unis. Le continent américain craint plus que tout un afflux massif de réfugiés d'Allemagne, d'Autriche, mais aussi pourquoi ne pas l'envisager, d'Italie où, depuis 1938, Benito Mussolini a accepté de promulguer des lois antisémites.

---

[1] Télégramme des passagers de l'*Orduña* envoyé à ROOSEVELT, 29 mai 1939, NARA : NARA : 837.55 J. Cité partiellement par Irwin F. GELLMAN, « The St.Louis Tragedy », In : *American Jewish Historical Quarterly*, Op. cit. p. 154.

Publicité ou non, l'Amérique choisit de demeurer portes closes. Roosevelt reste silencieux à l'appel des 67 passagers de l'*Orduña,* et les Etats-Unis ne jouent rien de plus que le rôle de spectateur attentiste qui regarde passer ces bateaux le long de ses côtes. Le sentiment de culpabilité viendra plus tard, bien plus tard, trop tard.

Position des Juifs d'Amérique

Tandis que la presse s'empare de l'histoire du *St. Louis* et que l'administration de Roosevelt demeure impassible, on est en droit de s'interroger sur la réaction des Juifs installés aux Etats-Unis. Quelle est donc la position adoptée par la communauté juive américaine ? Comment la presse juive présente-t-elle les faits à son lectorat ? Comment les Juifs d'Amérique s'accommodent-ils de la décision de leur Président de verrouiller les portes du pays ? Autant de questions dont il faut chercher les réponses dans la presse juive publiée principalement à New York.

Selon Haskel Lookstein, la presse en yiddish réagit vigoureusement au sort des réfugiés du *St. Louis*[1]. Tous les grands titres accordent une place en 1ère page durant toute la durée de l'épisode du *St. Louis,* y compris jusqu'à la fin de voyage de retour. *The Day*, *The Morning Journal*, *The Forward*, *The Freiheit*, mais aussi la *Jewish Telegraphic Agency* (*JTA*) couvrent très largement les faits. Dès le 2 juin, le *Forward* publie en 1ère page un appel à l'aide :

> Nous lançons un appel au Judaïsme mondial. Nous allons être renvoyés. Comment pouvez-vous rester si paisibles ? Comment pouvez-vous être silencieux ? Faites tout ce que vous pouvez ! Certains sur le bateau ont tenté de se suicider. A l'aide Ne permettez pas au bateau de retourner en Allemagne ![2]

Mais hormis des articles publiés dans la presse juive, la communauté juive américaine ne semble pas disposée à agir différemment du gouvernement des États-Unis. Le *Contemporary*

---

[1] Haskel LOOKSTEIN, *Were We our Brothers' Keepers ?* The Public Response of American Jews to the Holocaust 1938 – 1944, New York, Vintage Books, 1988, pp. 86 à 93.
[2] *The Forward*, 2 juin 1939, cité par Ibid, p. 86.

Jewish Record, qui enregistre et rapporte les activités de la communauté juive, ne mentionne pendant les mois de mai et de juin aucune discussion ni aucune décision concernant le *St. Louis*. Même lors de la 50ème convention annuelle de la *Central Conference of American Rabbis,* qui se tient à Washington (D.C.) à partir du 13 juin, le *St. Louis* ne sera pas évoqué[1] ! Excepté le Joint, aucune organisation juive ne semble en mesure d'agir en faveur des Juifs du *St. Louis*.

Que font les dirigeants des grandes organisations juives ? Le *B'nai B'rith*, le Congrès Juif Américain, le *Jewish Labor Committe*, le *General Jewish Council* n'ont, semble-t-il, rien entrepris de concret pour tenter de sauver les 907 Juifs en sursis. Aucun responsable n'a essayé de mobiliser l'opinion publique juive américaine, ni d'intervenir auprès du Président Roosevelt. Si une démarche en ce sens avait été faite, nul doute que, sinon les grands quotidiens américains, du moins la presse communautaire aurait relayé l'information. Aucune démarche officielle, aucune concertation discrète. Malgré leurs divergences politiques, les journaux juifs *The New Palestine*, *The Day*, *Congress Bulletin* et *The Freiheit* s'accordent sur la certitude que les dirigeants juifs n'ont pas répondu à l'appel au secours lancé par les passagers du *St. Louis*[2]. *The Day* déclare :

> Si les dirigeants juifs sont si impuissants qu'ils ne peuvent rien faire dans un moment aussi critique, laissons-les partir et faisons de la place à d'autres.[3]

Tandis que le journal *The New Palestine* est parmi les quelques journaux qui osent critiquer le silence de la communauté juive :

> Le tragique voyage du *St. Louis* et l'étrange silence de nos leaders apportent un caractère poignant particulièrement aigu à la moralité de cette histoire.[4]

---

[1] Haskel LOOKSTEIN, *Were We our Brothers' Keepers ?* Op. Cit, p. 87.
[2] Ibid, p. 89.
[3] *The Day*, 2 juin 1939, Editorial, cité par Rafael MEDOFF, *The Deafening Silence*, New York, Shapolsky Publishers, 1987, p. 61.
[4] *The New Palestine*, 16 juin 1939, p. 4, cité par Haskel LOOKSTEIN, *Were We our Brothers' Keepers ?* Op. Cit, p. 88.

C'est aussi le moment choisi par certains journaux pour faire le point sur l'efficacité de l'organisation de la communauté juive :

> Ceci est arrivé parce qu'aucune des organisations puissantes et responsables n'était prête à établir et à reconnaître une autorité supérieure... Ceci est arrivé parce qu'ils se sont obstinés à refuser de bâtir une agence centrale de toutes les organisations juives, pour traiter des problèmes de migration... La tragédie du *St. Louis,* et d'autres bateaux, raconte au monde d'aujourd'hui et aux générations de demain une histoire honteuse d'une désintégration et d'une division du Judaïsme confronté au désastre, dont une partie aurait pu être anticipée.[1]

D'une manière générale, les journaux juifs américains ne réagissent pas différemment des autres journaux, s'agissant de l'accueil des immigrés aux États-Unis. Aucun ne fait allusion à l'Amérique comme pays d'accueil potentiel. Les articles restent laconiques, accusant le monde de fermer ses portes aux immigrés juifs. Mais les États-Unis ne font-ils alors pas partie de ce monde ?

Le 6 juin, le correspondant du *Forward* révèle l'une des raisons pour lesquelles les Juifs américains n'ont pas tenté de faire pression sur le gouvernement :

> Nos meilleurs amis au Congrès conseillent de ne pas commencer une telle campagne. [...] Nos dirigeants juifs restaient calmement assis lorsque le bon sens nous disait que la solution résidait dans des pressions de Washington sur Cuba, pour accepter les réfugiés. Mais, les Etats-Unis ne presseront pas Cuba de faire cela parce que les Cubains répondraient : « Pourquoi, vous, les États-Unis, ne les laisseriez-vous pas entrer ? » Il n'y aurait pas de réponse parce que « les États-Unis sont inébranlables lorsqu'il s'agit de changer les lois d'immigration ». [2]

La presse communautaire juive américaine adopte le même comportement que la grande presse du pays. La réaction de la communauté juive des États-Unis n'est pas différente de la réaction de l'opinion publique américaine dans son ensemble. A-t-elle peur

---

[1] *Congress Bulletin*, 9 juin 1939, p. 4, cité par Ibid, p. 61.

[2] *The Forward*, 6 juin 1939, cité par Ibid, p. 98.

de trop se démarquer au risque de générer davantage d'antisémitisme ? Pense-t-elle qu'en prenant la défense de coreligionnaires persécutés, le vieux cliché de la 'solidarité juive', généralement véhiculé par la propagande antisémite, ressorte ? Comment expliquer un tel silence, voire un désengagement de la part des Juifs américains ? Quelques décennies plus tard, la communauté juive américaine partagera avec le gouvernement le sentiment de culpabilité dans cet acte manqué.

En fin de compte, celui qui se réjouit de cette situation est… Adolf Hitler. Le *Führer*, cynique, dira :

> C'est un honteux exemple d'observer aujourd'hui que l'ensemble du monde démocratique fonde en larmes par pitié, mais, qu'ensuite, malgré son évident devoir de secours, ferme ses cœurs aux pauvres, aux peuples torturés.[1]

Dans le même registre, le journal allemand *Der Weltkampf* se délecte du gouffre existant entre les déclarations des grandes démocraties, qui n'hésitent pas à critiquer la politique du Reich à l'égard des Juifs, et leur absence de réaction lorsqu'elles se trouvent confrontées à l'afflux massif de réfugiés juifs fuyant les persécutions qu'elles dénoncent :

> Nous, nous disons ouvertement que nous ne voulons pas des Juifs, alors que les démocraties ne cessent de proclamer qu'elles sont disposées à les accueillir, puis laissent leurs invités dehors, exposés aux intempéries. Les barbares que nous sommes seraient-ils de meilleurs hommes ? [2]

Comme le résume parfaitement Rafael Medoff :

> L'assourdissant silence des dirigeants juifs américains pendant la crise du *St. Louis* envoya un puissant message à Hitler. Les nations du monde pouvaient verser des larmes de crocodiles sur le traitement des Juifs, mais elles ne prendraient aucune action concrète les concernant ; les Juifs du monde libre pouvaient se montrer indignés par les persécutions de leurs

[1] Cité par Rafael MEDOFF, *The Deafening Silence*, Op. Cit, p. 59.

[2] Cité par Arthur MORSE, *Pendant que 6 millions de juifs mouraient*, Op. cit, p. 269.

coreligionnaires, mais ils étaient effrayés à l'idée de protester contre l'échec de leurs gouvernements qui ne faisaient rien à ce sujet. Le *Führer* pouvait dès lors être certain qu'il pourrait faire des Juifs ce que bon lui semblait.[1]

Les États-Unis jugés par l'Europe

En Europe, la presse s'interroge sur l'incapacité du continent américain à accueillir 907 personnes. Vu du Vieux continent, l'immobilisme des États-Unis est mal perçu, mal compris. Alors que les démocraties européennes ont accueilli des milliers de Juifs persécutés, il est difficile d'admettre que ce grand pays libre que sont les États-Unis ferme ses portes à 907 immigrés en danger de mort. Cette décision du gouvernement américain contraint l'Europe à agir d'urgence, afin d'éviter aux 907 passagers de retourner en Allemagne.

L'Univers Israélite, organe du Consistoire en France, écrit :

> Comment se fait-il que les organisations juives, si puissantes aux Etats-Unis, quand le bateau était encore à Cuba, si proche du Nouveau continent, n'ont pu obtenir une admission exceptionnelle ? Une telle faveur eût évité bien des soucis, bien des incidents et un voyage de retour en Europe si coûteux... et si dangereux.[2]

Certains journaux français font même preuve d'animosité à l'égard des États-Unis. C'est le cas du journal *La Victoire* qui prend fait et cause pour les immigrés, tout en fustigeant la politique américaine :

> Et si la France et l'Angleterre toutes deux font le geste de Ponce Pilate, vous qui parlez si éloquemment, Monsieur l'Ambassadeur des États-Unis, ne pourriez-vous demander à Monsieur le Président Roosevelt si votre immense et richissime territoire ne pourrait pas accueillir toute la misérable cargaison du *Saint-Louis,* sans distinguer entre ceux qui ont 500 dollars et ceux qui n'ont que leurs deux bras pour travailler ? Oui, je sais, il y a des lois sur l'immigration. Mais il y a une autre loi

---

[1] Rafael MEDOFF, *The Deafening Silence*, Op. cit, p. 62.
[2] *L'Univers Israélite*, 6 juillet 1939, p. 1.

supérieure à toutes les lois humaines, c'est la loi qui dit : « Tu aimeras ton prochain comme toi-même » ou, tout au moins : « Tu ne te comporteras pas à l'égard de tes frères en humanité comme une bête féroce ».[1]

Un peu plus loin, le journaliste Gustave Hervé déclare, cynique :

> Je dis qu'une tragédie comme celle qui se déroule sur le paquebot d'émigrés juifs, que les Cubains ont la cruauté de repousser de chez eux, n'est pas seulement une honte pour les Cubains, elle est une honte pour la France, l'Angleterre et les États-Unis qui se prétendent l'avant-garde de l'humanité ! Ah ! elle est jolie, l'avant-garde de l'humanité ! [2]

Dans cette atmosphère de révolte, le quotidien *Le Matin* parle même *« d'attentat contre l'humanité[3] »*, tandis que les réfugiés sont présentés comme les *« parias du XXe siècle[4] »*. Certains journaux, engagés dans la défense des Droits de l'Homme, n'hésitent pas à désigner et à dénoncer les responsables en des termes sévères. La sentence à l'égard des pays qui refusent d'aider les réfugiés est impitoyable et sans appel. *Le Droit de Vivre*[5],

---

[1] *La Victoire*, 3 juin 1939.
[2] Ibid.
[3] *Le Matin*, 8 juin 193, p. 1.
[4] Ibid, p. 3.
[5] *Le Droit de Vivre* : Hebdomadaire paraissant le samedi, Directeur : Bernard LECACHE. Tirage: 45.000 exemplaires. *Le Droit de Vivre* était l'unique hebdomadaire de « *Lutte contre le racisme et l'antisémitisme et la guerre, pour le droit de vivre et l'union des races* ». Certaines personnes y collaboraient régulièrement : Maurice BELLONTE, Tristan BERNARD, Georg BERNHARD, Jean-Richard BLOCH, Pierre BLOCH, Pierre BROSSOLETTE, Ferdinand BRUNOT, S. de CALLIAS, Dr. J. DALSACE, Francis DELAISI, Edmond FLEG, Dr. René LAFORGUE, Pierre LOEWEL, Pierre PARAF, Magdeleine PAZ, Paul PERRIN, Marcel REGIS, Carlo RIM, Maurice VIOLETTE, Gaston MONNERVILLE, Raoul AUBAUD, Marc SANGNIER, François de TESSAN, André VIOLLIS, H.P. GASSIER, Lucien LAFORGE, Cabrol, ELKINS, Nitro, Henry, etc. *Le Droit de Vivre* était le quotidien de la Ligue Internationale contre le Racisme et l'Antisémitisme (L.I.C.A.). Le journal était distribué dans la région parisienne par une coopérative. Soutenant le programme de la L.I.C.A., *Le Droit de Vivre* réclamait l'égalité des « races » et le rapprochement des peuples. Ce n'était pas, à proprement parler, un journal communautaire, toutefois, les Juifs étaient largement représentés à la Ligue et la majorité des journalistes qui signaient les papiers concernant les persécutions des Juifs dans le monde appartenaient à la

organe de la Ligue Internationale contre le Racisme et l'Antisémitisme, a jusque-là toujours pris la défense des peuples opprimés[1]. Dans le cas des passagers du *St. Louis*, le journaliste André Lévy ne voit aucun problème à comparer les pays du continent américain à l'Allemagne :

> Quels bourreaux faut-il le plus maudire ? Sont-ce les assassins d'Allemagne ou leurs complices d'outre-mer ? Quelle sinistre comédie jouent donc ces bêtes à face humaine qui, prodiguant la menace, la violence, l'espoir et le désespoir, prennent un plaisir sadique dans la plus basse cruauté ? [2]

La presse belge aussi exprime son incompréhension face à la réaction des pays d'Amérique. Le journal *La Libre Belgique* intitule un de ses articles : *« Les Juifs refoulés d'Amérique vont revenir en Allemagne[3] »*. Comparés aux pays de la vieille Europe, le continent américain est plus vaste, moins peuplé, offre davantage de possibilités d'installation pour les réfugiés. *« Des pays neufs, aux possibilités pourtant illimitées, ont refusé d'ouvrir leurs frontières à ces Israélites traqués[4] »*. Le journal belge en langue flamande, *De Standaard*, profite de l'histoire du *St. Louis* pour dénoncer les pays qui refusent d'accueillir les réfugiés : *« A l'occasion de l'exode des Juifs, il convient encore une fois de souligner le fait que la Russie, Cuba et le Mexique refusent d'accueillir les réfugiés juifs[5] »*.

A partir de la critique des États-Unis et des lois sur l'immigration, les journaux français élargissent leur critique à l'humanité tout entière. La presse, dans son ensemble - surtout les journaux représentant des organismes et des organisations engagés politiquement -, utilise généralement le registre des sentiments humains. On oppose alors la raison politique d'outre-mer aux sentiments humanitaires et humanistes de la vieille Europe. Le sort

---

communauté juive. Cf. *Annuaire de la Presse française et étrangère et du monde politique*, 1938, p. 696.

[1] Sur l'engagement de la L.I.C.A., cf. Diane AFOUMADO, *Conscience, attitudes et comportements des Juifs en France entre 1936 et 1944*, Op. cit, pp. 368 à 417.

[2] *Le Droit de Vivre*, 10 juin 1939, p.1.

[3] *La Libre Belgique*, 6 juin 1939, p. 5.

[4] *La Libre Belgique*, 18 juin 1939, p.3.

[5] *De Standaard*, 4 juin 1939.

des passagers du *St. Louis* révèle dans la presse une opposition de point de vue, une vision divergente du monde. *Le Droit de Vivre* est sans doute le journal le plus virulent dans ce domaine :

> Ainsi le veut la dure loi de notre époque. Des hommes, qui n'ont commis d'autre faute que celle de vouloir continuer à vivre, voient le monde se fermer devant eux. La peur tenaille les politiques de tous les pays ; ils se cachent derrière les lois qu'ils forgent ou les comités qu'ils réunissent, afin de défendre âprement leurs privilèges, ceux de leurs électeurs ou de leurs valets. « L'homme est un loup pour l'homme ». Que valent les discours ? Que signifient ces appels de voix que l'on croyait grandes ? Combien lourde doit être la conscience de ces hommes qui possèdent une puissante autorité et qui assistent, impassibles, à de telles horreurs ? A qui fera-t-on croire que leur autorité ne pourrait se manifester pour IMPOSER à leurs concitoyens ou à leurs fidèles la Loi d'amour qu'ils ont désapprise ? Quand un naufragé cherche à aborder une île, ceux qui l'ont précédé s'inquiètent-ils d'avoir à partager leur pain pour ensuite rejeter le naufragé à la mer ?[1]

Ces critiques ne changent rien à la situation. Cuba et l'Amérique ont - l'un par un refus définitif, l'autre par un silence lourd de conséquences - balayé le dernier espoir des 907 passagers du *St. Louis*.

Le désespoir des passagers

L'ambiance à bord du bateau est au désespoir. L'attente d'une proposition leur évitant le retour en Allemagne est insupportable pour les passagers du *St. Louis*. Que peuvent-ils faire pour s'occuper, sans penser au pire ? *« Les passagers essayent de passer le temps à bord en prenant des cours de langues, en faisant de la musique, des jeux pour chasser les pensées déprimantes[2] ».*

Le Comité des passagers continue d'afficher des messages pour tenir les passagers informés de la situation. Le 6 juin, à 18 heures, l'information suivante est placardée parmi 6 autres : *« Une note de la radio américaine déclare qu'un appel a été lancé au Congrès à Washington, par un groupe de riches américains, dans*

---

[1] *Le Droit de Vivre*, 10 juin 1939, p.3.
[2] *The Philadelphia Inquirer*, 9 juin 1939, p.5.

le but d'un débarquement des passagers du St. Louis *à New York*[1] ». On l'a vu, cela fait partie de la rumeur qui circule dans la presse, pour rassurer les passagers et éviter un suicide collectif. En revanche, les 907 réfugiés ont vent de la proposition de Bernard Sandler de les aider. Le 6 juin, le Comité a affiché ce télégramme envoyé par Sandler :

> Le capitaine peut, avec notre accord, ancrer dans la zone internationale vers Bedloes Island, dans le port de New York ; les frais sont prêts à être pris en charge par un groupe d'Américains. Un appel au Congrès américain pour un 'asile temporaire' est prévu par nous.[2]

A la lecture de ces messages, les passagers oscillent entre espoir contenu et désespoir plus ou moins caché. D'un côté, ces affichettes permettent de leur prouver que des négociations se poursuivent, de l'autre, elles révèlent une certaine volonté du monde libre de se renvoyer la responsabilité de cette affaire. Max O. Korman résume le sentiment général :

> Le moment de vérité arriva. Quelle marchandise pourrie pouvait-on bien être pour que personne ne veuille nous accepter. Les esclaves étaient mieux lotis ; au moins les gens payaient pour eux, mais ici et maintenant, alors que de nombreuses personnes veulent payer pour chacun de nous, nous sommes rejetés. Sommes-nous vraiment si mauvais et si pourris ? Sommes-nous réellement la vermine de l'humanité pour être traités comme des lépreux ? Ou l'humanité a-t-elle cessé d'être humaine ? [3]

---

[1] Message du 6 juin 1939 à 18 heures, USHMM, Liesl LOEB's papers, 1991.164.28.

[2] Message du 6 juin 1939 à 18 heures, USHMM, Liesl LOEB's papers, 1991.164.30.

[3] Témoignage de Max O. KORMAN, In : *Hitler's Exiles*. Personal stories of the Flight from Nazi Germany to America, Op. Cit, p. 188.

CHAPITRE IV

L'EUROPE AU SECOURS DES REFUGIES

On ne renvoie pas dans la fournaise
quelqu'un qui s'en est échappé.[1]

UNE COURSE CONTRE LA MONTRE

L'Europe et les réfugiés

Tout au long des années 1930, et avec un léger décalage, l'Europe ne cessera de lutter contre les retombées économiques provenant du krach boursier américain de 1929. L'absence de travail, la pauvreté, les classes moyennes glissant vers les catégories les plus défavorisées, la paupérisation, la misère économique qui se transforme rapidement en misère sociale avant de sombrer dans le drame humain. L'Europe des années 1930 est une Europe économiquement et socialement affaiblie et fragilisée dans presque tous les domaines. La crise économique génère une réaction extrême au sein de certaines franges de la population qui écoutent les discours radicaux et y adhèrent. Des mouvements politiques prennent aisément naissance dans ce terreau fertile que représente alors cette misère sociale. Les ligues d'extrême droite se multiplient et diffusent leurs idées fascisantes. Fascisme, extrémisme, racisme, antisémitisme, xénophobie conduisent au même objectif : le rejet de l'autre.

---

[1] M. SILVERCRUYS, Premier Président Honoraire de la Cour de Cassation en Belgique. Cité in : Note concernant l'attitude de la Belgique à l'égard des réfugiés d'Allemagne (1933-1940) et envers la population juive, sous l'Occupation, USHMM : RG.65003P, Comité de Défense des Juifs. Service des Victimes de la Guerre, Reel 1422P, 31361.

C'est durant cette période de radicalisation politique de l'Europe que des milliers de réfugiés tentent de pénétrer dans des pays qui, comparés aux leurs, offrent une possibilité d'échapper aux persécutions morales, voire physiques. A partir de 1933, les opposants à l'idéologie nazie quittent l'Allemagne pour se réfugier le plus souvent en France. Au fur et à mesure que le Reich élargit son territoire, les opposants s'enfuient[1].

Puis c'est au tour des Juifs de quitter cette Allemagne dans laquelle ils se sentaient jusqu'alors intégrés, voire assimilés[2]. Il y a plusieurs vagues d'immigration entre 1933 et 1939, qui dépendent de multiples facteurs. Partir signifie avoir une certaine fortune car les visas coûtent cher suivant le pays dans lequel on tente de se rendre. L'Amérique est pour la grande majorité des immigrés le pays qu'il faut atteindre pour vivre libres. Mais le miroir aux alouettes a un coût élevé, que peu de Juifs allemands peuvent s'offrir. A défaut de s'installer en Amérique du Nord, l'Amérique du Sud propose un refuge temporaire ou parfois définitif, mais à la fin des années 1930, comme nous l'avons souligné, plus aucun pays du continent sud-américain ne souhaite recevoir de nouveaux immigrants[3].

Il existe des solutions plus extravagantes, pour ne pas dire totalement saugrenues, telles que Madagascar, l'Afrique, l'Asie. Mais ces pays représentent un bouleversement radical du mode d'existence. Pour des réfugiés de la vieille Europe, ces contrées lointaines n'ont pas les repères auxquels tout immigré déraciné

---

[1] Jean-Michel PALMIER, *Weimar en exil.* Le destin de l'émigration intellectuelle allemande anti-nazie en Europe et aux Etats-Unis, tome 1 : Exil en Europe, 1933-1940 : de l'incendie du Reichstag à la guerre d'Espagne, Paris, Payot,1988, 533 p.

[2] Martin GILBERT, *The Dent Atlas of the Holocaust.* Op, cit, p. 23, (carte des réfugiés juifs trouvant refuge en Europe entre 1933 et 1938) ; Rita THALMANN, « Les minorités juives d'Allemagne et d'Autriche au XXe siècle », In : *Matériaux pour l'Histoire de notre temps*, n° 35, juillet – septembre 1994, Nanterre, BDIC - Musée, pp. 14-20. Sur la notion d'assimilation des Juifs en Allemagne, cf. Enzo TRAVERSO, *Les Juifs et l'Allemagne.* De la « symbiose judéo-allemande » à la mémoire d'Auschwitz, Paris, La Découverte, 1992, 260 p.

[3] Cf. Martin GILBERT, *The Dent Atlas of the Holocaust.* Op, cit, p. 23, (Accueil des réfugiés juifs allemands par le reste du monde entre 1933 et 1938). D'après les schémas de Martin GILBERT, l'Argentine aurait accueilli 63.500 réfugiés juifs allemands ; la Bolivie : 7.000 ; le Brésil : 8.000 ; l'Uruguay : 2.200 ; Cuba : 3.000 ; le Venezuela : 600 ; la République Dominicaine : 472 ; le Mexique : quelques milliers. Cf. également : Richard OVERY, *Historical Atlas of the Third Reich*, Middlesex, Penguin, 1996, pp. 36-37.

tente de se raccrocher pour commencer une autre vie ailleurs, loin de chez lui. Il y a bien Shanghaï qui, en quelques années, voit se construire une véritable enclave juive.

A la fin des années 1930, dans l'urgence de la fuite, mieux vaut ne pas être trop exigeant. Les Juifs tentent donc de fuir par tous les moyens et dans n'importe quel pays, pourvu que ce soit loin de leur patrie d'origine, entrée dans une ère de persécutions. *« Les Juifs assiègent les consulats étrangers dans l'espoir d'obtenir le visa qui leur permettrait d'échapper à la persécution »* peut-on lire dans le journal du Consistoire en France, *L'Univers Israélite*[1].Mais l'immigration des Juifs d'Allemagne et d'Autriche ne se fait pas de manière désordonnée ou inorganisée. Il y a plusieurs flux migratoires en fonction des événements politiques et de la radicalisation des persécutions. La première vague de réfugiés quitte l'Allemagne après l'incendie du Reichstag, en février 1933, et l'arrestation de 4.000 opposants et suspects. Les lois de Nuremberg promulguées en septembre 1935, l'*Anschluss* en mars 1938, les événements de la Nuit de Cristal en novembre 1938[2], seront autant de facteurs déterminants qui joueront un rôle dans la décision de partir.

Si fuir n'est pas chose facile, trouver un pays d'accueil devient impossible au fur et à mesure que les années passent. L'Allemagne pratique une politique de *Judenrein* à la fin des années 1930, qui coïncide avec la fermeture des frontières des pays libres. Des centaines de milliers de réfugiés sont jetés sur les routes d'Europe ou errent sur les océans, à la recherche d'un pays qui veuille bien les accepter. Il est hasardeux d'avancer des statistiques fiables, notamment en raison de l'immigration clandestine. Selon certaines estimations, 60.000 personnes auraient fui le Reich dès 1933[3]. Parmi ces dernières, entre 25.000 et 30.000 se sont installées en France. Deux ans plus tard, le chiffre des candidats au départ atteint 100.000, selon l'estimation fournie par le responsable

---

[1] *L'Univers Israélite*, N° 30, 25 mars 1938, p. 466.

[2] 815 boutiques, 29 magasins d'alimentation, 171 habitations et près de 300 synagogues furent détruits ou brûlés. 91 personnes tuées et environ 30.000 Juifs jetés dans les camps de concentration. Sur la Nuit de Cristal, cf. Rita THALMANN et Emmanuel FEINERMANN, *La Nuit de Cristal*, Paris, Robert Laffont, 1972, 244 p.

[3] Anne GRYNBERG, « L'accueil des réfugiés d'Europe centrale en France (1933-1939) », In : *Les Cahiers de la Shoah*, Université de Paris I, 1993-1994, Liana Levi, p. 133.

de la commission de la Société des Nations pour les réfugiés en provenance d'Allemagne, Norman Bentwich[1]. Les chiffres divergent souvent, mais un facteur demeure stable : quelle que soit la catégorie d'immigrés prise en compte, les 2/3 des réfugiés sont juifs. Selon le Commissaire général à l'information de la Présidence du Conseil :

> Les immigrés, réfugiés en France après avoir été chassés d'Allemagne, ou des pays conquis pas l'Allemagne, appartiennent pour la plupart à la confession israélite. Une centaine de mille environ, venus [sic] en France depuis 1933, étaient [sic] pour la plupart, privés du nécessaire ; ce furent les communautés juives françaises qui, plus particulièrement, s'ingénièrent à aider leurs coreligionnaires.[2]

La France est le principal pays d'accueil de ces réfugiés qui représentent 40 % entre 1933 et 1939[3]. Plusieurs associations d'aide aux réfugiés juifs ont vu le jour en France, surtout à partir du début du XXe siècle[4]. Parmi les plus actives, on peut citer : le *Comité de Bienfaisance Israélite* dont l'origine remonte à Napoléon Ier, le *Comité d'Assistance aux Réfugiés*, l'*OSE*, l'*ORT* - la Société française de propagation du travail industriel et agricole parmi les Juifs -, le *Comité de Défense des Juifs persécutés en Allemagne* - fondé dès le 15 mars 1933 et dont le président est Pierre Dreyfus et le secrétaire, Maurice Vanikoff[5] -, le *Comité d'aide et d'accueil aux réfugiés allemands victimes de l'anti-sémitisme* fondé en avril 1933 par les autorités consistoriales[6], la

---

[1] Ibid.

[2] « Les immigrés juifs en France », In : *Bulletin hebdomadaire d'information*, 30 décembre 1939, BDIC, microfilm du Commissariat général à l'information de la Présidence du Conseil, bobine 7, feuille 269.

[3] Anne GRYNBERG, « L'accueil des réfugiés d'Europe centrale en France (1933-1939) », Op. cit, p. 133. Sur les divers comités d'aide aux réfugiés pendant les années trente, voir aussi : Martine LEMALET, « Les comités d'accueil aux réfugiés et l'œuvre de secours aux enfants (1933-1939) », In : *Justin Godart, un homme dans son siècle (1871-1956)*, Paris, CNRS Editions, 2004, pp. 87 à 104.

[4] David H. WEINBERG, *Les Juifs à Paris de 1933 à 1939*, Paris, Calmann-Lévy, 1974, 286p.

[5] Maurice VANIKOFF joua un rôle considérable, notamment dans le Comité central de boycottage des produits et services allemands.

[6] Raymond-Raoul LAMBERT, rédacteur en chef de l'Univers Israélite entre 1935 et 1939 devint secrétaire général de ce comité. A l'origine dudit comité se trouvaient de nombreuses personnalités dont l'ancien Président du Conseil, Paul

Fédération des Sociétés Juives de France (FSJF)[1]. La FSJF lance d'ailleurs un appel publié par la presse juive française pour venir en aide aux passagers du *St. Louis*. Dans le journal *Samedi*, l'hebdomadaire illustré de la vie juive[2] :

> La Fédération des sociétés juives de France lance un appel à toutes les organisations juives et non-juives, à tous les hommes qu'un tel spectacle remplit de honte, et aux gouvernements démocratiques qui déjà ont tant fait pour les réfugiés, pour qu'ils viennent en aide à ces malheureux.[3]

Si la France est effectivement l'une des principales terres d'asile pour les réfugiés, les autres pays d'Europe sont aussi atteints par ces vagues d'immigration. Face à cet afflux massif de réfugiés, la Belgique adopte une politique de plus en plus radicale visant à protéger ses frontières. En janvier 1938, le ministère de la Justice belge ordonne l'expulsion d'immigrants illégaux[4]. Tandis qu'en 1939, 5.842 étrangers se voient refuser l'entrée de la Belgique.

Ces nouvelles vagues d'immigration ne sont plus composées seulement d'hommes cherchant du travail. Des familles entières quittent désormais leurs pays pour des raisons qui n'ont plus rien à voir avec les difficultés économiques. Bien que la Belgique tente de verrouiller ses frontières, 24.000 réfugiés réussissent à y pénétrer clandestinement entre le printemps 1938 et

---

PAINLEVE, Justin GODART, André HONORAT, le baron Edmond de ROTHSCHILD et le Grand Rabbin de France Israël LEVI.

[1] Diane AFOUMADO, « Les relations entre 'Israélites français' et Juifs immigrés », In : *Revue d'Histoire de la Shoah – Le Monde juif*, N° 166, mai – août 1999, pp. 121-143 ; du même auteur, « Le Consistoire et les Juifs immigrés en France pendant les années trente », In : *Revue d'Histoire de la Shoah – Le Monde juif*, N° 172, mai-août 2001, pp. 266-284.

[2] *Samedi* : Hebdomadaire illustré de la vie juive. Directeur : E. Artzieli. Le premier numéro parut en janvier 1936. Cf. *The Jews in France.* Studies and Materials, Op. cit, p. 285.

[3] *L'œuvre*, 10 juin 1939, p. 2 ; *Samedi*, 17 juin 1939, p. 6. Le journal communiste *l'Humanité* lança lui aussi un appel : *« Protestez, agissez pour sauver ces femmes, ces enfants, ces hommes persécutés, menacés de mort ! »*. *L'Humanité*, 11 juin 1939, p.2.

[4] Frank CAESTECKER, *Alien Policy in Belgium,1840-1940 -The Creation of Guest Workers, Refugees and Illegal Aliens*, New York, Berghan Books, 2000, p.231.

l'été 1939[1]. Face à ce qu'il faut reconnaître comme des immigrés politiques, voire « raciaux », la Belgique continue de les considérer comme des réfugiés économiques[2]. Malgré cette politique, le gouvernement belge n'hésite pas longtemps avant de décider d'accepter de recueillir des passagers du *St. Louis*. Un document sur « *l'attitude de la population indigène à l'égard des Juifs* » en Belgique, permet de mieux comprendre l'atmosphère dans laquelle les réfugiés du *St. Louis* pénètrent dans le port d'Anvers[3]. On peut y lire :

> La Belgique se trouve, depuis son existence aux mains de groupes de puissances qui sont unanimes dans leur attitude à l'égard des Juifs, à savoir : l'église catholique et le libéralisme maçonnique. Sous l'égide d'un pareil gouvernement, les Juifs pouvaient déployer et étendre leur activité en toute liberté. Le gouvernement belge a traité également les questions relatives aux juifs réfugiés avec une bienveillance particulière. Le comité [...] pour les Juifs réfugiés, à Bruxelles, a toujours été traité avec beaucoup de prévenance par les autorités compétentes, pour les permis de séjour et les autres questions. Une commission de surveillance instituée par le gouvernement et qui visait surtout à réaliser les désirs des comités d'Anvers et de Bruxelles, travaillait dans le même esprit. Le gouvernement belge a distingué trois catégories de réfugiés à savoir :
>
> a) Les personnes possédant un permis de séjour et un permis de travail.
>
> b) Les réfugiés politiques reconnus par la Commission Interministérielle comme réfugiés politiques.
>
> c) Les réfugiés émigrés sans permission et qui ont un permis de séjour limité.[4]

Ce document rappelait aussi à juste titre :

---

[1] Ibid, p. 233.

[2] Frank CAESTECKER and Bob MOORE, « Refugee Policies in Western European States in the 1930s : A Comparative Analysis », In : *Refugees from Nazi-Germany in Western-European border states, 1933-1939/1940*, Conférence organisée par le CEGES/SOMA en collaboration avec la Koninklijke Vlaamse Academie van Belge voor Wetenschappen en Kunsten et le Goethe Institute, 15-16 janvier 2004, Document de travail, p. 31.

[3] Attitude de la population indigène à l'égard des Juifs, p.30. USHMM : RG.65001M : Service des Victimes de la Guerre CEGES/SOMA, File 27967, Reel 2060.

[4] Ibid.

> il y a lieu de signaler finalement le cas du vapeur *'Saint Louis'*, cas caractéristique pour l'attitude extrêmement loyale adoptée par le gouvernement belge de l'époque à l'égard des Juifs réfugiés. [...] Le gouvernement belge fut le premier à accueillir une partie des réfugiés du vapeur (216 personnes) et à leur accorder le droit de séjour provisoire en Belgique.[1]

Comme souvent, en parallèle de cette immigration, des mouvements d'extrême droite se développent et pour certains d'entre eux, l'antisémitisme devient leur cheval de bataille :

> Un mouvement anti-juif se manifesta, évidemment tout d'abord à Anvers, le centre juif le plus important du pays. Déjà en juin 1933, on avait créé à Anvers une organisation sous le nom *'Les Editions Belges'*, qui s'était assignée pour but la lutte contre le Judaïsme en paroles et par écrit. En septembre de la même année, cette association fut remaniée et continua à travailler sous le titre *'Ligue Nationale Corporative du Travail'* (siège à Anvers). Deux journaux paraissaient, une édition française et une édition flamande. *'De Stornloop'*, pour la Flandre et *'l'Assaut'* pour la Wallonie ; le premier en 7.000 et le second en 15.000 exemplaires.
>
> Par suite de dissentiments internes, cette organisation fut dissoute en 1936. Au début de 1937, l'organisation anti-juive *'Volksverwering'*, qui est encore active, fut créée. La direction est aux mains de l'avocat René Lambrichts d'Anvers qui, depuis 1933, dirige l'action anti-juive. Depuis sa réorganisation en 1939, cette organisation défend l'idée raciale et exige de ses membres qu'ils adoptent sans réserve les principes du *Führer* du Reich allemand.[2]

La Hollande aussi doit accueillir un grand nombre de réfugiés pendant les années 1930. Entre la fin de l'année 1938 et le mois de juin de l'année suivante, l'estimation du nombre de réfugiés en Hollande varie de 13.800, selon le *Comité voor Joodsche Vluchtelingen (CJV)*, à 17.000, selon le gouvernement[3]. Là encore, le nombre de Juifs ayant fui vers la Hollande s'accroît

---

[1] Ibid, pp. 30-31.

[2] Ibid, p. 31.

[3] Bob MOORE, *Refugees from Nazi Germany in the Netherlands 1933-1940*, Dordrecht/Boston/Lancaster, Martinus Nijhoff Publishers, 1986, pp. 21-22.

en fonction des événements qui se déroulent en Allemagne. En 1933, ils sont 4.078 à fuir en Hollande, tandis qu'en 1935, seulement 574 y entrent et en 1938, 3.842 Juifs viennent s'y réfugier. Au total, entre 1933 et 1939, pas moins de 33.000 Juifs trouveront refuge en Hollande[1]. A la fin de l'année 1938, le CJV d'Amsterdam a la charge de 2.076 personnes, et presque autant reçoivent de l'aide des communautés juives implantées à La Haye, Rotterdam et Eindhoven[2]. L'accroissement du nombre de réfugiés est tel que la Hollande doit, au début de l'année 1939, ouvrir des camps pour les réfugiés entrés légalement et illégalement sur le territoire. Pour faire face à l'afflux de réfugiés, les Juifs de Hollande se voient contraints, dès 1933, de mettre en place des structures d'aide et d'accueil pour leurs coreligionnaires.

Le Docteur David Cohen, professeur d'histoire ancienne à l'université d'Amsterdam, sera parmi ceux qui prendront immédiatement conscience de l'urgence de la situation. Il est ainsi à l'origine de l'idée de créer un comité qui devient officiel, le 21 mars 1933, sous le nom de *Comité pour les Affaires Juives Spéciales* (CBJB). Puis, un second comité est créé, le CJV, également sous la présidence de David Cohen. Ce dernier appelle en renfort R.H. Eitje, du *Hachnosas Ourechim,* et Gertrude van Tijn-Cohn qui travaille alors à la tête du service social de la *Jewish Women's Organisation*[3]. La première organisation couvre la ville d'Amsterdam, tandis que le CBJB œuvre dans les autres grandes villes du pays.

Lorsque le contingent d'immigrés du *St. Louis* débarque en Hollande, ils sont placés dans le camp de réfugiés de *Heijplaat*, entouré de barbelés et de gardes avec des chiens. Pour certains d'entre eux, ce n'est qu'un lieu de transit avant d'être transférés dans le camp de Westerbork, qui sera plus tard la plaque tournante de la déportation à partir de la Hollande. On peut s'interroger sur les raisons qui poussent le gouvernement hollandais à placer ces immigrés juifs du *St. Louis* dans des camps bien gardés comme s'ils représentaient un danger pour la sécurité nationale. Selon l'historien britannique Bob Moore, la Hollande a été

---

[1] Bob MOORE, « The Jewish Community in the Netherlands », In : *Refugees from Nazi-Germany in Western-European border states, 1933-1939/1940*, Op. Cit, p. 107.

[2] Ibid, pp. 26-27.

[3] Ibid, p. 28.

involontairement embarquée dans cette action internationale de sauvetage des passagers du *St. Louis,* et elle a été contrainte d'imiter la générosité des pays voisins[1]. Si d'une certaine manière, la Hollande leur a sauvé la vie – provisoirement – en évitant à 157 personnes les camps de concentration allemands, cela ne signifie pas qu'ils sont les bienvenus.

Quant à l'Angleterre, elle compte déjà deux millions de chômeurs en janvier 1939[2]. Malgré la crise économique, elle a accepté de nombreux réfugiés pendant les années 1930. Ainsi, entre 1933 et 1939, le Royaume-Uni accueille entre 80.000 et 90.000 réfugiés qui fuient le Nazisme. Parmi eux, 20.000 à 30.000 choisissent de quitter le Royaume-Uni avant le déclenchement de la Seconde Guerre mondiale[3]. Il faut souligner que, dès 1933, la Grande-Bretagne attache beaucoup d'importance aux pays vers lesquels les immigrants peuvent réémigrer afin de ne rester que temporairement dans le Royaume-Uni. Parmi ces pays, il y a évidemment les Dominions, la Palestine, mais aussi l'Amérique du Sud et les États-Unis. Environ 65.000 réfugiés se trouvent donc dans le Royaume-Uni à la veille de la guerre et environ 90% d'entre eux font partie des « *réfugiés raciaux* ». La Grande-Bretagne a donc contribué à recueillir de nombreux réfugiés, et notamment des réfugiés juifs.

Dans le but d'alléger la prise en charge gouvernementale de ces milliers de personnes, les dirigeants de la communauté juive en Angleterre assurent le gouvernement qu'ils prendront intégralement en charge leurs coreligionnaires d'Allemagne et d'Autriche, que cela soit pour un asile temporaire ou définitif. Les nouveaux arrivants reçoivent parallèlement le soutien de certaines organisations non juives qui les aident notamment à trouver un emploi. La participation financière du gouvernement est donc limitée. Cependant, si le gouvernement ne débourse pas beaucoup d'argent pour subvenir aux besoins des réfugiés, il dépense 4 millions de livres sterling pour l'accueil des réfugiés tchèques, qu'ils soient juifs ou non. Doit-on voir une relation de cause à effet dans le fait

---

[1] Ibid, p. 105.

[2] Yvonne KAPP & Margaret MYNATT, *British Policy and the Refugees 1933-1941*, London, Frank Cass, 1997, p. 35.

[3] Ibid, p. 3.

que cette mesure intervient après la conférence de Munich[1] ? Toujours est-il qu'après l'Anschluss en mars 1938, le gouvernement britannique réintroduit les visas obligatoires pour les Allemands et Autrichiens[2]. Tous les immigrés et les réfugiés ne sont donc pas logés à la même enseigne. Et il n'est pas excessif de dire que la politique de la Grande-Bretagne à l'égard des réfugiés juifs demeure ambiguë.

En 1939, par exemple, nul ne peut contester que la Grande-Bretagne pratique une politique pro-arabe dès lors qu'il s'agit de l'immigration en Palestine. Le 20 avril, une discussion a lieu au sein du *Cabinet's Palestine Committee*, dont le sujet principal n'est autre que la possible objection des Etats-Unis à la politique de restriction de l'immigration juive en Palestine. Mais Lord Halifax se montre rassurant à cet égard, en rapportant le fruit d'une conversation qu'il a eue auparavant avec l'ambassadeur américain, Joseph Kennedy. Ce dernier lui ayant confié qu'il ne faut pas surestimer l'influence de la communauté juive aux Etats-Unis, le choix est rapidement entériné. Lors de la discussion, le Premier ministre, Neville Chamberlain, peut tranquillement affirmer que, du point de vue stratégique, il est d'une *« importance capitale* [...] *d'avoir le monde musulman avec nous »* ; ce à quoi il ajoute, comme pour appuyer son choix : *« si nous devons offenser quelqu'un, que ce soient les Juifs plutôt que les Arabes*[3] *»*.

Cette politique du gouvernement britannique au Proche-Orient atteint son paroxysme à la fin du mois d'avril 1939, date à laquelle le *Livre Blanc* est publié. Ce dernier impose des restrictions sévères à l'immigration juive. Désormais, le nombre d'immigrants juifs en Palestine ne pourra excéder 100.000 pour les 5 prochaines années. Autant dire que cette décision freinera

---

[1] Bernard WASSERSTEIN, *Britain and the Jews of Europe 1939-1945*, Institute of Jewish Affairs, Oxford, Clarendon Press, 1979, pp. 9-10.

[2] Louise LONDON, « British Refugee Policy in the 1930s », In : *Refugees from Nazi-Germany in Western-European border states, 1933-1939/1940*, Conférence organisée par le CEGES/SOMA en collaboration avec la Koninklijke Vlaamse Academie van Belge voor Wetenschappen en Kunsten et le Goethe Institute, 15-16 janvier 2004, Document de travail, p. 61.

[3] Martin GILBERT, «British Government Policy towards Jewish Refugees (November 1938-September 1939) », In : *The Nazi Holocaust.* Historical Articles on the Destruction of European Jews, Vol.1-8. Bystanders to the Holocaust, Westport, Meckler, 1989, p. 370.

considérablement l'immigration légale, mais n'empêchera d'aucune manière l'immigration clandestine.

De fait, laisse-t-on le choix aux Juifs persécutés en Allemagne ? Quelques exemples des conséquences de la publication du Livre Blanc : le 3 avril 1939, le bateau *Sandu* qui transporte 350 réfugiés d'Europe centrale est contraint de retourner de Palestine en Roumanie ; le 28 avril, le Foreign Office reçoit un article de Joseph Levy, publié dans le *New York Times* du 23 avril, décrivant les conditions à bord de l'*Assimi* qui a réussi à atteindre Haïfa. Selon Levy :

> Lorsqu'un officier de police annonça l'ordre du gouvernement disant que le bateau devait partir, les passagers ont arraché leurs vêtements et ont crié qu'ils préféreraient mourir plutôt que d'être renvoyés en mer. Certains prièrent et récitèrent des psaumes.[1]

La liste des bateaux qui tentent de débarquer clandestinement leurs cargaisons de réfugiés juifs sur les côtes de Palestine est longue et les histoires souvent tragiques. 1939 est aussi l'année durant laquelle l'immigration atteint un pic, principalement en raison des persécutions antisémites en Allemagne. Cette poussée de l'immigration a pour conséquence de générer des pressions sur la Grande-Bretagne pour accepter davantage de réfugiés.

C'est dans ce contexte de tension et de pressions diplomatiques que se joue le drame des passagers du *St. Louis*. La Grande-Bretagne accepte son contingent de passagers surtout en raison de pressions des Etats-Unis, mais aussi parce qu'elle se sent contrainte de faire un geste après une généreuse proposition de la France.

L'histoire des 907 passagers du *St. Louis* touche profondément la communauté juive en Grande-Bretagne qui peut suivre chaque semaine l'évolution de la situation dans les colonnes du *Jewish Chronicle*. Ce journal rend compte du sort des Juifs qui tentent de gagner la Palestine sur des embarcations de fortune et l'histoire du *St. Louis* est considérée comme un *« paradigme de la*

---

[1] Ibid, p. 371.

souffrance des Juifs et l'apparente indifférence du monde[1] ». Dès le 2 juin, un article sur le *St. Louis*, le *Flandre* et l'*Orduña* paraît dans les colonnes du journal anglais qui ne cache pas sa crainte d'un « *pogrom* » contre les réfugiés, compte tenu de la presse cubaine qui est tenue pour responsable de l'agitation antisémite à La Havane[2]. Une semaine plus tard, le gouvernement cubain est sévèrement critiqué dans l'hebdomadaire de la communauté juive anglaise qui a envoyé un correspondant sur place.

Si l'épisode du *St. Louis* est largement couvert, les autres tragédies maritimes ne sont pas oubliées. Le *Cairo*, le *Monte Olivia*, l'*Usaramo*, l'*Orinoco* seront aussi l'objet d'une attention particulière dans le cadre d'une colonne réservée à la « *tragédie en haute mer*[3] ». Le *Jewish Chronicle* place le *St. Louis* au cœur de cette tragédie humaine, comme pour mieux rappeler que des milliers d'autres immigrés vivent une expérience quasiment similaire, sans pour autant être au cœur du même engouement publicitaire :

> En ce moment, il convient de souligner que le *St. Louis* est seulement l'un des vaisseaux errant sur les mers en vain, à la recherche d'un refuge pour leur cargaison humaine.[4].

L'intérêt que porte l'hebdomadaire de la communauté juive anglaise au sort des immigrés juifs fuyant les persécutions n'est cependant pas partagé de la même façon par le gouvernement de Sa Majesté.

Les quatre pays qui recueillent les passagers du *St. Louis* connaissent donc des situations relativement comparables s'agissant des immigrés devenus des réfugiés. L'Europe de 1939 fait figure de réservoir dont le flot de réfugiés s'écoule lentement au gré des trop rares opportunités et des quotas imposés par quelques pays libres. Le durcissement de certaines politiques visant sinon à fermer hermétiquement les frontières, du moins à mieux maîtriser

---

[1] David CESARANI, *The Jewish Chronicle and Anglo-Jewry 1841 – 1991*, Cambridge, University Press, 1994, p. 165.
[2] *The Jewish Chronicle*, 2 juin 1939, p. 22.
[3] *The Jewish Chronicle*, 9 juin 1939, p. 27.
[4] *The Jewish Chronicle*, 16 juin 1939, p. 10.

et contrôler l'arrivée d'immigrants, laisse présager d'un faible espoir pour les passagers du *St. Louis*.

Le temps des négociations

Le continent américain a refoulé les passagers du *St. Louis*. Aucun espoir ne leur est plus permis de ce côté de l'Atlantique. Le bateau fait maintenant route vers l'Europe, tandis que Holthusen de la Hapag câble au capitaine Schröder l'ordre suivant : *«Revenez Hambourg immédiatement*[1] *»*.

Pendant le trajet du retour, les négociations se poursuivent. Un homme se trouve au centre de cet imbroglio international : Morris C. Troper, directeur européen du Joint. Pendant cinq jours et cinq nuits, vingt-quatre heures sur vingt-quatre, il sera rivé à son bureau, faisant appel à tous les gouvernements démocratiques et à toutes les personnes influentes susceptibles de lui apporter leur aide[2].

Peu de temps après avoir appris le refus définitif du gouvernement cubain d'accepter la proposition de près d'un demi-million de dollars du Joint, M. Troper se met en quête d'une terre d'asile pour les passagers du *St. Louis*. Il songe d'emblée à l'Algérie ou au Maroc, mais les chances de réussite sont réduites. Il ne néglige aucun gouvernement susceptible d'apporter son aide. Sans perdre de temps, Morris Troper prend contact avec les comités d'aide aux réfugiés et les associations juives dans plusieurs pays européens (la Hollande, la Belgique, le Portugal et le Luxembourg), leur demandant de relayer sa requête auprès de leur gouvernement respectif[3].

Les protagonistes de ces longues négociations seront nombreux. Aux Pays-Bas, M. Troper approche le Comité des réfugiés hollandais. Le professeur Cohen et Madame Gertrude van Tijn, avec l'aide de comités chrétiens, en appellent directement à la Reine Wilhelmine et au Premier ministre, Hendrick Colijn[4].

---

[1] Gordon THOMAS et Max MORGAN-WITTS, *Le Voyage des Damnés*, Op. cit, p. 263.
[2] How the J.D.C. rescued the 907 refugees on board the *SS St. Louis*, JDC : 378.
[3] Télégramme envoyé par Morris TROPER à James N. ROSENBERG à New York, 12 juin 1939, JDC : 386, p. 18.
[4] J.T.A. Bulletin, *«J.D.C. and* «St. Louis» *Refugees : Mr. Morris Troper's great efforts are successful»*, 15 juin 1939.

Parallèlement, avec l'aide de Max Gottschalk, président du Comité des réfugiés à Bruxelles, Troper contacte le gouvernement belge. En France, ses deux principaux interlocuteurs seront le ministre des Affaires étrangères, Georges Bonnet, et le ministre de l'Intérieur, Albert Sarraut. En Angleterre, des discussions triangulaires constantes seront maintenues jusqu'à l'obtention d'un résultat. Paul Baerwald, président du Joint, qui se trouve alors à Londres, tente d'approcher le gouvernement. Il est en liaison avec James N. Rosenberg, président du Conseil national du Joint à New York, et Harold Linder à Londres[1]. Les principaux interlocuteurs de Paul Baerwarld et de Harold Linder seront les organisations juives en Angleterre, ainsi que le *Intergovernmental Refugee Committee*. Parallèlement, de nombreuses organisations installées en France seront sollicitées. Parmi celles-ci, la *HIAS-ICA Emigration Association*, l'œuvre de Secours aux Enfants (OSE), le Comité de Coordination.

Dans ses mémoires, Louise Weiss raconte brièvement le déroulement des pourparlers. Elle est alertée conjointement par le Joint et l'OSE. Consciente de l'urgence de la situation, Louise Weiss s'engage immédiatement dans la négociation. Le dimanche 11 juin, elle dîne chez Morris Troper. Deux lettres antidatées (à la demande de Louise Weiss) lui sont adressées par le représentant du Joint. Dans la première, datée du 8 juin, Morris Troper rappelle simplement les faits, afin d'officialiser son intervention auprès de Louise Weiss :

> Chère Madame Weiss,
>
> Ceci pour vous confirmer notre conversation concernant le *SS. 'St. Louis'* de la Hamburg American Line. Ce bateau, comme vous le savez, a pris la mer après que les autorités cubaines et le Haut Commissaire pour les Réfugiés lui eurent conseillé de ne pas partir. Le résultat est que, malgré tous les appels au Président de Cuba, ces passagers se virent refuser l'admission à Cuba et sont à présent sur le chemin du retour pour Hambourg. J'ai reçu la plupart des appels urgents de la part d'organisations et de personnalités connues, me demandant d'intervenir de n'importe quelle manière, afin d'éviter que les passagers à bord du *SS St. Louis* ne retournent en Allemagne, principalement en raison du traitement qu'ils y subiraient dès leur débarquement.

---

[1] Jewish Telegraphic Agency (J.T.A.), Paris, 14 juin 1939, JDC : 378.

> Les passagers de ce bateau n'ont pas été pris en charge par une organisation privée et, donc, il est difficile de connaître leur composition. Cependant, de sources sûres, nous savons qu'il y a 937 passagers dont 743 ont des affidavits et des numéros d'enregistrement pour les quotas aux Etats-Unis. Les 190 restants sont des personnes qui possédaient, ou qui pensaient posséder des visas pour Cuba, et qui se rendaient chez des parents à La Havane. Nous sommes informés, par ailleurs, que parmi les passagers, il y a 200 enfants, 300 femmes et 400 hommes.
>
> Notre organisation est profondément engagée dans la recherche d'un refuge pour ces personnes, et est prête à fournir une garantie à hauteur de 500 dollars pour chacun des individus afin de s'assurer qu'aucune de ces personnes ne sera à la charge de l'Etat.
>
> Je n'ai pas besoin d'insister sur l'aspect humanitaire de cette situation, mais je veux souligner qu'une assistance de votre part et de la part de vos collègues sera particulièrement appréciée. Parce que le bateau est en route pour Hambourg, le temps est compté et toute action d'aide doit être quasi-immédiate[1].

Le rôle que jouera Louise Weiss dans ces négociations sera déterminant. Elle écrira dans ses mémoires :

> Je me précipitai au ministère de l'Intérieur, chez Albert Sarraut. Il m'écouta et m'assura d'une décision rapide. Le 12 juin, je revins chercher sa réponse en compagnie de Victor Basch[2], mon adversaire antiféministe à la présidence de la Ligue des Droits de l'Homme, du R.P. Riquet, représentant l'archevêque de Paris, de quelques autres personnalités politiques ou charitables, et surtout de Morris C. Troper.[3]

La décision d'Albert Sarraut n'est pas aisée dans la mesure où quelle que soit sa réponse, les conséquences seront graves. Le ministre de l'Intérieur est partagé entre l'idée qu'il faut éviter d'encourager Hitler à poursuivre sa politique de persécution

---

[1] Lettre de Morris TROPER à Louise WEISS, 8 juin 1939, Memorandum on *S.S. « St. Louis »* - Hapag, pp. 16-17, JDC : 386.
[2] Cf. *Les Cahiers des Droits de l'Homme*, 15 juin 1939, p. 366.
[3] Louise WEISS, *Mémoires d'une Européenne*, Tome III : 1934-1939, Paris, Payot, 1970, p. 242.

et le risque pour les pays démocratiques d'avoir à recueillir des milliers de réfugiés en peu de temps.

Pendant la seconde semaine du mois de juin, le téléphone de M. Troper ne cessera de sonner. L'enregistrement des nombreuses conversations téléphoniques qu'il a avec les intermédiaires européens en sont la preuve et constituent aujourd'hui une précieuse source de renseignements. Le 9 juin, Morris Troper rencontre Guy de Rothschild qui s'est entretenu avec le baron Robert de Rothschild. Ensemble, ils passent en revue toutes les possibilités d'accueil que la France pourrait proposer. Guy de Rothschild fait part à M. Troper de son sentiment que, si l'Angleterre accepte une partie des passagers du *St. Louis*, cette décision aura un effet favorable sur les autorités françaises qui seront alors prêtes à imiter le gouvernement de Sa Majesté[1]. Tout au long des négociations, Morris Troper et le baron de Rothschild maintiennent des relations étroites. Ce dernier intervient auprès des autorités françaises afin qu'elles envisagent de laisser débarquer les passagers du navire de la Hapag dans une île des colonies au large de l'Amérique du Sud[2]. Comme cela a déjà été souligné, Tanger est une autre possibilité envisagée par le gouvernement français en relation avec le Joint.

L'enregistrement des conversations téléphoniques entre Morris Troper et divers représentants français révèle que la France est particulièrement concernée par le sort des passagers du *St. Louis* et ne néglige aucune solution afin de résoudre ce qu'elle considère comme un sauvetage humanitaire. Dans ses nombreuses démarches et aux dires de Morris Troper, le baron de Rothschild lui apporte un précieux soutien. A la suite d'un de leurs entretiens, M. Troper téléphone à M. Epstein du *Reichsvertretung*[3], qui se trouve alors à Paris, et qui lui rappelle sa crainte concernant le retour des passagers en Allemagne : s'ils rentraient, ils seraient inévitablement envoyés dans un camp de concentration[4]. Cette

---

[1] Record of Telephone Conversation With Mr. TROPER, Paris-June 9th, 1939 Re *SS St. Louis*, London, JDC : 378.

[2] Record of Telephone Conversation With Mr. TROPER, Paris-June 10, 1939 Re *SS St. Louis*, London, JDC : 378.

[3] *Reichsvertretung der Deutschen Juden* : mission juive d'Allemagne. A partir de la Nuit de Cristal, cette organisation fut obligée d'apporter sa collaboration à la S.S. dans l'émigration. Elle fut dissoute en juin 1943.

[4] Record of Telephone Conversation With Mr. Troper, Paris-June 10, 1939 Re *SS St. Louis*, London, JDC : 378.

information est capitale et prend tout son sens pour M. Troper. Les 907 passagers ne peuvent risquer de retourner dans leur pays d'origine sans que leurs vies soient en danger. Tout doit donc être tenté pour que les démocraties européennes les acceptent.

La situation se débloque progressivement grâce à quelques propositions concrètes, venues notamment d'organisations juives. L'OSE assure Morris Troper qu'elle est prête à prendre en charge 100 enfants du *St. Louis*. L'organisation a auparavant informé de cette décision Georges Bonnet, ministre des Affaires étrangères et Louise Weiss, secrétaire du Comité d'Entr'Aide, fait tout son possible pour obtenir les autorisations nécessaires à cette centaine d'enfants. Forte de son expérience en matière de négociations pour l'acceptation de réfugiés par des démocraties, la HICEM assure aussi Morris Troper de sa coopération.

Parmi les 4 pays avec lesquels Morris Troper a engagé des pourparlers, l'Angleterre est le seul à manifester une réticence à l'égard des immigrés juifs. Avant même que les négociations ne commencent, le Foreign Office redoute d'être impliqué dans cette affaire. Otto Schiff, président du *Jews' Temporary Shelter*[1], est anxieux lui aussi à l'idée que l'Angleterre doit accueillir des immigrés allemands :

> Ni M. Schiff, ni le Home Office n'avait une quelconque connaissance des gens à bord du '*St. Louis*'; s'ils étaient désirables ou indésirables. Ils pourraient bien être, en fait, des gens libérés de prison par les instances de la Gestapo, et dont le voyage à Cuba sur la Hamburg-Amerika-Line aurait été forcé.[2]

Le gouvernement britannique a si peur de ces Juifs persécutés qu'il préconise la plus grande prudence. Il choisit, dans un premier temps, de ne prendre aucune décision tant que le bateau serait en haute mer, et juge préférable de ne se prononcer qu'après que ceux-ci furent retournés en Allemagne et que leur demande eut fait l'objet d'investigation... [3] Entre-temps, les passagers du *St.*

---

[1] Le *Jews' Temporary Shelter* (JTS) avait été ouvert à Londres, dans le quartier de l'East-End, par des leaders juifs anglais pour répondre à l'arrivée massive des Juifs durant les années 1880. Cf. Louise LONDON, *Whitehall and the Jews 1933-1948*. British Immigration Policy and the Holocaust, Cambridge, Cambridge University Press, 2003, p. 23.

[2] 12 juin 1939, Public Record Office (PRO) : FO 371/24101, W9189, f. 12.

[3] Ibid, p. 13.

Louis ont envoyé un câble au Premier ministre pour lui demander la permission de débarquer :

> 907 passagers sur *S.S. 'St. Louis'* moitié femmes et enfants refusés débarquement à Cuba malgré permis et maintenant de retour à Hambourg implorent d'être sauvés en trouvant refuge en Angleterre ou au moins débarquement à Southampton car retour à Hambourg impossible et actes de désespoir seraient inévitables. Demandons votre aide pour soutenir les efforts du Comité d'aide.[1]

Mais le gouvernement poursuit sa logique, et considère

> *(qu'il)* serait plus aisé de rejeter de tels individus alors qu'ils se trouvaient sur le sol allemand, que de leur refuser l'admission dans ce pays et de les obliger à retourner en Allemagne.[2]

La motivation d'un tel raisonnement est la réaction de l'Allemagne face au reste de l'Europe. Le gouvernement de Sa Majesté craint que, s'il cède à ce qu'il considère être un chantage à l'échelle internationale créé par le gouvernement allemand, alors d'autres bateaux débarqueront des milliers de réfugiés sur les côtes britanniques.

Lors de ses discussions, Morris Troper ne manque jamais de rappeler à ses interlocuteurs que, sur la totalité des passagers, 743 sont en possession d'affidavits ou de papiers d'émigration pour les États-Unis[3]. Cette information est de première importance dans la mesure où cela sous-entend que leur asile en Europe ne serait que provisoire en attendant qu'ils puissent émigrer définitivement en Amérique. L'Europe ne serait qu'une « place d'attente », un refuge temporaire pour ces personnes. Cet argument pèse dans les négociations, car les 4 pays d'Europe contactés par Morris Troper ont déjà recueilli de très nombreux réfugiés depuis le début des années 1930. Les gouvernements doivent prendre en

---

[1] Télégramme envoyé le 11 juin 1939 au gouvernement britannique par le Comité des passagers du *St. Louis*. PRO : FO 371/24101,W9189, f. 16.
[2] 12 juin 1939, PRO : FO 371/24101, W9189, f. 15.
[3] Memorandum of Telephone Message from Mr. TROPER, Paris-June 10, 1939, 19 heures, JDC : 378.

compte non seulement l'aspect humanitaire du cas du *St. Louis*, mais composer également avec leur opinion publique respective.

L'Europe accepte les passagers

La préoccupation du gouvernement français traverse la Manche. Michael Wright, de l'Ambassade britannique à Paris, rédige une note à l'attention de A.W.G. Randall, du Foreign Office à Londres, dans laquelle il fait part de l'anxiété du gouvernement français concernant un partage équitable des passagers du *St. Louis*. Paris espère qu'aucun pays ne se retrouvera contraint d'accepter un contingent plus important que les trois autres car il sera alors beaucoup plus compliqué et plus long d'assurer, par la suite, le départ de ses réfugiés pour l'Amérique. Auparavant, Louise Weiss a téléphoné à Morris Troper, le 12 juin à 15 heures 40, afin de lui faire part de sa conversation avec Georges Bonnet. Ce dernier l'a assurée qu'il accèdera volontiers à la demande du ministre de l'Intérieur, Albert Sarraut, d'accueillir des passagers du *St. Louis*. Il reste à espérer qu'Albert Sarraut garantira aux passagers la délivrance des papiers nécessaires à l'entrée sur le territoire français.

Finalement, la Belgique est le premier pays qui accepte d'accueillir des immigrés du *St. Louis*. Le 10 juin, le roi Léopold III et le Premier ministre Pierlot donnent une réponse favorable à la requête du Joint. Max Gottschalk avise Morris Troper que son gouvernement est prêt à accepter 200 passagers ayant la possibilité d'émigrer par la suite. Le représentant du Joint prie à M. Gottschalk d'essayer de persuader le gouvernement belge d'accroître le nombre, et l'assure une fois de plus de la prise en charge financière de ces réfugiés par le Joint aussi longtemps que cela sera nécessaire[1]. Morris Troper informe officiellement Louise Weiss de cette décision par la seconde lettre antidatée du 10 juin, dans laquelle il précise :

> le gouvernement belge acceptait de prendre 250 passagers du *SS. St. Louis* qui étaient en possession d'affidavits et de numéros de quota pour les États-Unis ». Il ajoute :

[1] Memorandum of Telephone Message from Mr. TROPER, Paris-June 10, 1939, 19 heures, JDC : 378.

« J'espère sincèrement que vous pourrez faire quelque chose pour les 700 personnes restantes ».[1]

Grâce au Premier ministre et au ministre de la Justice des Pays-Bas, M. Goseling, qui en appellent à la Reine, la Hollande déclare qu'elle est également prête à accepter des réfugiés du bateau de la Hapag[2]. Vers midi, Gertrude van Tijn, du Comité en Hollande, téléphone à Troper afin de lui confirmer que le comité hollandais vient d'accepter de prendre en charge 194 passagers du *St. Louis*[3]. A la suite de cette nouvelle, Morris Troper se rend à un rendez-vous de la plus haute importance à Paris, à 18 heures. Il rencontre le ministre de l'Intérieur Albert Sarraut en compagnie de Louise Weiss, d'Albert Lévy, président du Comité d'Assistance, d'un représentant du Cardinal Verdier et de Jules Braunschweig qui représente le baron Robert de Rothschild. La question de l'acceptation de passagers en France est étudiée sous tous les aspects. Troper demande à Albert Sarraut de laisser débarquer en France les passagers qui doivent se rendre par la suite en Belgique et en Hollande. Le ministre de l'Intérieur accède à cette requête[4].

Après que Morris Troper a regagné son bureau de Paris, il reçoit un appel de Harold Linder de Londres. Selon lui, tout porte à croire que la Grande-Bretagne est prête à accepter 250 réfugiés. A la fin de cette journée, Morris Troper envoie un télégramme à James Rosenberg à New York :

> Reviens juste d'un rendez-vous très important ministre de l'Intérieur dont résultat 250 seront acceptés ici Stop. Avec la Belgique et la Hollande cela fait à présent 694 Stop. Estimation approximative 250 seront reçus Angleterre d'après l'assurance de nos amis sur place Stop. Autorités conseillent aucune publicité jusqu'à l'accomplissement des formalités tard demain Stop. Ai reçu réponse suivante par câble *St. Louis* je cite en tant que représentant des passagers et porte parole remercie pour votre télégramme d'hier. Vous prions nous informer quotidiennement pour calmer passagers. Aidez-nous aidez-nous

---

[1] Lettre de Morris TROPER à Louise WEISS, 10 juin 1939, Memorandum on *S.S. « St. Louis »* - Hapag, p. 17, JDC : 386.

[2] Télégramme envoyé par Morris TROPER à James N. ROSENBERG à New York, 12 juin 1939, Memorandum on *S.S. « St. Louis »* - Hapag, JDC : 386, p. 18.

[3] Memorandum on *S.S. « St. Louis »* - Hapag, JDC : 386, p. 19.

[4] Memorandum on *S.S. « St. Louis »* - Hapag, JDC : 386, p. 19a.

> vite s'il vous plaît répondez aujourd'hui *St. Louis* passera Southampton vendredi soir aidez-nous avant débarquement ou affréter bateau remerciement (signé) Joseph Comité fin de citation. Réponse suivante je cite Toutes négociations se poursuivent d'une manière satisfaisante. Espère vous recevrez directives définitives rapidement certainement longtemps avant atteignez Southampton. Vous pouvez rassurer tous passagers fin de citation. Vous tiendrai informés modalités débarquement en temps voulu. Sincèrement. Troper. [1]

Les entretiens téléphoniques se poursuivent jusque tard dans la nuit entre Morris Troper, James Rosenberg et Ittleson à New York.

Au beau milieu des négociations, la déclaration la plus inattendue, parce qu'incroyable autant qu'inespérée, vient de France. Elle se propose d'accepter l'ensemble des passagers, tout en ne cachant pas qu'elle préférerait qu'ils soient répartis entre plusieurs pays. Le ministre de l'Intérieur, Albert Sarraut, informe la presse de cette proposition :

> D'un commun accord avec M. Daladier, le président du Conseil, je vous déclare que le bateau '*Saint-Louis*' avec ses 943 [sic] réfugiés va être accueilli chez nous. Le gouvernement a donné les ordres nécessaires pour qu'on laisse descendre à Cherbourg 250 des passagers du paquebot. La Belgique également va accueillir 250 passagers, la Hollande 140, et le reste va être partagé entre la France et l'Angleterre. La France fournira à tous les réfugiés tout ce qui leur est nécessaire, et leur accordera des visas de transit. Je vous déclare également que si les autres pays n'avaient pas donné leur accord pour accepter une partie des réfugiés, la France l'aurait fait toute seule, et aurait hébergé tous les 943 réfugiés. Elle l'aurait considéré comme son devoir sacré.[2]

Dans le contexte économique français de la fin des années 1930, cette décision ne puise ses racines que dans un élan

---

[1] Télégramme envoyé par Morris TROPER à James ROSENBERG à New York, 12 juin 1939, Memorandum on *S.S. « St. Louis »* - Hapag, JDC : 386, p. 20.
[2] *Samedi*, 17 juin 1939, p. 6.

humanitaire car la France a déjà accueilli plus de 30.000 réfugiés juifs entre 1933 et 1938[1].

Concernant le port de débarquement, quelques petits changements ont lieu à la demande des autorités britanniques et hollandaises. Il semble préférable que le *St. Louis* poursuive sa route jusqu'au port de Anvers afin d'y débarquer les passagers destinés à séjourner en Hollande, en Belgique et en Angleterre. Les autorités britanniques se disent prêtes à envoyer un représentant sur place. Quant à ceux qui doivent débarquer en France, le choix du port d'arrivée demeure encore au cœur des discussions. Rien n'a été décidé pour leur transfert en bateau ou en train. Le 13 juin au matin, Morris Troper s'entretient par téléphone avec Baerwald et Harold Linder à Londres. Le représentant du Joint prévoit de déjeuner en compagnie de Lord Duncannon afin de discuter de l'admission de passagers du *St. Louis* en Angleterre.

Mais un événement survient. Troper reçoit un appel du Dr. Benjamin Pin qui désire lui montrer un câble qu'il a reçu d'un ami new-yorkais affirmant qu'il a discuté du sort du *St. Louis* et d'une possible immigration de ses passagers en Palestine[2]. Tout semble prêt. Un bateau grec pourrait aller à la rencontre du *St. Louis*. Prudent, Morris Troper préférera décliner cette offre en expliquant que les négociations en cours avec des pays d'Europe sont suffisamment abouties pour ne pas changer subitement de solution.

A la suite de cela, une autre proposition est présentée à Troper par Robert de Rothschild. Il s'agit une fois de plus de Madagascar. Finalement, à 18 heures, Louise Weiss, Jules Braunschweig et Morris Troper appellent Georges Bonnet. Ce dernier n'ayant pas encore reçu de réponse définitive, les prie de revenir le lendemain à 9 heures 30, et précise au représentant du Joint que le monde entier attend la décision du gouvernement français[3]. La petite délégation est assaillie de questions par des correspondants de la presse étrangère, mais il est décidé que toute déclaration serait prématurée et rien ne filtre.

Avant de quitter Paris, Morris Troper fait un rapide compte rendu à J. Rosenberg, bien que rien ne soit encore officiel. La Hollande confirme qu'elle accepte 194 réfugiés ; le comité belge

---

[1] Martin GILBERT, *The Dent Atlas of the Holocaust*. The complete history, London, JM Dent, 1993, (second edition), p. 23.
[2] Memorandum on *S.S. « St. Louis »* - Hapag, JDC : 386, p. 21.
[3] Ibid, p. 22.

déclare que la décision du gouvernement sera publiée rapidement dans la *Gazette Officielle*, tandis que l'ambassade de Grande-Bretagne à Paris a averti le ministère des Affaires étrangères que l'Angleterre acceptera de prendre le même nombre d'immigrés que la France[1]. En ce sens, la décision du gouvernement français prend toute son importance. De retour à son domicile, Morris Troper envoie un télégramme plutôt rassurant au Comité des passagers à bord du *St. Louis* :

> Joseph *SS St. Louis* Atlantic. Arrangements finaux pour débarquements tous les passagers terminés Stop. Heureux vous informer gouvernements de Belgique, Hollande, France et Angleterre coopéré magnifiquement avec American Joint Distribution Committee pour aboutir à cette possibilité Stop. Capitaine sera averti officiellement rapidement concernant instructions débarquement [...] Vœux cordiaux. Troper.[2]

Parallèlement, le représentant du Joint à Paris adresse un texte au bureau londonien de la *Jewish Telegraphic Agency* (J.T.A.), dans lequel il résume le déroulement des négociations entreprises par le Joint à partir du moment où le *St. Louis* a été refusé par Cuba[3]. A cette occasion, Morris Troper remercie publiquement les 4 gouvernements :

> Mr. Troper était très enthousiaste dans sa reconnaissance à l'égard de la magnifique coopération pleine de cœur de la part des gouvernements de Belgique, de Hollande, de France et d'Angleterre ; ainsi que la manifestation de leurs réponses rapides aux appels d'urgence qui leur étaient adressés.[4]

Un second texte est adressé à l'agence *Associated Press* de New York, pour calmer les ardeurs de la presse mondiale et pour annoncer officiellement l'acceptation définitive des passagers du *St. Louis* par les 4 pays d'Europe. Un dernier message a été rédigé en yiddish à l'intention de la presse juive américaine, mais en

---

[1] Ibid, p. 23.
[2] Ibid, p. 23.
[3] Texte envoyé à la Jewish Telegraphic Agency par Morris TROPER, 13 juin 1939, cité in : ibid., pp. 23-24.
[4] Ibid, p. 24.

raison d'interférences dues au climat, ce message ne sera transmis que le lendemain par téléphone[1].

Le mercredi 14 juin, la Hapag appelle Troper afin de s'enquérir des dernières dispositions prises pour les passagers. Troper confirme au représentant de la compagnie maritime allemande que 4 pays d'Europe ont accepté de donner asile aux réfugiés, mais que le port de débarquement reste à déterminer car la France souhaite que son contingent de passagers arrive par bateau plutôt que par train.

Morris Troper tient parole et contacte par radiogramme le Comité des passagers à bord du bateau pour l'informer des derniers événements :

> Nous avons maintenant l'assurance qu'Angleterre, France, Belgique, Hollande fourniront refuge temporaire à tous les passagers Stop. Ceci accompli par American Joint Distribution Committee qui garantit 500 dollars par personne Stop. Importance vitale que vous nous fournissiez à l'arrivée liste détaillée nom âge sexe de chacun des passagers s'ils sont des enfants accompagnés par leurs parents adresses amis et parents aux Etats-Unis ainsi informons tout le monde et abordons prochaine étape pour assurer le refuge Stop. Pressons dans votre propre intérêt pour que vous donniez tous les détails demandés. [Signé : James N. Rosenberg et Morris Troper].[2]

Les passagers sont enfin soulagés, tandis que Morris Troper continue de maintenir le contact et de rendre compte à James Rosenberg de l'évolution des négociations officielles et de ses nombreux rendez-vous avec les personnages influents. Ainsi, Morris Troper rencontre t-il une fois de plus le ministre des Affaires étrangères, Georges Bonnet, pour lui préciser que la France est prête à accueillir 250 réfugiés et se félicite que le Joint garantisse le versement de 500 dollars par personne[3]. Troper ne manque pas, à cette occasion, de souligner la générosité de l'offre française dans un contexte difficile, surtout depuis le déclenchement de la guerre civile en Espagne et l'afflux de nombreux réfugiés qui traversent les Pyrénées. La France ignorant la manière

---

[1] Memorandum on *S.S. « St. Louis »* - Hapag, JDC : 386, p. 26.

[2] Ibid, p. 27.

[3] Télégramme de M. TROPER concernant sa rencontre avec Georges BONNET, 15 juin 1939, JDC : 378.

dont le partage des passagers sera effectué, envoie à Anvers un représentant du ministère des Affaires étrangères[1].

Après plusieurs jours de négociations, Morris Troper a réussi. Lors d'une communication en yiddish à Hirsch Rosenfeld, du département de la publicité de Joint à New York, Morris Troper est présenté comme un véritable héros :

> 'le président efficace et infatigable du bureau européen du JOINT', 'Celui qui sauve un Juif sauve l'humanité tout entière'. Combien grand alors est le mérite de M. Troper et de ses collaborateurs du bureau européen du J.D.C. pour avoir sauvé 937 Juifs désespérés [...] Dans l'histoire glorieuse du travail de sauvetage du J.D.C., cette bonne action sera inscrite en lettres d'or et le peuple juif appréciera certainement à sa juste valeur cette action du J.D.C.[2]

Faisant suite aux déclarations de la France, l'Angleterre acceptera officiellement, non sans réticence, de donner asile à 250 réfugiés. Cette décision émergera après d'âpres discussions. Osbert Peake, le sous-secrétaire d'Etat au Département d'Etat, fera cette déclaration, qui ne manquera pas d'être reprise par de nombreux journaux :

> Il est de première importance [...] qu'aucun encouragement ne soit donné à l'idée que si des réfugiés quittent l'Allemagne avant que des dispositions aient été prises pour leur admission dans un autre pays, des modalités spéciales seraient prises pour permettre leur acceptation.

Et après avoir annoncé que l'Angleterre accepte, sous certaines conditions, de recueillir des passagers du *St. Louis*, Peake ajoute :

> Il est cependant essentiel de souligner que les dispositions spéciales adoptées dans ce cas ne peuvent être considérées comme un précédent pour l'accueil futur d'autres réfugiés qui quitteraient l'Allemagne avant que des dispositions aient été prises pour les accueillir ailleurs.[3]

---

[1] 15 juin 1939, PRO : FO 371/24101, W9470, f. 29.
[2] Memorandum on *S.S. « St. Louis »* - Hapag, JDC : 386, p. 28.
[3] 14 juin 1939, PRO : FO 371/24101, W9264, f. 24.

Ce que craint par-dessus tout le gouvernement de Sa Majesté, ce sont les « *répercussions politiques* » dans un climat européen déjà considéré comme « *sérieux*[1] ». L'Angleterre est donc le dernier des 4 pays sollicités par Morris Troper à donner son accord. Néanmoins, elle ne souhaite pas maintenir ces réfugiés trop longtemps sur son territoire. Le gouvernement songe à les envoyer très rapidement en Palestine, solution pourtant rejetée auparavant. Mais, entre accueillir des réfugiés juifs sur son sol et les transférer en Palestine, la deuxième solution semble la plus appropriée. Le Colonel Wedgwood, secrétaire d'État, envisage de laisser le *St. Louis* débarquer en Palestine à condition de déduire le nombre de passagers des quotas légaux de réfugiés, et dans la mesure où le Joint s'est engagé auparavant à effectuer un dépôt d'argent considérable destiné à soutenir financièrement les réfugiés du paquebot[2].

L'Angleterre impose que la sélection des passagers qu'elle recueille, s'effectue selon certains critères. Les 250 passagers qui se rendent en Angleterre doivent avoir des parents ou des amis susceptibles de les prendre intégralement en charge. Le second critère concerne la position de ces passagers inscrits sur les listes de quotas américains : ils doivent figurer parmi les premiers pour pouvoir débarquer en Angleterre[3]. De cette manière, l'Angleterre est certaine de n'accorder qu'un asile provisoire aux réfugiés.

En réalité, l'Angleterre est l'objet de nombreuses pressions, qui n'ont d'autre but que de la contraindre d'accepter un contingent de passagers du *St. Louis*. Consciente d'avoir rejeté près de mille personnes dont les vies sont en danger, l'Amérique est embarrassée et exerce, de fait, une pression sur son allié anglais afin que ce dernier efface la mauvaise publicité répandue par les journaux du monde entier[4]. Paul Baerwald du Joint et le Département d'Etat contraignent Robert Pell à intervenir auprès de l'*Inter-Governmental Committee* pour que l'Angleterre accepte[5].

---

[1] Télégramme de KENNEDY envoyé à au Département d'Etat de Washington, 10 juin 1939, NARA : 837.55 J/54.

[2] PRO : FO 371/24101, W9337, f. 26.

[3] 15 juin 1939, PRO : FO 371/24101, W9470, f. 28.

[4] Louise LONDON, *Whitehall and the Jews 1933-1948*. Op. Cit, p. 137.

[5] Ibid. Voir également : Memorandum of Mr. BAERWALD's Telephone Conversation with Mr. PELL, 11 juin 1939, 12:00, JDC : 378.

Si le gouvernement américain a renoncé à faire pression sur le gouvernement cubain, ses relations avec l'Angleterre lui permettent une plus grande marge de manœuvre[1]. Le 14 juin, le gouvernement de Roosevelt est rassuré par un télégramme envoyé par l'ambassadeur américain en poste à Londres, Joseph Kennedy, qui a suivi les négociations au jour le jour. Ce dernier informe le secrétaire d'Etat à Washington que le *St. Louis* poursuit sa route vers Anvers où, selon diverses modalités, ses passagers seront répartis entre la Belgique, la Hollande, la France et l'Angleterre[2]. L'honneur de l'Amérique est presque sauf...

La répartition

Les 4 pays européens ont accepté les passagers du *St. Louis*. Il faut à présent organiser leur répartition. Morris Troper réunit dans son bureau à Paris l'ensemble des représentants des organisations de réfugiés en France. Il y a entre autres, M. Bussières, le chef de la Sûreté nationale, M. Combes, sous-directeur du ministère de l'Intérieur, MM. Fourcade et Farsat, également du ministère de l'Intérieur, M. Seydoux du ministère des Affaires étrangères, Louise Weiss du *'comité Bonnet'*, M. Cremer de l'O.S.E., M. Melamede de la H.I.C.E.M., Raymond-Raoul Lambert du Groupement de Coordination des Œuvres juives, Albert Lévy du Comité d'Assistance, Bernard Auffray du Comité Mauriac et le Révérend Père Riquet des Œuvres chrétiennes, qui représente alors le Cardinal Verdier. Lors des discussions, Bussières ne manque pas de déclarer qu'il

> regrettait que nos amis américains, chez qui la majorité des réfugiés comptait se rendre après une simple étape à Cuba, n'aient pas été capables de les diriger vers un de leurs ports au lieu de les renvoyer en Europe.[3]

Après ce préambule, il ajoute néanmoins que la France s'engage à recevoir 250 passagers du *St. Louis*, auxquels il

---

[1] Irwin F. GELLMAN, «The *St. Louis* Tragedy », Op. Cit, pp. 155-156.

[2] Télégramme de J. KENNEDY au Secrétaire d'Etat américain, 14 juin 1939, NARA : 837.55 J.

[3] Memorandum on *S.S. « St. Louis »* - Hapag, JDC : 386, p. 35.

convient d'ajouter 96 passagers du *Flandre*[1]. Bien qu'aucun représentant de la Croix Rouge Internationale ne prenne part à cette réunion, son secrétaire général, M. de Rouget, après avoir discuté du cas du *St. Louis* avec d'autres représentants de la Croix Rouge, déclare :

> S'agissant d'interventions auprès des gouvernements, la Croix Rouge Internationale est strictement limitée à une action philanthropique et ne peut entreprendre aucune démarche auprès des gouvernements.

Cependant, il ajoute que dans le cas où des passagers du *St. Louis* seront accueillis par la France, il adressera une lettre officielle à la Croix Rouge Française,

> demandant son assistance concernant la prise en charge de ces réfugiés. De telles activités faisaient partie de ses principes, et elle serait en mesure d'apporter son aide.[2]

Aux termes d'une longue journée de discussions, Troper regagne son domicile vers 20 heures, non sans ressentir un léger pincement au cœur de n'avoir reçu aucune nouvelle de la part du Comité des passagers du *St. Louis* depuis son dernier télégramme. Mais le lendemain matin, Morris Troper se voit rassuré. Il reçoit un radiogramme signé *« le Comité des passagers – Joseph »* dans lequel on peut lire :

> Les 907 passagers du St. Louis balancés pendant ces treize derniers jours entre espoir et désespoir ont reçu aujourd'hui votre message de libération du 13 juin disant que des arrangements pour tous les passagers ont été finalement trouvés Stop. Notre gratitude est aussi immense que l'océan sur lequel nous naviguons depuis le 13 mai d'abord plein d'espoir en un futur propice, puis dans le plus profond désespoir Stop. Accepter monsieur le président pour vous et pour l'American Joint Distribution Committee et enfin pour les gouvernements de

---

[1] Lettre du Ministère de l'Intérieur à Raymond-Raoul LAMBERT, Secrétaire général des Groupements des Israélites, datée du 16 juin 1939, rappelant les conditions d'acceptation des réfugiés par le gouvernement français qui soulignait clairement la prise en charge économique des *« réfugiés dépourvus de ressources débarqués du* 'Flandre' *et du* ' St. Louis'*»*. USHMM : SYLVESTER : 210.

[2] Memorandum on *S.S. « St. Louis »* - Hapag, JDC : 386, p. 36.

> Belgique, Hollande, France et Angleterre les plus sincères et éternels remerciements des hommes, des femmes et des enfants unis par le même sort à bord du St. Louis.[1]

Troper est donc soulagé. Il ne reste plus qu'à organiser physiquement le partage des passagers entre les 4 pays. Un appel téléphonique de Holthusen de la Hapag apporte quelques précisions à ce sujet. Le *St. Louis* continue sa route jusqu'au port de Anvers, à partir duquel les passagers monteraient à bord du bateau *Rhakhotis* qui les débarquera dans un port de France. Le *S.S. Rhakotis* appartient, comme le *St. Louis*, à la Hapag. D'une capacité de 6782 tonnes, il assure tout au long de l'année la liaison South-American-Pacific. A bord, 28 passagers peuvent être logés en cabine de 1ère classe. A cette date, le *Rhakotis* est l'unique navire de la Hapag qui soit disponible. Des aménagements de fortune sont organisés à la hâte, afin de pouvoir accueillir les passagers qui doivent débarquer en Angleterre et en France. Des toilettes et des lavabos se trouvent sur le pont, tandis qu'au centre de celui-ci, de longues tables sont installées pour servir les repas.

La Hapag a tout de même fait savoir qu'elle préférerait que le port de débarquement soit Dunkerque ou Boulogne-sur-mer, mais que le choix est toutefois laissé à l'appréciation du ministère français de l'Intérieur, lequel devra se charger d'envoyer un fonctionnaire de l'Immigration à Anvers. Les réfugiés devant rejoindre l'Angleterre ne connaissent pas encore leur port de débarquement. Les passagers dont la destination est la Hollande seront transférés par une navette. Un représentant hollandais de l'Immigration doit également être sur place.

Le Dr. Epstein, du *Hilsverein* à Berlin, est prévenu des dernières dispositions. Il rejoint Anvers avec la liste complète des passagers, afin de connaître les noms et adresses des parents des passagers résidant aux Etats-Unis. Son travail consiste à pointer ceux qui bénéficient d'affidavits ainsi que ceux dont les noms sont inscrits sur les listes de quotas[2]. Morris Troper envoie un message à Josef Joseph du Comité des passagers :

> Merci pour votre radiogramme. Je vous rencontrerai Anvers où tous vous débarquerez. Des navettes transféreront les

[1] Ibid, p. 31.

[2] Memorandum on *S.S. « St. Louis »* - Hapag, JDC : 386, p. 32.

passagers en Hollande, France et Angleterre. Tout ce qui est possible sera fait pour tous. Sincères salutations. Morris Troper.[1]

A 11 heures 15, Holthusen confirme à Morris Troper l'arrivée du *St. Louis* dans le port d'Anvers, samedi après-midi. Troper embarque dans le port néerlandais de Flushing afin d'organiser la répartition des passagers à bord du *St. Louis*. Il demande au *Comité d'Assistance* à Bruxelles, au *German Jewish Aid Committee* à Londres, au *Comite voor Vluchtlingen* à Amsterdam et au *Comité d'Assistance* à Paris de dépêcher des représentants à Anvers. L'Angleterre envoie Joseph Harsch, un journaliste américain qui travaille également comme représentant de l'*Inter-Governmental Committee*. Le partage théorique se fait selon le critère primordial de l'inscription sur les listes de quotas américains. Après discussion, la répartition suivante est décidée :

	Passagers possédant affidavits pour U.S.A.	*Passagers sans affidavits pour U.S.A.*	*Total*
Angleterre :	190	60	250
France :	190	60	250
Belgique :	250	----	250
Hollande :	95	62	157
	725	**182**	**907**[2]

Les passagers ont auparavant été avertis des modalités, et il leur a été demandé de s'y préparer. Cela signifie qu'ils doivent réfléchir au pays dans lequel ils souhaitent se rendre, tout en sachant que les *desiderata* des 907 passagers ne pourront tous être satisfaits. Les passagers du *St. Louis* ont rassemblé certaines informations nécessaires au bon fonctionnement de leur répartition. Des renseignements concernant le débarquement, l'âge, le sexe et le nom des personnes, le nombre de membres par famille, le passeport, l'identité des personnes s'étant portées garantes pour l'obtention de l'affidavit aux Etats-Unis, le numéro d'enregistre-

---

[1] Ibid, p. 33.
[2] Ibid, p. 37.

ment sur les listes de quotas en Amérique, le nom de parents en Amérique. Autant de détails qui doivent peser dans le choix du pays d'accueil.

Parallèlement à la préparation des passagers, quelques heures avant l'arrivée du *St. Louis* dans le port de Anvers, Morris Troper organise les divers comités qui se chargeront de la répartition. Des réservations ont été faites à l'hôtel *Century* à Anvers pour l'ensemble des représentants des 4 pays.

Il y a donc :

- *Un comité chargé de la répartition constitué d'un représentant de chacun des pays d'accueil et d'un représentant intergouvernemental*, composé de : M. S. Kramarsky (président, représentant le *Comité voor Joodische Vluchtelingen* en Hollande) ; M. Harsh (représentant de l'*Intergovernmental Committee*) ; M. Bernard Melamede (représentant de la HICEM - France) ; M. Frederick M. Brister (représentant de l'Angleterre) ; Mme Margot Blitz (secrétaire générale du *Comité d'Assistance aux Réfugiés juifs* en Belgique).

- *Un comité chargé des relations publiques* avec Mme Louise Weiss du Comité Central des Réfugiés.

- *Un comité pour les bagages*, composé de M. Jules König (secrétaire du *Comité pour les Réfugiés juifs* en Belgique) et de M. Kan (Hollande).

- *Un comité d'appel et de réajustement* avec M. James Bernstein, représentant de la HICEM (président) ; M. Paul Epstein (Berlin) ; Mme Margot Hoffman (Angleterre) ; M. S. Kramarsky (Hollande) ; M. George Wolf (Belgique) ; M. Bernard Melamede (représentant de la HICEM - France).

- Le *Non-Sectarian Committee* composé de M. Robert W. Balderson représentant l'*American Friends Service Committee* à Amsterdam (Quakers), Mme G. Wysmuller-Meyer (représentante du *Kinder Comité* à Amsterdam).

- *Un comité de coopération gouvernementale* avec M. Henry Schulsinger (vice-président de *Esra* à Anvers) ; M. George Wolf (représentant du *Comité d'Assistance aux Réfugiés juifs* à Bruxelles), M. Sylvain Birnbaum (représentant de *Esra* à Anvers).

Morris Troper, Emmanuel Rosen (assistant de M. Troper) et Dorothy Manson (secrétaire) se chargent de l'organisation générale[1].

Il est prévu qu'à son arrivée à Anvers, le *St. Louis* accoste aux embarcadères 18-19. Exceptionnellement, il a été accordé que le paquebot puisse accoster à 6 heures 10 du matin, beaucoup plus tôt que la loi ne l'autorise.

Lorsque la délégation conduite par Morris Troper arrive à l'embarcadère où se trouve le *St. Louis*, tous les passagers sont rassemblés sur le pont, criant et faisant des signes[2]. Morris Troper monte à bord. Il est alors accueilli par une double haie formée par les centaines d'enfants du bateau, tandis que les adultes crient à l'attention de celui qu'ils considèrent comme leur libérateur : « *Que Dieu vous bénisse* » ! Pendant cette cérémonie improvisée par les passagers, le moment le plus émouvant sera sans aucun doute la rencontre de Troper avec une petite fille. Il s'agit de Liesl Joseph, la fille de Josef Joseph avec qui Troper est demeuré en contact permanent. Elle a alors sept ans et s'approche du représentant du Joint pour lui réciter un petit discours en allemand, qu'elle a appris par cœur :

> Cher M. Troper. Nous les enfants du 'St. Louis', souhaitons vous exprimer et, à travers vous, à l'American Joint Distribution Committee, nos remerciements les plus sincères venant du plus profond de nos cœurs, pour nous avoir sauvés d'une immense misère. Nous prions pour que la bénédiction de Dieu soit sur vous. Nous regrettons vraiment que les fleurs ne poussent pas sur les bateaux parce que, sinon, nous vous aurions offert le plus grand et le plus beau bouquet du monde.[3]

Submergé par l'émotion, Morris Troper se penche et embrasse Liesl, avant d'être enfin présenté à son père Josef Joseph qui le remercie chaleureusement à son tour.

L'équipe de représentants venue effectuer le partage, se dirige vers le salon des 1ère classe, tandis que le capitaine Schröder met l'équipage à son service.

---

[1] Ibid, p. 41 et p. 45.
[2] *La Libre Belgique*, 18 juin 1939, p. 3.
[3] Memorandum on *S.S. « St. Louis »* - Hapag, JDC : 386, p. 48.

Dans ses mémoires, Louise Weiss conservera un souvenir très précis de cet instant déterminant :

> Les mandataires des quatre Etats se partagèrent des centaines de fiches. J'eus à me débrouiller d'une série de *Rosenblatt*, de *Rosenblum*, de *Rosenfeld* et *Rosenkranz*, et d'une autre de *Stern, Sternfeld, Sterngross, Sternheim.* Pauvres roses ! Pauvres étoiles ! Des carrés de carton les représentaient. Je pointais les âges, les paternités, les professions indiquées. Toujours des papiers décidant pour les hommes ! Des papiers valant destin ! Puis ce premier tri terminé, nous nous groupâmes autour des tables du fumoir, afin de procéder à un départage définitif. Les intéressés s'écrasaient aux vitres pour voir, deviner, comprendre. Alors, d'une voix forte, Morris C. Troper nous lut les neuf cents et quelque dossiers que nous avions à connaître. Il s'agissait de tenir la balance égale entre pays d'accueil quant aux vieilles gens, aux enfants, aux malades, aux travailleurs utiles, aux bénéficiaires d'affidavits américains, aux apatrides. L'Anglais, sous son flegme, montrait une grande bonté ; la Hollandaise poussait des cris fatiguants dont on ne savait s'ils étaient de méfiance ou de pitié. Je finis par m'apercevoir qu'un certain Melamède, de la branche française de la charitable H.I.C.E.M. et qui protestait contre l'attribution à nos partenaires étrangers de ce qu'il appelait « *les meilleurs lots* », était sourd. Il m'appela à la rescousse. Les cas épineux furent réservés pour une sorte d'enchère finale au cours de laquelle la France se surchargea d'apatrides et l'Angleterre d'une quantité de Polonais. La Belgique et la Hollande refusaient farouchement les surplus inclassables qui leur revenaient.[1]

On imagine plus d'un demi-siècle plus tard ce qu'a représenté cet instant décisif dans la vie des passagers. En quelques heures, une poignée d'hommes et de femmes qu'ils ne connaissent pas, décident de leur sort. Le destin, l'arbitraire, la logique administrative, les impératifs imposés par les 4 pays, autant d'éléments qui échappent aux passagers. Ceux-ci ont peu de pouvoir dans ce jeu de hasard. Mais les représentants des comités font de leur mieux. Qui aurait soupçonné un instant que, de leur choix répondant à des règles imposées, découlerait la survie ou non des passagers dans un avenir proche. Nul n'imagine à cet instant précis qu'il a, entre ses mains, pouvoir de vie ou de mort…

---

[1] Louise WEISS, *Mémoires d'une Européenne*, T. III: 1934-1939, Op. cit, p. 245.

La tension est palpable tant les nerfs des 907 passagers ont été jusqu'alors mis à rude épreuve. L'une des tâches les plus difficile consiste à s'occuper des bagages. Près de 7.000 valises de toutes tailles comptabilisant au total 500 tonnes. Dans le salon des 1ère classe, les comités sont répartis par pays. Certains passagers qui ont été désignés pour un pays, et qui souhaitent débarquer dans un autre, doivent faire part de leur requête au comité d'appel. Il faut évidemment que la demande soit motivée, et cela ne fait que compliquer la délicate opération du partage. La dimension humaine demeure à l'esprit de ceux qui effectuent ce travail durant toute la durée de la sélection. L'une des principales préoccupations consiste à maintenir les familles ensemble, de faire en sorte que les amis de longue date puissent se rendre dans le même pays d'accueil afin de ne pas perdre leurs repères, et de répartir les passagers de préférence dans des pays où ils ont des parents ou des amis susceptibles de les accueillir.

A son retour à l'hôtel Century, Morris Troper trouve un câble du Joint à Paris : *« Comprenons 25% à 30% réfugiés* St. Louis *non juifs. Vérifiez SVP et répondez rapidement pour nombreuses raisons publicité etc.*[1] ». Ignorant cette requête, Troper télégraphie dès le lendemain la réponse suivante à New York :

> Accompagné par 18 assistants représentants organisations de réfugiés Belgique Hollande Angleterre France quitté 4 heures du matin pour embarquer *St. Louis* afin organiser distribution 907 passagers Stop. 300 tonnes bagages et 5.000 bagages à mains travail de distribution terminé en temps record de 12 heures. Ceux désignés pour Belgique déjà en route pour Bruxelles. Tous les autres passent la nuit à bord *St. Louis*. Les gens pour la Hollande partiront sur *SS Racotis* [sic] à 9 heures demain matin. Ceux pour Angleterre et France partiront sur *SS Racotis* [sic] demain soir débarquement Boulogne lundi soir Southampton mardi matin Stop. Environ 12 passagers non juifs la plupart mariés à des Juifs Stop. Passagers expriment profonde gratitude JDC. Salutations. Vais dormir après 17 heures consécutives de négociation la plus difficile que j'aie jamais vécue.

---

[1] Ibid, p. 49.

A Baerwald à Londres, Morris Troper se contente d'envoyer un câble de trois lignes résumant la situation[1]. L'affaire est close et il n'est pas question de vérifier la judéité des uns ou le statut de « *Mischlinge* » (demi-Juifs) des autres. Le partage est terminé. Il n'y a plus de place pour de telles requêtes.

Le lendemain matin, le bateau *Jan Van Ackel* vient chercher les passagers du *St. Louis*, désignés pour être transférés en Hollande sous la responsabilité de Mme Wysmuller et de M. Moser[2]. Une survivante du *St. Louis* se souvient de cet instant émouvant et souligne le réconfort apporté par Mme Wysmuller : *« J'ai remercié chaleureusement la femme chrétienne qui fit de son mieux pour nous consoler et nous réconforter grâce à des mots touchants[3] ».*

Le bateau quitte Anvers à 9 heures et demie, après que soit remis à chacun des réfugiés un panier repas contenant des sandwiches et des douceurs. A 15 heures, le transfert des passagers pour l'Angleterre et la France débute. Avant de quitter le *St. Louis*, Josef Joseph du Comité des passagers lit une lettre de remerciement à Morris Troper, signée par les membres du Comité du *St. Louis* :

> Cher M. Troper. Au moment où les 907 passagers du *St. Louis* vont être répartis entre des pays hospitaliers que sont l'Angleterre, la Hollande, la France et la Belgique, après un voyage fantastique aller-retour vers les tropiques, nous, en tant que représentants des passagers, devons vous dire ceci : Après que nous ayons été contraints de quitter le port de La Havane par ordre du Président, et que le bateau naviguait progressivement vers l'est, nous avions encore espéré qu'un arrangement restait possible à La Havane et que le bateau ferait demi-tour. Le

---

[1] Ibid, p. 50.

[2] *De Standaard,* 19 juin 1939.

[3] Betty SKLOW on the *St. Louis* – to Cuba and back to Europe – 1939, USHMM, 1999.A.0269 : Carla GELBAUM. Gertruide WIJSMULLER (son nom est le plus souvent orthographié Wysmuller dans les documents en langue anglaise) était de nationalité hollandaise et de religion catholique. Elle a apporté son aide aux réfugiés juifs dès 1933. Elle se chargea, notamment entre 1933 et 1938, de faire passer la frontière aux réfugiés. En novembre 1938, elle travailla dans un bureau d'aide à l'enfance à Ostende. Elle voyageait à travers tout le pays pour prendre en charge des enfants de tous âges. Cf. Wiener Library, Londres. Bericht von Frau Gertuide WIJSMULLER-MEYER, Rettung von Kindern, Amsterdam, décembre 1957. P. III. f. N° 808.

> capitaine a tout fait pour calmer les passagers, mais tandis qu'il continuait sa route vers l'est, les passagers étaient en proie à un tel sentiment d'abandon et de désespoir que ce fut seulement grâce aux efforts conjoints de l'équipage et du comité, qui agissaient tous les jours sans répit, que nos compagnons de route évitèrent toute panique et une tragédie.
>
> Ce fut dans ces circonstances que votre intervention et votre message nous permirent, une fois encore, de croire que nous serions sauvés, et nous a fourni le courage de croire que nous n'avions pas été oubliés et abandonnés à notre sort.
>
> Votre action sera à jamais gravée dans nos cœurs et dans les cœurs de nos enfants et petits-enfants. Nous ne l'oublierons jamais. Puisse Dieu Tout-puissant vous récompenser, vous et vos collègues, ainsi que tous les hommes et toutes les femmes du J.D.C. pour ce que vous avez fait pour nous et pour nos enfants. Faites que Dieu bénisse votre futur travail. Et si pour finir, nous vous demandons, cher M. Troper, de ne pas oublier les passagers du *St. Louis*, nous le faisons parce que nous avons tous appris à vous aimer et espérons que vous penserez bien à nous. Avec notre plus profond respect et sincère remerciement. Les passagers du *St. Louis*.[1]

Lorsque le lundi matin, Morris Troper monte à bord du *S.S. Rhakotis* et distribue des douceurs aux passagers, il est, là encore, accueilli chaleureusement. Ceux-ci ont rédigé un autre message de remerciements :

> Nous, les 900 passagers du St. Louis, avant d'être conduits en Belgique, en Hollande, en France et en Angleterre, qui nous ont si noblement offert l'hospitalité, souhaitons exprimer notre gratitude éternelle, du plus profond de nos cœurs, à vous tous à New York et à messieurs Baerwald et Linder à Londres, pour ce qu'ils ont fait pour nous qui étions dans une situation indescriptible. Pour tous vos sacrifices et vos efforts infatigables, surtout pendant ces derniers jours qui ont conduit à nous sauver et à nous assurer la suite du voyage, qui s'est si bien passée, aucun mot humain ne serait assez fort pour exprimer l'intense émotion qui nous submerge tous, et nos infinis remerciements. Nous remercions également l'ensemble de vos

---

[1] Memorandum on *S.S. « St. Louis »* - Hapag, JDC : 386, pp. 51-52. Voir également : USHMM : Betty YAEGER TROPER, 1997.36.3.

collègues pour leur contribution dans cet immense travail d'humanité et d'amour fraternel.[1]

Les remerciements sont également adressés personnellement à Morris Troper ainsi qu'à son épouse[2].

La répartition définitive des 907 passagers du *St. Louis* est la suivante : Belgique (214) ; Angleterre (288) ; France (224) ; Hollande (181). Les passagers sont à présent dispersés dans les 4 pays européens. L'étape suivante concerne l'accueil qui va leur être réservé dans leur pays d'asile respectif et leur prise en charge.

UN DANGEREUX REFUGE PROVISOIRE

L'accueil des réfugiés

L'arrivée du paquebot dans le port de Anvers est décrite par l'ensemble de la presse internationale. Le gouvernement belge a mis à la disposition du *Comité d'Aide aux Réfugiés Juifs* deux pavillons dans la *Colonie de l'Etat pour la Bienfaisance* (*Rijksweldadigheidskolonie*)[3]. Les photographies prises à cet instant témoignent d'une organisation stricte et surtout d'une sécurité maximale autour du navire à quai. Ce qui n'empêche pas des membres du mouvement extrémiste et antisémite des Rexistes de manifester leur haine des Juifs lorsque les passagers du *St. Louis* arrivent à Anvers. Ils déploient alors des banderoles sur lesquelles on peut lire :

> Nous aussi nous voulons aider les Juifs. S'ils téléphonent à nos bureaux, chacun d'entre eux recevra un morceau de corde et un bon clou ![4]

---

[1] Ibid, p. 53. Ces remerciements étaient signés par Josef JOSEPH, Arthur HAUSDORFF, Max WEIS, Herbert MANASSE, Max ZELLNER, Sally GUTTMAN et Ernst VENDIG. Voir également : USHMM : Betty YAEGER TROPER, 1997.36.1.

[2] USHMM : Betty YAEGER TROPER, 1997.36.5.

[3] *De Standaard*, 15 juin 1939.

[4] Irwin F. GELLMAN, «The *St. Louis* Tragedy », Op. Cit, p. 155.

Pourtant, suite à l'admission de 250 réfugiés du *St. Louis*, le ministre belge de la Justice déclare :

> l'opinion publique en Belgique a été profondément touchée par le sort des 900 passagers à bord du '*St. Louis*' de la Hambourg-Amerika-Line. [...] Ayant été contacté par le Joint Distribution Committee, M. Max Gottschalk, président du Comité des Réfugiés à Bruxelles, est intervenu auprès du gouvernement belge pour demander que la Belgique accepte 250 de ces réfugiés. Le gouvernement belge pensait qu'il n'était pas possible de refuser cette requête.[1]

Manifestement, une poignée d'extrémistes ne partagent pas cet enthousiasme. Malgré cet incident, les ex-passagers du *St. Louis* sont transférés sans plus de difficultés dans la province de Liège, pour être rassemblés provisoirement dans un camp à Marneffe[2].

Quant aux passagers qui doivent se rendre en France et en Angleterre, le *Rhakotis* débarque donc d'abord le contingent de réfugiés dans le port de Boulogne-sur-Mer avant de poursuivre sa route vers Southampton :

> Des scènes émouvantes se déroulèrent au large alors que les réfugiés admis en France se séparaient de ceux qui devaient débarquer à la fin de l'après-midi à Southampton.[3]

A leur arrivée en France, les passagers du *St. Louis* trouvent un accueil plutôt décrit comme chaleureux. Les journaux français, toutes tendances confondues, qui ont dans leur ensemble, suivi l'épopée du *St. Louis*, ont raconté l'arrivée du bateau dans l'Hexagone et l'accueil réservé aux passagers. Du 3 juin à la mi-juillet, la presse nationale ne cesse de suivre les rebondissements de l'histoire de ces immigrés juifs[4]. La presse mentionne souvent l'épopée du *St. Louis* qu'elle qualifie de « *bateau fantôme* ». En dépit de l'interdiction faite à la presse, *Paris-Match* obtient même que son reporter monte à bord du *St. Louis* lorsque le bateau est

---

[1] Memorandum on *S.S. « St. Louis »* - Hapag, JDC : 386, p. 40.
[2] *De Standaard,* 18 juin 1939. *Le Soir*, 18 juin 1939, p. 3.
[3] *L'Epoque*, 21 juin 1939, p. 3.
[4] *Le Matin, Le Figaro, L'Humanité, Le Populaire, Ce Soir, La Victoire, L'œuvre, Le Petit Journal, Le Journal, Le Petit Parisien, L'Epoque.*

amarré dans le port de Anvers. Un reportage photographique est publié le 22 juin[1]. Dès le 20 juin, tous les grands quotidiens français ont dépêché à Boulogne-sur-Mer leurs correspondants accompagnés de photographes. Des officiels sont également là pour s'occuper des formalités administratives :

> Dès l'arrivée du '*Rakotis*' [sic], le commissaire spécial du port de Boulogne est monté à bord, accompagné de quatre délégués d'organisations juives de secours. Plusieurs centaines de personnes s'étaient rassemblées sur les quais pour saluer les réfugiés. [...] Tous les préparatifs ayant été terminés et, grâce à l'attitude bienveillante des autorités, les formalités de débarquement n'ont duré que trente minutes environ. Les réfugiés ont été ensuite conduits au camp des « Amitiés Internationales », où un déjeuner leur a été servi. Détail touchant : les porteurs de la gare maritime qui transportaient les bagages des réfugiés ont refusé toute gratification.[2]

Le journal du Consistoire, *l'Univers Israélite,* ajoutait :

> le capitaine du port tint à saluer lui-même les réfugiés, au débarquement ; sans distinction de confession, la population accueillit avec joie les vieillards, les enfants, les femmes... [3]

Dès leur arrivée en France, les ex-passagers du *St. Louis* sont pris en charge par les organisations juives :

> Conformément aux instructions du ministère de l'Intérieur, M. Marion, commissaire divisionnaire, d'accord avec M. Raymond-Raoul Lambert, délégué des organisations israélites, en liaison avec le Joint Distribution Committee, a assuré ce matin le départ de Boulogne de 224 réfugiés du '*Saint-Louis*' vers les résidences qui leur ont été assignées. A 6h 58, est parti le plus gros contingent, soit : 49 personnes pour Poitiers, 65 personnes pour Le Mans, 33 personnes pour Laval, 18 personnes pour le Centre de Martigny (Vosges). A 13h 38, les 30 dernières personnes ont quitté Boulogne pour être triées et réparties à Paris entre différentes autres villes. [...] Arrivés à Paris, les réfugiés ont été reçus à la Gare du Nord par les délégués des orga-

---

[1] *Paris-Match*, 22 juin 1939, pp. 21 à 23.
[2] *Samedi*, 24 juin 1939, p. 4.
[3] *L'Univers Israélite*, 6 juillet 1939, p. 754.

> nisations juives de secours, notamment par le baron Robert de Rothschild, M. Paul Baerwald, M. Morris C. Troper et M. Albert Lévy.[1]

Près de soixante ans plus tard, quelques anciens passagers, qui étaient des enfants à l'époque des faits, se souviennent précisément de cet instant. Ruth Kissinger, qui vit aujourd'hui aux Etats-Unis, avait alors neuf ans. Elle a embarqué sur le *St. Louis* en compagnie de sa sœur de onze ans et de ses parents. En 2001, elle envoie une lettre et quelques pages à Eric de Rothschild, dans lesquelles elle décrit ses souvenirs de l'arrivée en France :

> Quand nous sommes enfin arrivés à Paris, votre grand-père était là pour accueillir une deux centaine [sic] de personnes et il a fait un petit speach [sic], et ce qui m'a beaucoup frappée et je m'en rappelle encore, même après plus de 60 ans, c'est qu'il a dit : « ne crachez pas dans la rue, ou les Français diront que tous les Juifs crachent dans la rue ». Il dit aussi de ne pas être bruyant et de ne pas se faire remarquer. Puis il nous a donné à chacun un petit paquet du « lunch » [sic] pour le train qui devait nous emmener à Poitiers. [2]

On trouve la confirmation de ce souvenir dans le journal *Ce Soir* qui précise que dans son allocution, Robert de Rothschild, *« leur a recommandé d'avoir, pendant leur séjour, une conduite exemplaire et de reconnaître dignement l'hospitalité française. »* [3]

Le souvenir précis de Ruth Kissinger peut paraître insolite après ce que les passagers ont vécu depuis leur départ de Hambourg le 13 mai 1939, d'autant que les Juifs allemands qui ont embarqué sur le *St. Louis* ont une certaine éducation. Néanmoins, il convient de replacer ce « conseil » dans le contexte de 1939. Les dirigeants des organisations juives doivent faire face à des arrivées massives de réfugiés juifs d'Europe centrale et orientale, tout en respectant les directives du gouvernement français, et notamment

---

[1] *L'Univers Israélite*, 30 juin 1939, p. 743. Cf. également : *L'Humanité*, 27 juin 1939, p. 2 ; *L'œuvre*, 27 juin 1939, p.1 ; *Le Matin*, 27 juin 1939, p.2 ; *Le Journal*, 27 juin 1939 ; *Pariser Tageszeitung*, 27 juin 1939.

[2] Lettre de Ruth KISSINGER à Eric de ROTHSCHILD, 14 mars 2001, CDJC : non coté.

[3] *Ce Soir*, 27 juin 1939, p. 3.

des ministères de l'Intérieur, des Affaires étrangères et du Travail, tous trois impliqués dans l'accueil et surtout l'intégration des réfugiés, et tout cela en tenant compte de la montée en France de l'antisémitisme et de la xénophobie. Les réfugiés juifs sont contraints de se conformer à certaines règles, et les organisations juives tiennent à les leur faire connaître dès le départ. Ce qui peut être interprété comme de la maladresse n'est le plus souvent que de la prudence[1].

Des enfants du *St. Louis* sont pris en charge par l'OSE. Une délégation, composée de Charles Breyner, L. Gourevitch, Ernst Papanek[2] et Edmond Weil, les attend à Boulogne-sur-Mer :

> Hier après-midi, trente enfants réfugiés du '*Saint-Louis*' sont arrivés au Foyer de l'OSE, à Montmorency[3]. Les enfants réfugiés, qui s'y trouvaient déjà, ont fait un accueil touchant à leurs camarades d'exil. Une représentation enfantine a été donnée en leur honneur.[4]

---

[1] Cf. Diane AFOUMADO, « Les relations entre 'Israélites français' et Juifs immigrés », Op. cit ; du même auteur, « Le Consistoire et les Juifs immigrés en France pendant les années trente », Op. cit.

[2] Ernst Papanek était né à Vienne en 1900 et y mourut en 1973. Il fut un pédagogue et un réformateur de l'éducation pour les jeunes. En 1938, il se réfugia en France où il travailla pour l'OSE. Ses archives se trouvent à New York. Cf. Ernst PAPANEK with Edward LINN, *Out of the Fire*, New York, William Morrow & Company, Inc., 1975, 299 p.

[3] Témoignage d'une fillette de 13 ans qui se trouvait sur le bateau, juillet 1939. USHMM : BETTY YAEGER TROPER, 1997.36. Voir également Ernst PAPANEK, *Die Kinder von Montmorency*, Hamburg, Fischer Taschenbuch Verlag, 1983, 188 p., ainsi que le rapport de Ernst Papanek sur les enfants de Montmorency, brochure de l'OSE, *Notre mémoire…*, œuvre de Secours aux Enfants, pp. 13 et 15, CDJC : 20.252. *« Au cours des années 1938-1940, l'OSE réussit à installer onze maisons pour 1600 enfants environ. Quatre d'entre elles étaient situées dans le secteur de Montmorency ; les autres se trouvaient dans le département de la Creuse ou de la Haute-Vienne, ainsi que dans le Midi de la France (Le Masgelier, Chabannes, Chaumont, Montintin, Saint Raphaël, etc.) ».* Il existe des fiches individuelles de certains des enfants du St. Louis recueillis par l'OSE. Elles se trouvent au CDJC sous la cote CCCLXXIV-9 dans le fonds d'archives Félix CHEVRIER. Chacune des fiches porte l'inscription *'bateau St. Louis'*. Les fiches concernent Ludwig GREVA, Günther HELLBRUN, Walter KARLINER, Horst ROTHOLZ, Ernst WEIL et Hanz WINDMÜLLER. Bien évidement, cette collection est loin d'être complète.

[4] *L'Univers Israélite*, 30 juin 1939, p. 743.

Un second groupe d'enfants est dirigé vers le centre de l'OSE à Eaubonne, en Seine-et-Oise[1].

En Angleterre, les anciens passagers du *St. Louis* sont aidés par le *Jewish Refugees Committee* dont le siège se trouve sur Bloomsbury Street à Londres. Cet organisme s'occupe notamment des démarches pour l'émigration des réfugiés[2]. Pour l'anecdote, le destin des anciens passagers du *St. Louis* croise une seconde fois le couple royal. Lorsqu'ils descendent du train à la station de Waterloo, ils découvrent avec émerveillement la gare décorée. Certains imaginent l'espace d'un instant que ces décorations ont été installées pour eux et se sentent profondément touchés. En réalité, les drapeaux sont destinés à accueillir la reine et le prince consort de retour de leur voyage en Amérique[3] !

Quelques jours après l'accueil des anciens passagers du *St. Louis*, la population juive installée en France exprimera sa reconnaissance au gouvernement français qui s'est porté au secours des réfugiés. Henri Lewin, de l'Union des Sociétés Juives de France, adresse une lettre de remerciements au Président du Conseil, Edouard Daladier :

> Monsieur le Président du Conseil
>
> Le geste du gouvernement français en faveur des 200 familles juives, se trouvant au bord du *St. Louis*, a provoqué une grande joie et satisfaction parmi la population juive de France, profondément attachée à sa deuxième patrie. Une fois de plus, la France démocratique donnait au monde entier l'exemple de justice et de solidarité humaine. Au nom de la population juive de France, notre Union des Sociétés Juives de France vous exprime leur reconnaissance pour cet accueil.[4]

Dans diverses régions, la population juive tient à faire un geste pour remercier la France d'avoir accordé l'hospitalité aux réfugiés du *St. Louis* et du *Flandre*. Ainsi,

---

[1] *Affirmation*, 30 juin 1939.

[2] USHMM : HILL / BARZILAY, IL 99.4.544-545-546-551-600 et 601.

[3] *The Palestine Post*, 30 juillet 1939, p. 13.

[4] Lettre de Henri Lewin à Edouard DALADIER, 5 juillet 1939, Archives Nationales : F 60.490, pochette : Intérieur. Contrôle des Etrangers Israélites.

> à Metz, une collecte a rapporté la somme de 70.050 francs et 1.100 francs de titres. Cette somme vient d'être remise au préfet de la Moselle, M. Bourrat, par une délégation que conduisait le Grand Rabbin, M. Netter, et Me Samuel, adjoint au maire de Metz, président du consistoire israélite, avec prière de la transmettre à M. Edouard Daladier, pour la Caisse autonome de la Défense nationale. D'autre part, les israélites étrangers résidant à Thionville ont fait parvenir, dans le même but, une somme de 4.055 francs, et les étrangers résidant dans la région de Forbach, 2.700 francs.[1].

La presse juive en France se fit volontiers l'écho des remerciements des passagers qui arrivèrent sur le bateau *Rhakotis* :

> Les 224 réfugiés juifs du *Saint-Louis* admis en France ont envoyé un message de remerciement au président du Comité d'assistance aux réfugiés, M. Albert Lévy, dans lequel ils expriment leur reconnaissance pour l'accueil que leur ont réservé les services de ce comité à Boulogne et à Paris.[2]

Autre démarche spontanée, celle du quotidien national *Le Matin* qui prend l'initiative de lancer une souscription en faveur des réfugiés du *St. Louis*[3]. Le journal révèle, avec leur accord, l'identité des généreux donateurs, tels que Raoul Gunzbourg qui fait un chèque de 500 dollars, soit environ 18.800 francs[4], Georges Cahen-Léon qui envoie au journal la somme de 25.000 francs[5], une personne souhaitant rester dans l'anonymat fait parvenir 1.000 francs au quotidien. Le 15 juin, la somme globale s'élève à 45.000 francs que *Le Matin* fait parvenir au Groupement israélite de coordination d'aide et de protection des réfugiés israélites, présidé par le baron Robert de Rothschild[6]. A la fin du mois de juin, le journal *Affirmation* précise que la souscription a atteint la somme totale de 95.845 francs[7].

---

[1] *L'Epoque*, 28 juin 1939, p. 5.
[2] *Samedi*, 8 juillet 1939, p.3.
[3] Vicki CARON, *France and the Jewish Refugee Crisis, 1933-1942*, Stanford California, Stanford University Press, 1999, p. 298 et p. 534.
[4] *Le Matin*, 11 juin 1939, p.1.
[5] *Le Matin*, 14 juin 1939, p.3.
[6] *Le Matin*, 15 juin 1939, p. 1.
[7] *Affirmation*, 30 juin 1939.

Gustav Schröder : un capitaine perdu

Les passagers sont tous sains et saufs, à l'abri des persécutions allemandes. Un homme est demeuré quelque peu dans l'ombre ; un homme seul qui a fait sienne la cause des passagers. Il s'agit du capitaine du *St. Louis*. Ce dernier adresse ses remerciements à Morris Troper. Sur un papier à en-tête de la Hamburg-Amerika-Linie, le 18 juin 1939, le capitaine Gustav Schröder tient à exprimer toute sa gratitude au représentant du Joint à Paris :

> Avant de quitter Anvers, je saisis l'opportunité de vous remercier une fois de plus, sincèrement, pour la coopération que nous avons reçue de vous personnellement et des différents comités dans l'organisation si efficace de la répartition de mes passagers, et pour l'aide lors du débarquement qui fut rapide. Le *Rhakotis* a déjà pris le contingent pour la France et l'Angleterre. Je suis certain qu'avec cette fin heureuse, je peux m'associer aux passagers pour vous remercier personnellement et vous dire que j'ai apprécié tout ce que vous avez fait.
>
> Cordialement. G. Schröder. Capitaine.[1]

Les termes utilisés par le capitaine Schröder témoignent d'un immense soulagement, mais également d'un sens des responsabilités particulièrement aigu. Le fait d'écrire « *mes passagers* » prouve à quel point le capitaine s'est senti impliqué dans cette tragédie humaine. A aucun moment, il n'a considéré que ses passagers n'étaient que des réfugiés juifs qui ne méritaient pas qu'il s'y intéressât, comme un Allemand sympathisant de l'idéologie nazie aurait pu le penser. Tout au long des deux traversées, Gustav Schröder a agi en homme droit pour qui l'honneur signifie encore quelque chose. Les témoignages des passagers du *St. Louis* vont tous dans le même sens. Aucun n'a blâmé le capitaine pour une attitude pronazie.

Depuis l'instant où le *St. Louis* est sorti du port de Hambourg jusqu'au moment où il est entré dans celui d'Anvers, le capitaine a tout tenté pour sauver des hommes, des femmes et des enfants, qu'il considère comme des êtres humains avant tout, comme SES passagers. Les divers témoignages montrent qu'il est

---

[1] Lettre du capitaine Schroder à Morris Troper, 18 juin 1939, JDC : 386.

prêt à tout entreprendre pour sauver les immigrés juifs[1]. Confronté à la détresse des passagers, tandis que le navire vogue sur les eaux entre Cuba et la côté américaine, Schröder écrit : *« J'avais en tête d'essayer un débarquement illégal en Floride*[2] *»*.

Durant la traversée du retour vers l'Europe, il est parfaitement conscient que revenir en Allemagne signifie pour ces 907 Juifs une mort certaine. Les crises de nerfs sont nombreuses parmi les passagers, et le médecin de bord est débordé. Une fois de plus, le capitaine dépasse son rôle pour aider les plus fragiles. Schröder rencontre personnellement certains des passagers les plus désespérés et, lorsque aucune consolation ne lui paraît envisageable, il leur ment en leur parlant d'un probable débarquement en Angleterre, afin de les calmer[3].

Sans en toucher mot à l'équipage, ni aux passagers, excepté à son second, au commissaire et à l'ingénieur en chef du *St. Louis*, Gustav Shröder a échafaudé un plan désespéré. Il envisage rien moins que de faire échouer son navire à proximité de Beachy Head sur les côtes de la Grande-Bretagne, puis d'y mettre le feu après avoir évacué les passagers[4]. En juin 1939, gageons que peu de capitaines des navires de la compagnie Hapag nationalisée, et donc obéissant aux injonctions du IIIème Reich, auraient agi de la sorte avec des passagers juifs qu'ils avaient ordre de considérer comme des « *sous-hommes* ».

Au-delà de l'action du capitaine, ce sont ses humeurs confiées à son journal qui révèlent une sensibilité extrême, laquelle le conduit à partager la détresse des passagers du *St. Louis*. Alors que les négociations à Cuba sont au point mort, il écrit dans son journal qu'il craint de devoir *« retourner à Hambourg et de devoir vivre avec* [sa] *conscience*[5] *»*. Il n'hésite pas non plus à s'impliquer personnellement dans les tractations avec le gouvernement cubain, lorsqu'il comprend que la situation est devenue inextricable. Il écrit : *« J'ai fait antichambre au Palais* [présidentiel à Cuba] *et au bureau du gouvernement, demandant audience, mais je n'ai pas*

---

[1] Témoignage de Max O. KORMAN, In : *Hitler's Exiles*. Personal stories of the Flight from Nazi Germany to America, Op. Cit, p. 190.
[2] Gustav SCHRÖDER, *Heimatlos auf hoher See*, Berlin, Beckerdruck, 1949, p.15.
[3] Ibid, p. 20.
[4] Ibid, pp. 24-25 et Gordon THOMAS et Max MORGAN-WITTS, *Le Voyage des Damnés*, Op. cit, p. 279.
[5] Ibid, p. 180.

été reçu[1] *»*. En tentant de négocier directement avec le Président cubain, le capitaine fait plus que dépasser ses fonctions. Il met peut-être sa vie en danger. La Hapag, apprenant cet engagement personnel, aurait pu à tout moment le dénoncer à la Gestapo pour avoir pris fait et cause pour des Juifs.

A l'échelle individuelle, lorsque Max Loewe tente de se suicider, Gustav Schröder fait tout son possible pour que sa femme et son fils puissent l'accompagner à l'hôpital, mais en vain. Le capitaine s'identifie même aux passagers, au point de partager leur détresse. Au fil du voyage de retour vers l'Europe, l'atmosphère à bord est au désespoir. Schröder confie alors à son journal :

> Je me sentais aussi sans patrie possible. Je me sentais comme si le *St. Louis* devait être expulsé du monde et essayait de quitter la planète ; on ne pouvait compter sur une reconnaissance légitime des gouvernements. Immédiatement, un sentiment de compréhension totale pour mes passagers m'envahit.[2]

Il n'y a plus de distinction entre lui, les passagers et le navire ; tous forment un seul et unique corps condamné à partager le même destin. Le sens des responsabilités et la sensibilité de Schröder seront ébranlés à plusieurs reprises pendant ce voyage. Lorsque le professeur Weiler décède, et que son corps est immergé, les moteurs du bateau sont remis en marche et le navire reprend sa route. A ce moment précis, Leonid Berg, un jeune Balte qui fait partie du personnel des cuisines du *St. Louis*, saute par-dessus bord[3]. Le capitaine donne l'ordre d'arrêter le navire et d'envoyer un canot de sauvetage, mais son corps ne sera pas retrouvé[4]. Le malheur ne s'arrête pas là. Avant d'arriver à Anvers, la mort frappe une troisième fois sur le paquebot. Franz Kritisch, celui que le capitaine considère comme son meilleur timonier, est introuvable. La dernière fois qu'il a été aperçu, il se trouvait sur le pont, au moment de la levée du drapeau. On le retrouvera sans vie, dans un placard. Il s'est donné la mort sans autre explication. Gustav Schröder confie alors à son journal : *« Pour la troisième fois*

---

[1] Gustav SCHRÖDER, *Heimatlos auf hoher See*, Op. Cit, p. 11.
[2] Ibid, pp. 27-28.
[3] Rapport de Gustav SCHRÖDER à la Hapag, 27 mai 1939, USHMM : Hapag-Reederei, Staatsarchiv Hamburg, microfilm, USHMM : Acc. 2000.148.
[4] Gustav SCHRÖDER, *Heimatlos auf hoher See*, Op. Cit, pp. 8-9.

pendant ce voyage, je me sentais responsable de la mort de quelqu'un[1] ».

Pour le capitaine, le voyage du *St. Louis* demeurera à jamais un triste souvenir ; peut-être la pire traversée de sa vie. Après la guerre, Gustav Schröder écrira quelques ouvrages qui ne lui permettront pas de subvenir à ses besoins et à ceux de sa famille. Dans l'un de ses livres, il confie :

> Nous fîmes en mai un voyage vers La Havane sur le *St. Louis*, sur lequel je ne veux rien dire ici parce qu'il n'offre rien de plaisant. [2]

Gustav Schröder meurt en 1959. Pour son comportement extraordinaire, dans tous les sens du terme, à l'égard des passagers du *St. Louis*, il reçoit deux ans avant sa mort, en 1957, une médaille du gouvernement ouest-allemand le récompensant pour avoir sauvé la vie de Juifs. Il faudra attendre le 11 mars 1993 pour que le musée de Yad Vashem, en Israël, lui décerne à titre posthume le titre de « *Juste parmi les Nations*[3] ».

Quant au *S.S. St. Louis*, il continuera encore un temps sa carrière de paquebot de croisière, transportant les « *curistes par-delà la mer*[4] ». En janvier 1940, la presse allemande salue le retour du bateau dans « sa patrie » après sept mois de navigation. Le *St. Louis* est « *le dernier des cinq grands navires de croisière de la Hamburg-Amerika-Linie pour l'Amérique du Nord à rentrer dans*

---

[1] Ibid, pp. 30-31. Voir également le témoignage de Ruth ZELLNER, p.2. Leo Baeck Institute, AR 6437 et le rapport du capitaine SCHRÖDER du 17 juin 1939 envoyé à la Hapag, Hapag-Reederei, Staatsarchiv Hamburg, microfilm, USHMM : Acc. 2000.148.

[2] Gustav SCHRÖDER, *Fernweh und Heimweh*, Postdam, Rütten & Loening Verlag, 1943, p. 208.

[3] Ce titre récompense les personnes non juives qui ont sauvé des Juifs pendant la Seconde Guerre mondiale. Cette récompense est exceptionnelle dans le cas du capitaine Gustav SCHRÖDER, dans la mesure où la médaille des Justes est généralement décernée pour des actes qui eurent lieu pendant la guerre. Or, le capitaine Schröder sauva 907 vies quelques mois avant le déclenchement de la Seconde Guerre mondiale.

[4] Lettre du Maire de Franzenbad à la Hapag, 5 janvier 1940, Hapag-Reederei, 3002, Staatsarchiv Hamburg, microfilm, USHMM : Acc. 2000.148.

son port natal sous le commandement du capitaine Schröder[1] ». Moins d'un mois plus tard, le bateau est réquisitionné pour être mis à la disposition de la marine de guerre afin d'être utilisé comme navire d'habitation[2].

Par la suite, le luxueux paquebot sera transformé en hôtel avant d'être bombardé par la Royal Air Force en 1944, alors qu'il est ancré dans le port de Hambourg. Puis, il sera partiellement restauré après la guerre et, en 1950, ce qui était le fleuron de la flotte de la Hapag sera vendu avant d'être entièrement désossé.

Les réfugiés font débat

En Europe, l'accueil des passagers du *St. Louis* relance un temps la discussion sur la politique à l'égard des réfugiés en général. Ainsi, en Belgique, Victor de Laveleye, ancien ministre et également rapporteur du budget du ministère de la Justice, dépose un rapport à la Chambre belge, dont un chapitre est consacré au problème des réfugiés. Après l'arrivée des passagers du *St. Louis* en Belgique, Victor de Laveleye déclare : « [...] *notre capacité de recevoir des réfugiés est limitée. Il faut de toute nécessité, que ce courant soit freiné et surtout canalisé*[3] ». D'ailleurs, la presse européenne et notamment la presse juive se feront très largement écho de cette question sur les réfugiés. De nombreux articles abordent ce sujet et mentionnent régulièrement les ébauches de solutions proposées par les différents gouvernements mis devant le fait accompli.

Du statut de « *simples passagers* », les 907 personnes à bord du *St. Louis* se sont transformées en « *réfugiés* » après le refus de Cuba de les accepter. Ils remettent en question la définition même du *réfugié* en 1939, avec tous les clichés qu'elle véhicule alors. Le correspondant étranger pour *The Day*, B. Smolar, rédige une longue lettre significative sur le statut de réfugié, dans laquelle apparaît une ébauche de réflexion à ce sujet. Rappelant tout d'abord que les 907 passagers ont trouvé un asile provisoire en Europe après « *la faute commise par quelqu'un en Amérique* », B.

---

[1] *Kölnische Zeitung*, 2 janvier 1940 ; *Bremer Nachrichten*, 2 janvier 1940 ; *Hamburger Tageblatt*, 2 janvier 1940.

[2] Lettre du 7 février 1940. Hapag-Reederei, 3002, Staatsarchiv Hamburg, microfilm, USHMM : Acc. 2000.148.

[3] *Samedi*, 1er juillet 1939, p. 3.

Smolar souligne que *« à présent, ils commenceront à réaliser ce que cela signifie un réfugié*[1] *»*. Il est vrai que

> sur le *St. Louis*, ils étaient des passagers et voyageaient grâce à leurs propres ressources. A Cuba, ils auraient été des hommes libres, et à seulement un saut de puce de l'Amérique. Pourtant, ils sont désormais devenus des réfugiés, dans tous les sens du terme. En Belgique, en Hollande et en Angleterre, ils sont contraints de vivre dans des camps de réfugiés, en attendant la possibilité de refaire le voyage pour Cuba et l'Amérique. En France, ils sont sous la surveillance constante de la police et n'ont pas le droit de se rendre à Paris. [2]

De passagers juifs fuyant l'Allemagne par leurs propres moyens pour se rendre à Cuba, les 907 personnes du *St. Louis* ont basculé, une décision plus tard, dans la catégorie des réfugiés. Ils sont devenus des « assistés », aidés par le Joint et les divers comités et associations des 4 pays d'Europe qui s'occupent généralement des réfugiés leur ayant également porté secours. On a contraint les 907 Juifs du *St. Louis* à perdre toute autonomie ; ils sont pris en charge par les associations d'aide, simplement parce que les circonstances en ont décidé ainsi. A Cuba, peu d'entre eux auront eu longtemps recours à l'aide d'associations caritatives. D'ailleurs, lorsque l'Europe les découvre, nombreux sont les journalistes à faire part de leur étonnement face à ces personnes qu'ils décrivent comme bien habillées et appartenant à un niveau social élevé. Ces détails n'échappent pas non plus à B. Smolar qui écrit :

> ceux qui virent les réfugiés débarquer du *St. Louis* furent surpris par le fait que les passagers fussent bien habillés et eussent beaucoup de bagages.

Néanmoins, il s'empresse d'expliquer cette vision :

> Mais il n'y a rien de surprenant à cela. Ils ne voyageaient pas en tant que réfugiés, sans aucun but. Ils voyageaient comme passagers, comme des immigrants avec des visas. Ils croyaient

---

[1] Tragedy of the *Saint Louis*. A letter from Paris, by B. SMOLAR, Foreign Correspondent of *The Day*, USHMM : boîte thématique : *St. Louis*.
[2] Ibid.

> qu'ils se rendaient à Cuba puis, plus tard, en Amérique où ils auraient été autorisés à commencer une nouvelle vie. Maintenant, ce sont des réfugiés.[1]

Une fois revenus en Europe, ils connaîtront presque le même sort que les autres réfugiés, arrivés par leurs propres moyens, quelques années voire quelques mois avant eux. En juillet 1940, après avoir reçu de nombreux appels au secours émanant d'anciens passagers du *St. Louis* internés dans des camps en France, Joseph J. Schwartz, vice-président du Joint, écrit à Morris Troper : *« à notre avis, il est impossible de traiter le groupe du* St. Louis *différemment d'autres réfugiés qui se trouvent dans des camps ou qui sont réfugiés n'importe où en France ».* [2]

Qui se souvient à cette date que ces réfugiés ont, seulement un an plus tôt, été des passagers fuyant l'Allemagne, embarqués sur l'un des plus luxueux paquebots de la flotte allemande ?

Pour ce qui concerne Cuba, l'afflux de réfugiés juifs ne sera pas complètement interrompu pendant la guerre, malgré le trafic de Benitez et un certain durcissement de la politique. En effet, en mai 1940, le gouvernement cubain décrète que plus aucun réfugié politique ou « racial » ne sera admis sur le territoire. Néanmoins, à partir de la fin de l'année 1940 et jusqu'à la première moitié de 1941, le règlement concernant le dépôt d'argent obligatoire pour immigrer sera appliqué avec moins de rigueur. En revanche, la seconde moitié de 1941 se révèlera dévastatrice pour les Juifs d'Allemagne, en raison de la fermeture des consulats américains. A la même période, Cuba délivre près de 35.000 visas. Mais les démarches pour immigrer ne seront pas facilitées pour autant. Au contraire, les barrières se multiplient, et les candidats à l'immigration doivent contourner de nouveaux obstacles. Ainsi, le 3 novembre 1941, l'Allemagne décide d'interrompre la ligne de chemin de fer jusqu'à Lisbonne, passage que de nombreux Juifs empruntent pour fuir le régime nazi et les persécutions. Malgré cette mesure, 1.500 Juifs allemands réussiront à rejoindre Cuba[3].

---

[1] Ibid.

[2] Lettre de Joseph J. SCHWARTZ à Morris C. TROPER, 29 juillet 1940, JDC : 391.

[3] Arieh TARTAKOWER & Kurt R. GROSSMANN, *The Jewish Refuge*, New York, Institute of Jewish Affairs of the American Jewish Congress and World Jewish Congress, 1944, p. 321.

En dépit de la montée de l'antisémitisme à Cuba, de la radicalisation de la politique d'immigration et des diverses démarches administratives, rendues plus compliquées par la guerre, on dénombre près de 8.000 Juifs qui s'y réfugient entre 1933 et 1942[1]. Puis, Cuba entre à son tour en guerre contre les puissances de l'Axe. Le 19 avril 1942, un décret interdit toute délivrance de nouveaux visas touristiques. Cependant, tout réfugié déjà présent dans l'île reçoit l'autorisation d'y demeurer pendant une durée illimitée et peut même y développer une activité rémunératrice qui lui était jusqu'alors interdite[2].

---

[1] Robert M. LEVINE, *Tropical Diaspora*. The Jewish Experience in Cuba, Op.cit, p. 132.

[2] Arieh TARTAKOWER & Kurt R. GROSSMANN, *The Jewish Refuge*, Op. Cit, p. 321

CONCLUSION

Segismundo : [...] el delito mayor del hombre
es haber nacido.[1]

On l'aura compris, l'asile accordé aux réfugiés par les quatre pays d'Europe ne devra être que temporaire. Pour ceux qui sont inscrits sur les listes de quotas aux Etats-Unis, la HICEM se charge des démarches administratives[2]. Le Joint aussi s'occupe des anciens passagers et il est sollicité par certains d'entre eux, même lorsque la guerre est déclarée. Sur place, les divers comités d'aide aux réfugiés et associations prennent le relais. Mais le répit est de courte durée. Mis à part ceux qui seront recueillis par l'Angleterre, moins de trois mois après leur arrivée en France, en Hollande et en Belgique, les anciens passagers du *St. Louis* se retrouvent prisonniers de l'Occupant allemand.

Il est difficile de reconstituer le destin de chacun des passagers du *St. Louis* une fois la guerre déclarée[3]. En France, on retrouve la trace de certains d'entre eux, internés dans les camps du sud. Des documents épars mentionnent la présence de tel ancien passager du navire de la Hapag, dans tel camp. Ainsi, lors d'une visite le 18 janvier 1940, au camp des Sables dirigé par le capitaine Thomas, un vendéen, Joseph Millner, délégué pour l'Union OSE écrit :

> Au camp des Sables se trouvent environ 12 internés du bateau '*Flandre*' à Ruchard[4], presque le même nombre provient du '*St. Louis*'. On sait que ces réfugiés, qui voyageaient sur les bateaux, ont été admis en France dans des conditions spéciales

---

[1] Calderon de la BARCA, *La vida es sueño*, Paris, Aubier-Flammarion, 1976, p.72. Traduction : le plus grand crime de l'homme, c'est d'être né.

[2] *Ce Soir*, 21 juin 1939, p. 4.

[3] Une équipe de chercheurs du USHMM, dirigée par Scott MILLER et Sarah OGILVIE, a reconstitué le parcours de l'ensemble des passagers et un livre devrait être publié prochainement.

[4] Autre camp en Indre-et-Loire, situé à environ 30 kms de Tours.

> grâce au geste humain de MM. les Présidents Daladier et Sarraut. Il faut que, dans leur cas, on suive une politique tout à fait spéciale, car ils méritent des égards de bienveillance, car on leur a fait en son temps, des promesses.[1]

Les promesses auxquelles ce rapport fait allusion concernent l'immigration des réfugiés du *St. Louis* à partir des pays d'Europe qui leur ont donné asile. Mais le déclenchement de la guerre a compliqué davantage les démarches et retardé leur départ. Durant toute la durée du conflit, les anciens passagers du *St. Louis*, y compris ceux qui seront internés dans des camps, tenteront tout ce qui est humainement possible pour quitter les pays occupés dans lesquels la législation antisémite a été promulguée. Ils écrivent des dizaines de lettres adressées à toutes les personnes susceptibles de les aider à quitter l'Europe.

Du camp de St. Cyprien, dans les Basses-Pyrénées (actuellement 'Pyrénées-Orientales'), l'ancien passager Adolf Hess envoie cette lettre au consul général des Etats-Unis à Marseille, en septembre 1940 :

> Monsieur le Consul,
>
> Veuillez donc avoir l'obligeance de m'envoyer les fiches à remplir pour l'immigration aux Etats-Unis d'Amérique pour moi, ma femme et mes deux filles, âgées de 13 et 17 ans. Je me permets de vous prier de bien vouloir faire enregistrer tout de suite moi et ma famille pour l'immigration aux Etats-Unis d'Amérique. Nous sommes tous des réfugiés du paquebot '*St. Louis*', israélites d'origine allemande.
>
> Tout en vous remerciant d'avance, veuillez agréer, Monsieur le Consul, l'assurance de ma parfaite considération.
>
> Adolf Hess.
>
> Ilot 6 baraque 24. Camp de St. Cyprien [...] *Courrier des internés civils franc de port.*[2]

---

[1] Visite de M. MILLNER le 18 janvier 1940, CDJC : CCCLXXIII-5. Joseph Millner était délégué de l'Union des Sociétés-Œuvre de Secours aux Enfants, qui participait à la Commission des Centres de rassemblement de l'inter-comité des œuvres françaises d'assistance aux réfugiés (groupement de coordination d'aide et de protection, dont Robert de ROTHSCHILD était président).

[2] Lettre de Adolf HESS au Consul général des Etats-Unis, 27 septembre 1940. USHMM : Vera MAHLER, 2000.130. [Fille de Adolf HESS].

Moins de deux mois plus tard, Gaston Kahn, directeur du Comité d'Assistance aux Réfugiés (CAR), association repliée à Marseille, rédigeait un certificat pour Adolf Hess :

> Je soussigné, Gaston KAHN, Directeur du COMITE D'ASSISTANCE AUX REFUGIES, dont le siège social est à Paris, 60, rue Jouffroy, et actuellement replié à Marseille, 49, rue de la Paix, certifie par la présente que Monsieur Adolf HESS réfugié du bateau ' *Saint-Louis* ', actuellement retenu au camp de GURS (Basses Pyrénées), sera pris en charge par notre Comité, au cas où les Autorités pourraient lui accorder sa libération.[1]

Pour les mêmes raisons, un groupe d'internés, transférés du camp de Malavieille en Lozère au camp de St. Cyprien dans les Pyrénées orientales, envoie un appel au secours à l'*American Joint Dictribution Committee* à New York :

> Messieurs,
>
> Nous avons l'honneur de nous adresser à vous pour une situation pleine de désespoir, avec la demande pressante de bien vouloir vous occuper de nous et ne pas nous refuser votre aide et assistance. Internés depuis quelque temps à Malavieille-Marvejres [sic: Marvejols] (Lozère)[2], camp relativement hygiénique, nous avons été transférés il y a 8 jours au camp de St. Cyprien, mieux connu sous le surnom : 'L'enfer de St. Cyprien'. L'état du camp correspond vraiment aux descriptions déjà trop connues. Nous sommes logés dans des baraques en bois, sur une mince couche de paille mise simplement sur le sable. A notre arrivée, ces baraques étaient pleines d'excréments humains et qui ont été en hâte et très superficiellement nettoyés par nous-mêmes. Exposés pendant la journée à un soleil impitoyable, sans abri et sans merci, la nuit au froid humide, nous subissons par surcroît la vermine qui s'est partout répandue par l'état incroyablement sale du camp (puces, poux, moustiques, gros rats). Ce n'est pas étonnant qu'on s'occupe en ce moment à [manque un mot] une épidémie de fièvre typhoïde qui sévit au camp et qui a déjà entraîné de nombreux morts et des cas de malaria (fièvre paludéenne). Pour nous les hommes, il s'agit presque exclusivement de personnes titulaires de papiers d'iden-

---

[1] Certificat de Gaston KAHN en faveur de Adolf Hess, 15 novembre 1940. USHMM : Vera MAHLER, 2000.130. [Fille de Adolf HESS].

[2] Il s'agissait du camp de Marvejols situé non loin de Mende en Lozère.

tité français possédant des certificats d'hébergement et [manque un mot] la preuve de moyens d'existence. Parmi eux, il y a 16 réfugiés du *St. Louis*, enregistrés au Consulat des Etats-Unis et dont se porte garant le Joint Distribution Committee-New York jusqu'à leur immigration aux Etats-Unis. Vous n'ignorez certes pas que, dans d'autres camps, on a libéré souvent des gens de notre catégorie à la seule présentation d'un certificat d'hébergement. Nous vous supplions de ne pas reculer devant aucun moyen en votre pouvoir pour arriver à ce qu'on ferme d'urgence ce foyer d'infection, avant que l'épidémie exige de nouvelles victimes. Toute tentative d'apporter une amélioration à un état de choses serait condamnée à un échec sûr.

Nous ne voyons plus aucune raison valable de nous maintenir au camp d'internement, ayant tous vécu en toute loyauté et sans reproche pendant de longues années dans ce pays. Nous vous prions d'essayer notre libération ou, au moins, d'arriver à une solution transitoire nous permettant de vivre avec nos familles dans un département quelconque. Jusqu'à la réalisation d'une telle solution, qui devrait être réalisée sans délai, nous vous prions de bien vouloir prendre en considération la nécessité immédiate de nous pourvoir en produits de désinfection pour combattre la vermine et de médicaments de toutes sortes. Il manque également des produits alimentaires, la nourriture étant totalement insuffisante.

Nous mettons, Messieurs, tout notre espoir dans l'efficacité de nos démarches dont nous ne pouvons que souligner encore une fois la nécessité absolue et l'extrême urgence. Nous vous remercions d'avance, Messieurs, de tous vos efforts que vous daignerez faire dans l'intérêt de cette tâche humanitaire qui s'impose.

Veuillez agréer, Messieurs, l'assurance de notre parfaite considération.[1]

Les anciens passagers ne peuvent ni comprendre, ni accepter la situation dans laquelle ils se trouvent, après avoir été « sauvés » par le Joint. Ils sont passés d'une situation d'exception à celle que connaissent quotidiennement des milliers de réfugiés juifs en France. Pendant leur internement, les réfugiés du *St. Louis* se raccrochent à l'unique espoir de traverser l'Atlantique. Les

[1] Lettre d'un groupe d'internés provenant du camp de Malavieille (Lozère), camp de St. Cyprien par Elne (Pyrénées-Orientales), Ilot 6, baraque 24, adressée au Joint. Courrier à adresser à Monsieur Wilhelm ENGELBERG. 7 septembre 194... [Date illisible, papier déchiré], JDC : 381.

démarches administratives sont longues et les anciens passagers doivent s'armer de patience, tout en tentant d'échapper aux persécutions antisémites. Malgré les promesses qui leur ont été faites, ils se fondent chaque jour un peu plus dans la catégorie des réfugiés, comme les autres qui sont arrivés en France à partir de 1933 et qui essaient par tous les moyens de sauver leur vie. Après leur accueil en France et le déclenchement de la guerre, chaque parcours est semé d'embûches.

Ainsi, dès son arrivée à Boulogne, la famille Lehrer, composée de la mère et de ses deux enfants, est envoyée dans un hôtel à Loudun. Le père avait été tué en septembre 1938 et la mère décida de fuir Vienne, en Autriche, avec ses enfants. La famille Lehrer s'est inscrite sur les listes de quotas américains. Un an après leur départ d'Autriche, la mère reçoit un courrier l'informant que leur numéro doit sortir d'ici un mois. De Loudun, elle se rend donc à Paris en compagnie de sa fille et de son fils mais, au même moment, les Allemands envahissent la Belgique et, en France, les Parisiens prennent la route de l'Exode. La ville de Loudun voit alors arriver des réfugiés de Belgique, de Hollande et du nord de la France. Les événements rattrapent la famille Lehrer qui décide de traverser la ligne de démarcation, proche de Loudun, afin de passer en zone libre. Les trois membres de la famille prennent le train pour Poitiers[1], puis se rendent jusqu'à Limoges.

De son côté, la famille du père, qui vit à New York, poursuit les démarches pour tenter d'arracher les deux enfants et leur mère aux griffes de l'Occupant et de la police française. Finalement, à l'automne 1941, le consulat américain à Lyon les informe que leurs visas pour les Etats-Unis sont prêts. Il leur faut auparavant obtenir des visas de transit pour se rendre en Espagne et au Portugal, passages obligés pendant la guerre pour partir en Amérique. Il faut également que les Autorités françaises leur délivrent un visa de sortie du territoire. En dépit de ces méandres administratifs et de ces pièges, la mère et ses deux enfants réussissent à embarquer pour les Etats-Unis sur le bateau américain

[1] D'autres réfugiés du *St. Louis* se trouvaient à Poitiers, où ils furent internés au camp de la route de Limoges. Ce fut le cas de la famille de Ruth KISSINGER. Souvenirs de Ruth KISSINGER. CDJC : non coté.

Exeter après avoir reçu à Lisbonne les billets achetés par leurs parents de New York[1]. Eux, seront sauvés.

Dans ces démarches compliquées pour des réfugiés qui ne parlent pas le plus souvent la langue de l'administration qui décide de leur sort, la *HIAS-JCA Emigration Association* est le lien entre les candidats au départ et le pays de transit ou d'accueil. Elle prévient les réfugiés en attente de billets sur n'importe quel bateau que leur voyage est confirmé[2]. Cette association se charge même de l'obtention du billet, si cela est nécessaire.

Grâce à la HIAS, la famille Cohn, dont les membres étaient sur le *St. Louis*, réussit à embarquer sur le *S.S. Nyassa* à Lisbonne pour se rendre à… Cuba[3]. En pleine guerre, l'histoire se répète plus ou moins pour certains anciens passagers du bateau de la Hapag, qui se voient contraints de solliciter de nouvelles administrations dans le but d'obtenir tous les papiers nécessaires à leur départ de France. Eugène Cohn doit même écrire au Ministère de la Justice, à Vichy, pour demander un extrait de casier judiciaire, document indispensable pour émigrer à Cuba[4]. Plus incongru encore est le document produit par le maire de la petite ville de Notre-Dame de Souillac en Dordogne[5], où les Cohn sont réfugiés, destiné à certifier que Hélène Cohn « *est de bonne vie et mœurs*[6] ». Il faut également produire des certificats de bonne santé, délivrés par les représentations étrangères des pays par lesquels les réfugiés doivent transiter. La famille Cohn a donc passé plusieurs visites médicales, pour être en mesure de présenter un certificat de bonne

---

[1] Liane REIF-LEHRER, « « Memory's Edge ». A survivor's story for the month in which we commemorate the victims of the Holocaust », In : *Boston*, avril 1988, vol. 80, N° 4.

[2] Lettre de la *HIAS-JCA Emigration Association* à Eugène COHN à Marseille, USHMM : Gunter COHN, 1998.A.0040.

[3] Lettre de la *HIAS-JCA Emigration Association* à Eugène COHN et Madame à Marseille, USHMM : Gunter COHN, 1998.A.0040.

[4] Lettre de Eugène COHN au Ministre de la Justice à Vichy, 21 avril 1941, USHMM : Gunter COHN, 1998.A.0040.

[5] Sur la présence des Juifs en Dordogne pendant la guerre, consulter le livre de Bernard REVIRIEGO, *Les Juifs en Dordogne 1939-1944*, préface de Serge KLARSFELD, Périgueux, Archives départementales de la Dordogne/Editions Fanlac, 528 p. et, particulièrement, le fonds 1W494 conservé aux Archives départementales à Périgueux.

[6] Certificat de bonne vie et mœurs, 14 juin 1941, USHMM : Gunter Cohn, 1998.A.0040.

santé et de vaccinations[1] demandé par la République de Cuba, ainsi qu'un autre certificat pour transiter par le Portugal[2].

Nombreux seront les anciens passagers du *St. Louis* à connaître un sort comparable ou plus tragique. La famille Karliner est originaire de Peiskretscham, en Silésie[3]. Au début du XXe siècle, les grands-parents de Herbert Karliner possèdent une épicerie située dans la Tasterstrasse[4]. A la maison, les adultes parlent polonais et allemand. Herbert ne parle que l'allemand, comprenant seulement quelques mots de polonais. Le yiddish n'est pas parlé à la maison. Herbert l'apprendra plus tard... en France, entouré de garçons le parlant. Herbert a 11 ans en 1938 lorsque son père, Joseph, ancien combattant de la Première Guerre mondiale, est arrêté lors de la Nuit de Cristal. Après trois semaines passées dans le camp de Buchenwald, Herbert ne reconnaît pas son père à sa sortie.

Depuis son enfance, Herbert Karliner rêve d'immigrer en Amérique. Il a trois frères et sœurs : Ruth, Ilse et Walter. Après de longues démarches, la famille obtient des papiers pour Shanghaï et peut faire sortir le père de Herbert de Buchenwald. Mais ils quittent l'Allemagne sur le *St. Louis* en embarquant avec 27 malles contenant toute leur vie[5].

La famille Karliner est accueillie en France. Les parents de Herbert se réfugient à Mirebeau, près de Poitiers, tandis que Herbert et son frère sont recueillis par l'OSE et placés dans un home d'enfants à Montmorency. Herbert fête sa *bar-mitsva*, sans

---

[1] *Certificado de buena salud y vaccinacion* délivré à Eugène COHN par le Dr. Julio A. PINEYRO, Marseille, 10 novembre 1941, USHMM : Gunter COHN, 1998.A.0040.

[2] *Policia de Vigilancia e Defesa do Estado, Defesa sanitaria anti-epidemica do Pais*, Lisbonne, 12 décembre 1941, USHMM : Gunter COHN, 1998.A.0040.

[3] Les principales informations concernant la famille KARLINER sont extraites d'une interview de Herbert KARLINER, réalisée le 31 juillet 2003.

[4] Gordon THOMAS & Max MORGAN-WITTS, *Voyage of the Damned*, Loughborough, Dalton Watson Fine Books, Limited Leatherbound Library Edition, second edition, 1994, p. 10.

[5] Témoignage de Herbert KARLINER, In : *Le Voyage du St. Louis*, (Documentaire) Galafilm Inc. Films d'Ici, Op. cit. Voir également : Diane AFOUMADO, « Les 'vaisseaux-fantômes' à la veille de la Seconde Guerre mondiale », In : *Revue des Etudes Juives*, Op. cit, p. 423.

ses parents, dans la maison 'Les Tourelles' appartenant à l'OSE[1]. Comme tous les réfugiés, les Karliner ne peuvent travailler en France. Cependant, la mère de Herbert fait quelques petits travaux de couture pour un tailleur juif. Par précaution, la mère de Herbert a dit à ses enfants que si quelque chose les séparait, ils se retrouveraient à Mirebeau. A la fin de la guerre, Herbert se rendra donc dans la maison que ses parents ont occupée. Il n'y trouvera plus personne. Ses parents et ses deux sœurs ont été arrêtés, puis déportés[2].

Lorsque le *St. Louis* longeait la côte de Floride, Herbert avait découvert l'Amérique et Miami. Il en gardera un souvenir si fort qu'il se promet d'y vivre, si la chance lui permet un jour de débarquer aux Etats-Unis :

> J'étais très impressionné. J'ai vu les splendides hôtels, le sable de la plage, les voitures qui roulaient au loin. Vous me croirez ou non mais, à cet instant, je me suis promis que si jamais je revenais, ce serait là que je viendrais vivre.[3]

Des 6 membres de la famille Karliner, seuls Herbert et son frère Walter ont survécu. Leurs parents et leurs deux sœurs seront déportés et assassinés. Le destin fait qu'après leur avoir permis de traverser l'Atlantique et manqué de peu le droit à la vie, 4 d'entre eux furent transportés à Auschwitz, à environ 35 kilomètres de Peiskretscham. En moins de 4 ans, les parents et leurs 2 filles ont parcouru des milliers de kilomètres pour revenir mourir près de leur ville natale.

Herbert et Walter demeurent quelque temps en France après la guerre. Herbert travaille pour l'OSE et accueille dans le

---

[1] La maison d'enfants 'Les Tourelles' était située avenue de Paris à Soisy-sous-Montmorency (dans le Val-d'Oise actuel). Elle fut ouverte en août 1939 et évacuée en juin 1940.

[2] Joseph KARLINER fut arrêté à Mirebeau en novembre 1942, conduit à l'Hôpital Rothschild, transféré au camp de Drancy le 11 novembre 1943, avant d'être déporté à Auschwitz le 20 novembre. Martha, Ilse et Ruth furent arrêtées le 1er novembre 1942 à Mirebeau, internées à Drancy, puis déportées à Auschwitz le 6 novembre 1942.

[3] Témoignage de Herbert KARLINER, In : *Le Voyage du* St. Louis (Documentaire), Galafilm Inc. Films d'Ici, Op. cit. Voir également : Diane AFOUMADO, « Les 'vaisseaux-fantômes' à la veille de la Seconde Guerre mondiale », In : *Revue des Etudes Juives*, Op. cit, p. 432.

château d'Ecouis[1], en Haute Normandie, des garçons venant de Buchenwald. Elie Wiesel est parmi eux. Grâce à un affidavit envoyé par un oncle installé en Amérique, Herbert parvient à New York en décembre 1946. Il y survit quelque temps grâce à des petits boulots, puis un de ses amis lui fait part de son désir d'aller à Miami en Floride, dans une voiture qu'il vient d'acquérir. Herbert n'hésite pas un instant. Ils partent ensemble pour Miami. Herbert Karliner a déjà gagné l'Amérique, il peut alors réaliser la promesse qu'il s'est faite un jour sur le pont du *St. Louis*.

Herbert Karliner vit aujourd'hui en Floride, à quelques kilomètres du centre de Miami. D'une de ses fenêtres, il contemple la baie qui sépare la terre ferme de la mer qu'on aperçoit au loin. Herbert a donc réalisé son rêve, aux termes d'un long parcours qui le conduisit d'Europe en Amérique. Aujourd'hui, il est un témoin infatigable de l'histoire du *St. Louis*. Il répond à des interviews de journalistes, fait visiter le Mémorial de l'Holocauste de Miami à des classes d'élèves et d'étudiants américains, entretient des contacts avec d'autres survivants du *St. Louis* vivant aux Etats-Unis, mais aussi dans d'autres pays. Il est aussi un membre influent de l'OSE aux Etats-Unis. D'une certaine manière, il n'a jamais rompu le lien qui le relie à l'histoire du *St. Louis* et à ceux qui lui ont, à diverses étapes de sa vie, tendu une main secourable.

Pendant la guerre, les anciens passagers du *St. Louis* qui ont trouvé asile en France sont, pour la plupart, pris en charge par l'OSE et le Comité d'Assistance aux Réfugiés (CAR) qui tiennent le Joint régulièrement informé des sommes dépensées dans ce but. Les deux organisations françaises font parvenir des documents au Joint concernant tout changement de situation d'un ancien passager, et suivent le parcours de chacun, y compris dans les divers camps d'internement.

En février 1941, Gaston Kahn, directeur du *Comité d'Assistance aux Réfugiés* tient Herbert Katzki, directeur de

---

[1] Sur les enfants de Buchenwald, cf. : Judith HEMMENDINGER, *Les Enfants de Buchenwald. Que sont devenus les 1000 enfants juifs sauvés en 1945 ?* Artigues-près-Bordeaux, Editions Pierre-Marcel Favre, 1984, 203 p. Ces adolescents orphelins, rescapés d'Auschwitz, avaient effectué la marche de la mort avant de rejoindre le camp de Buchenwald où ils furent enfermés dans la baraque 66. Le 11 avril 1945, des soldats américains les découvrirent à Buchenwald. En moins de deux mois, la France, la Suisse et l'Angleterre les recueillirent. En France, l'OSE les plaça dans des sanatoriums à Ecouis, Ambloy et à Tavernis.

l'*American Joint Distribution Committee* à Marseille, informé des changements de situation de certains anciens passagers du *St. Louis* auxquels le CAR envoie des mandats. Il dresse une liste de noms et, pour chacun, fournit de brèves explications sur l'état de l'aide. On apprend alors que des passagers ayant auparavant fait partie du contingent envoyé en Belgique, se trouvent à présent en France. 47 personnes ont ainsi franchi la frontière après l'invasion de la Belgique par les troupes allemandes, tandis que 32 ne s'adressent plus au CAR pour recevoir de l'aide, et Gaston Kahn ignore ce qu'il est advenu d'eux[1].

De la même manière, en février 1942, l'OSE répond à une demande du Joint en fournissant la liste des enfants dont elle a la charge :

> En réponse à votre lettre du 6 février, veuillez trouver les renseignements que vous demandiez concernant les enfants du *St. Louis*. En juin 1940, au moment de l'évacuation de notre home d'enfants à Montmorency (Seine-et-Oise), 27 enfants du *St. Louis* s'y trouvaient. Ci-après, leurs noms :
>
> 1. *GOLDSTEIN Heinz*
> 2. *GREVE Evelyne*
> 3. *GREVE Heinz*
> 4. *HEILBRUNN Gunther*
> 5. *HEILBRUNN Inge*
> 6. *HEILBRUNN Ruth*
> 7. *HESS Ilse*
> 8. *HESS Vera*
> 9. *JOEL Gunther*
> 10. *JOSEPH Brigitte*
> 11. *KARLINER Herbert*
> 12. *KARLINER Ruth*
> 13. *KARLINER Walter*
> 14. *MANASSE*
> 15. *MENDEL*
> 16. *MENDEL*
> 17. *MOSES*
> 18. *MOSES*
> 19. *ROTH*
> 20. *ROTHOLZ*
> 21. *SCHELANSKY*
> 22. *SKOTZKY*
> 23. *SKOTZKY*
> 24. *WEILL*
> 25. *TRODEL*
> 26. *WINDMULLER*
> 27. *WINDMULLER*
>
> 18 de ces enfants ont été placés dans nos homes de la zone non occupée. Ci-après, leurs noms :
>
> 1. *GREVE Heinz* Montintin
> 2. *HEILBRUNN Gunther* Montintin

[1] Lettre de Gaston KAHN du CAR à Herbert KATZLI du AJDC Marseille, 17 février 1941, JDC : 381.

3. HEILBRUNN Inge	Montintin, puis Le Gouret
4. HELBRUNN Ruth	Montintin, puis Le Gouret
5. HESS Ilse	Montintin
6. HESS Vera	Montintin
7. JOEL Gunther	Chaumont
8. JOSEPH Brigitte	Masgelier
9. KARLINER Herbert	Chaumont
10. KARLINER Walter	Chaumont
11. MENDEL Elisabeth	Masgelier
12. MENDEL Karl	Masgelier
13. ROTHOLZ Horst	Montintin
14. SCHELANSKY Hans	Montintin
15. SKOTSKY Helga	Montintin
16. SKOTZKY Ilse	Montintin
17. WINDMULLER Hans	Montintin
18. WINDMULLER Rudi	Montintin.[1]

Tandis que certains enfants se trouvent sous la protection de l'OSE, leurs parents tentent de rester en vie et d'échapper à l'internement. Mais beaucoup d'anciens passagers du *St. Louis* se retrouvent internés dans les camps en France, avant d'être déportés et massacrés dans un des centres de mise à mort en Pologne[2]. On trouve par exemple des anciens passagers internés dans les camps de la route de Limoges à Poitiers (Vienne), à Gurs (Basses-Pyrénées), aux Milles (Bouches-du-Rhône), à St. Cyprien (Pyrénées-Orientales). Le Joint est régulièrement informé de leur disparition du territoire français[3]. Ces échanges recensent par la même occasion les suicides d'anciens passagers.

Mais le Joint ne reçoit pas que de mauvaises nouvelles. Des courriers dressent aussi la liste de ceux qui ont réussi à partir

---

[1] Lettre de l'OSE de Montpellier, signée A. LOURIE et Dr. GOURVITCH envoyée au JDC à Marseille, 11 février 1942, JDC : 381.

[2] Serge KLARSFELD, *Le Mémorial de la Déportation des Juifs de France*, édité et publié par Beate et Serge KLARSFELD, Paris. Les listes ont été régulièrement augmentées par des fascicules publiés à part, au fur et à mesure que Serge Klarsfeld trouvait des noms supplémentaires.

[3] Lettres du *Comité d'Assistance aux Réfugiés* à l'*American Joint Distribution Committee*, 16 janvier 1942 ; 9 mars 1942 ; Lettre de J. JEFROYKIN de l'*AJDC* à Marseille à l'*AJDC* à Lisbonne, 5 septembre 1942 ; 9 septembre 1942 ; Lettres de Joseph J. SCHWARTZ de l'*AJDC* Lisbonne à l'*AJDC* New York, 27 septembre 1942 ; 30 septembre 1942 ; 10 octobre 1942, JDC : 381.

enfin pour les Etats-Unis[1]. Pendant le premier trimestre de l'année 1942, le Joint n'a plus que 271 personnes à sa charge, sur l'ensemble des anciens passagers et a alors dépensé 453.000 dollars. A la fin de la guerre, sur les 250 passagers qui ont débarqué en France, 78 seront déportés à Auschwitz[2].

En Hollande, les réfugiés du bateau de la Hapag sont placés en quarantaine, dans un camp d'immigrés, dès leur arrivée à Rotterdam. Dans une lettre d'un ex-passager, le 7 juillet 1939, le traitement infligé aux réfugiés est décrit avec précision :

> Ce camp se compose de 7 baraques très hygiéniques et donne directement sur la Maas, près du port. L'air est frais comme à la mer. Les hommes et les femmes sont séparés en grands dortoirs ; les enfants aussi ; c'est très pénible. [...] La censure et une forte surveillance règnent (nous ne devons pas quitter le camp sans permission et pas avant 2 semaines) ; c'est la raison pour laquelle je te demande de ne rien dire sur ce qui suit. Je confie cette lettre à une connaissance.
>
> Bien que le camp soit situé dans une zone épineuse, nous sommes gardés par 2 policiers avec des chiens. Personne ne doit quitter le camp, sauf si l'on a demandé des vacances, mais seulement après 2 semaines de présence. La nourriture est très bonne, mais pas assez conséquente pour les hommes ; il y a très peu de viande. Le tout parfaitement rituel, seul péché, l'utilisation de la margarine, mais pas de beurre. Comment notre enfant va-t-il grandir ? Nous pouvons acheter du beurre dans une cantine, mais combien de temps encore ? Dessert : pratiquement rien, pas de fruits. Pas de vie sociale, comme dans les camps anglais par exemple. Le travail consiste à tenir les baraques propres, c'est tout.
>
> On se pose la question : quand allons-nous partir pour l'Amérique ? Nous sommes ici comme en prison, sous contrôle. Comment le contingent berlinois va être réparti, personne ne le sait. Des dames du Comité viennent nous voir, partagent du chocolat et des vêtements (drôle de sentiment, nous qui faisions l'inverse) pour les enfants. Nous avons entendu dire que les autres passagers du *St. Louis* se trouvent dans d'autres pays, peu sont libres. Les anciens du camp ne nous accueillent pas très amicalement et nous espionnent partout. [...]Terrible est un

---

[1] Lettres du *Comité d'Assistance aux Réfugiés* à l'*American Joint Distribution Committee*, 2 octobre 1941 ; 16 janvier 1942 ; 5 février 1942 ; 9 mars 1942 ; 9 juin 1942 ; 30 juin 1942, JDC : 381.

[2] Nombre transmis par Scott MILLER du USHMM.

destin d'émigré, spécialement lorsqu'il est si dépendant. [...] Il n'est pas directement tragicomique que 5 semaines après le départ, nous nous retrouvons à peu d'heures de vol d'oiseau de Berlin.[1]

Une fois encore, tout comme dans les autres pays d'Europe occupée, le sort de certains anciens passagers qui sont recueillis par la Hollande est parfois identique à celui des autres réfugiés. Selon un document de novembre 1943, certains d'entre eux se retrouvent au camp de Westerbork, plaque tournante de la déportation vers les centres de mise à mort de Pologne[2]. Là aussi, le Joint supporte le poids financier des anciens passagers du *St. Louis*. En janvier 1941, le *Comité voor Joodsche Vluchtelingen* informe le Joint que la somme 35.401,39 *guilders* [florins] a été débitée de son compte au profit des passagers du *St. Louis*[3].

Ceux qui ont eu la chance d'aller en Angleterre échappent aux persécutions antisémites et à l'Occupation allemande. C'est le cas de la famille de Josef Joseph, dont la fille Liesl a remercié Morris Troper au nom de tous les enfants du *St. Louis*. Grâce à une amie de la mère de Liesl, qui connaissait l'Archevêque de York, la famille Joseph peut débarquer dans cette ville, chez un fabriquant de chocolat. Josef Joseph a rapidement la conviction que, bien que sa famille soit à l'abri des persécutions antisémites allemandes, l'Amérique doit être leur ultime destination. La famille Joseph reçoit une petite aide de la part des associations juives en Angleterre, puisqu'il est interdit à Josef Joseph de travailler. Lorsque la guerre est déclarée, Liesl est envoyée, tout comme ses camarades d'école, à la campagne. Cette décision est prise par le gouvernement britannique dans le but de mettre les enfants à l'abri d'éventuels bombardements, notamment sur Londres. Très rapidement, la famille peut obtenir les papiers nécessaires pour immigrer aux Etats-Unis. Ils arrivent à New York le 10 septembre

---

[1] Leo Baeck Institute, : AR 25031, folder 8 II-9-10.

[2] Wiener Library, Londres. A letter from Holland, P. III. i. (Holland), N° 667, p. 24. Voir également Fuenf Jahre Westerbork, Amsterdam, décembre 1957. : P. III. h. (Westerbork) N° 832. Sur l'internement de certains réfugiés du *St. Louis* au camp de Westerbork, voir aussi les documents concernant la famille Babich. USHMM : RG-10.155. (Photographies et lettre).

[3] Lettre de G. Van TIJN et de P. REINISCH du *Comité voor Joodsche Vluchtelingen* au Joint à New York, 14 janvier 1941, JDC : 381.

1940[1]. La famille Joseph, notamment Liesl, demeurera longtemps en contact avec Morris Troper.

Curieusement, les témoignages concernant ceux qui débarquent en Angleterre sont peu nombreux. On sait néanmoins que tous les anciens passagers du *St. Louis* n'ont pas eu la chance de la famille Joseph. Pendant la guerre, le gouvernement britannique considèrera ces réfugiés comme des ennemis en raison de leur nationalité.

Pour la majorité des anciens passagers du *St. Louis*, l'Europe n'est qu'une étape dans leur immigration d'Allemagne et d'Autriche. Nombreux sont ceux qui souhaitent s'installer en Amérique. En réalité, pour beaucoup, ils veulent quitter définitivement l'Europe et son cortège de mauvais souvenirs. Même si leurs racines sont profondément implantées dans le vieux continent, les humiliations, les persécutions, les spoliations et les camps de concentration ont fini de prouver aux passagers du *St. Louis*, comme à des milliers d'autres Juifs, que leur avenir n'est plus dans le pays de leurs ancêtres. Il faut tourner la douloureuse page européenne et commencer d'écrire celle du Nouveau monde.

Tous n'auront pas cette possibilté. Sur les 907 passagers qui débarquent en Europe, 231 seront déportés dans les centres de mise à mort en Pologne[2]. Aujourd'hui, les enfants des passagers et leurs descendants se trouvent en grande majorité aux Etats-Unis, mais aussi au Canada et en Israël. Peu sont restés en Europe.

Bien que l'issue européenne de l'odyssée du *St. Louis* soit provisoirement heureuse, des questions demeurent en suspens. Pourquoi le sort de ces passagers a-t-il intéressé davantage les journaux et la radio que celui des milliers de réfugiés qui fuient eux aussi l'Europe sur d'autres navires ? Pourquoi tant d'articles écrits sur les passagers du *St. Louis* ? Pourquoi les noms des autres bateaux n'ont-ils eu droit au mieux qu'à quelques lignes ou à de courts entrefilets dans la presse mondiale de 1939 ? Aucun autre paquebot n'a fait les gros titres. Aucun autre bateau de réfugiés ne fera couler autant d'encre. Aucun autre navire ne figurera en

---

[1] Günter SCHIESSL, Simon OBERDORFERS VELODROM. Auf die Spuren eines Regensburger Bürgers, Op. Cit, p. 48.

[2] Nombre transmis par Scott MILLER du USHMM.

première page, ni dans des reportages photographiques publiés par les journaux du monde entier.

De ces interrogations découle une réflexion sur le phénomène de 'médiatisation' - pour employer un terme anachronique - autour de l'histoire du *St. Louis*. Et si les 907 passagers ne doivent leur salut européen qu'à cette couverture journalistique exceptionnelle dans tous les sens du terme ? Le journal *L'Œuvre* est précisément le seul à oser avancer cette hypothèse :

> Les 900 passagers du Saint-Louis doivent leur salut à la publicité qu'on leur a faite. [...] Grâce au retentissement qu'eut cette affaire dans le monde entier, on accorda aux passagers du *Saint-Louis* un asile provisoire en Hollande, en France, en Angleterre et en Belgique.[1]

Peut-on imaginer que les quatre pays d'Europe auraient accueilli ces réfugiés, après que Cuba et l'Amérique les eurent refusés si aucune publicité n'avait été faite autour de leur sort ? Qui se serait intéressé à ces 907 personnes plutôt qu'aux passagers du *Flandre*, de l'*Orduña*, de l'*Orinoco* - pour ne citer que les bateaux dont les noms furent repris par les journaux, mais sans pour autant leur accorder plus que quelques lignes ? A l'inverse, la couverture médiatique de cette histoire n'a-t-elle pas desservi les passagers, en ce sens qu'après une telle publicité, il leur était désormais impossible de débarquer clandestinement quelque part ? De même qu'aucun gouvernement ne pouvait, après autant d'articles, négocier l'entrée des 907 réfugiés, dans la plus grande discrétion.

Question de nombre aussi. Il est vrai que, sur les autres bateaux, le nombre de passagers n'atteignait pas le millier comme ce fut le cas pour le *St. Louis*. Rares étaient les paquebots qui transportaient presque exclusivement des réfugiés juifs. Si ce nombre était jugé élevé pour la presse du monde entier, il était considéré comme *trop* élevé par les gouvernements qui refusèrent de leur donner asile. Là où quelques dizaines voire une centaine de réfugiés auraient pu débarquer clandestinement, pour de multiples raisons, le nombre de 1000 Juifs fit peur aux gouvernants.

Ces interrogations conduisent à la question du coût financier de cette opération de sauvetage. Question pouvant paraître

---

[1] *L'Œuvre*, 30 juin 1939, p. 5.

déplacée, voire sordide compte tenu du fait qu'il s'agit de près de 1000 vies humaines. Mais à l'époque, le Joint se l'est posée au moment du bilan de l'histoire du *St. Louis*. En juillet 1939, Joseph Hyman du Joint rédige un article de deux pages dans le *J.D.C. Bulletin,* faisant le point de la situation. Selon des calculs, le budget alloué au sauvetage des 907 passagers du *St. Louis* est égal à la somme dépensée pour l'aide apportée aux Juifs en Allemagne durant les six premiers mois de l'année[1]. Joseph Hyman insiste sur la disproportion qui existe entre le montant dépensé par le Joint et le *« nombre relativement faible de personnes »* sauvées. Il insiste sur le fait que le Joint ne peut se permettre de telles dépenses pour des résultats aussi réduits. Ce problème de l'argent dépensé sera posé également par B. Smolar, le correspondant de *The Day* :

> Bien que tout le monde se réjouisse du fait que les passagers du *St. Louis* eussent finalement atteint les rives de nations civilisées, certains milieux ont commencé à poser la question de savoir si la dépense d'un demi-million de dollars pour moins de 1.000 réfugiés était une bonne chose. Si le Joint Distribution Committee peut verser un demi-million de dollars pour moins d'un millier de réfugiés, quid des autres dizaines de milliers ?[2]

Le journaliste pousse sa réflexion plus loin en s'interrogeant sur les conséquences que cette dépense risquerait d'engendrer, notamment parmi les populations non juives :

> [...] le demi-million de dollars utilisé pour les passagers du *St. Louis* a fait croire à de nombreux non juifs en Europe que les Juifs sont le peuple le plus riche du monde. Quelle nation peut aujourd'hui se permettre de dépenser un demi-million de dollars pour moins d'un millier de gens ? [3]

L'argument d'un possible développement de l'antisémitisme fondé sur l'image classique de la propagande dénonçant le Juif riche, dirigeant le monde grâce à son argent, n'est cependant

---

[1] Joseph C. HYMAN, « Dumped Emigration ». A Statement of J.D.C. Policy Evoked by the *St. Louis* Crisis, In : *J.D.C. Bulletin*, Juillet 1939, pp. 1-2.

[2] Tragedy of the *Saint Louis*. A letter from Paris, by B. SMOLAR, Foreign Correspondant of *The Day*, Op. cit.

[3] Ibid.

pas convaincante. La propagande antisémite n'a jamais eu besoin de s'appuyer sur des faits réels pour distiller ses messages, bien au contraire. Elle a le plus souvent fait appel aux vieux fantasmes entretenus par l'antijudaïsme d'abord, puis par l'antisémitisme à partir du XIXe siècle[1]. La thématique du 'Juif et de l'argent' s'était jusqu'alors passée d'exemple, et le problème de la somme dépensée par le Joint pour les 907 passagers du *St. Louis* était ailleurs.

L'intervention rapide et coûteuse du Joint remet plutôt en question le caractère d'urgence et l'ampleur de l'aide apportée aux victimes juives des persécutions, notamment depuis l'arrivée d'Hitler au pouvoir. Elle pose également la question de l'investissement des gouvernements dans la résolution du problème des réfugiés. Faut-il débloquer des crédits destinés à aider les réfugiés qui arrivent chaque jour plus nombreux et pour lesquels les comités d'entraide éprouvent souvent des difficultés à rassembler des fonds ? Les gouvernements des pays démocratiques doivent-ils subvenir aux besoins de ces réfugiés juifs lorsqu'un organisme comme le Joint est en mesure de rassembler une somme colossale en si peu de temps ?

Ces interrogations peuvent paraître inhumaines, compte tenu qu'il a fallu avant tout agir dans l'urgence pour sauver la vie de 907 personnes en danger de mort. Mais, replacées dans la problématique des réfugiés en 1939, elles ont une certaine légitimité, sans pour autant laisser de côté le caractère humanitaire voire humaniste du sauvetage des 907 passagers du *St. Louis*. En réalité, tout dépend de la manière dont on aborde ce sujet. Si l'on se contente d'examiner l'histoire du *St. Louis* à la loupe, personne n'oserait évidemment remettre en cause la nécessité d'avoir versé un demi-million de dollars pour sauver provisoirement la vie de ces 907 personnes. Mais, plus on éloigne la loupe et plus le sort des réfugiés juifs s'étire sur la carte géographique. Alors les questions abondent sans pour autant charrier un quelconque manque d'humanité ou un certain cynisme visant à donner une valeur marchande à une vie humaine.

La question n'est pas de savoir si les vies des 907 passagers valaient plus que celles des milliers d'autres réfugiés. Le problème ne se pose pas en ces termes ; il est au contraire inversé.

---

[1] Sur la thématique utilisée par la propagande antisémite, cf. Diane AFOUMADO, « La Propagande antisémite en France sous l'Occupation à travers l'affiche et l'exposition », mémoire de maîtrise, Paris X-Nanterre, 1989, 356 p.

Cela concerne davantage le manque de moyens adéquats pour aider des milliers d'autres réfugiés fuyant l'Allemagne et l'Autriche sans aucune ressource. Il ne s'agit surtout pas de comparer, de soupeser, d'évaluer. C'est cela qui serait inhumain. Il s'agit davantage de s'interroger sur des choix, des raisons politiques et des décisions qui, à l'époque, font que certains réfugiés reçoivent de l'aide et d'autres pas. B. Smolar pose la question en ces termes :

> si les Juifs américains peuvent réunir un demi-million de dollars pour moins d'un millier de réfugiés à bord du *St. Louis,* pourquoi n'est-il pas possible de réunir un million de dollars en Amérique pour les réfugiés de Zsbonzin ?[1]

Face à tous ces arguments, Joseph Hyman déclare :

> dans ces circonstances, l'incident du *St. Louis* doit être considéré comme ce qu'il était en réalité, c'est-à-dire un problème particulier qui nécessitait un traitement particulier.[2] [...] Le *St. Louis* était exceptionnel et ne créait par un précédent ?[3]

Argument utilisé auparavant par Osbert Peake. Hyman avance une explication politique pour justifier cette déclaration. Selon lui, la décision de l'Angleterre d'accueillir des passagers du *St. Louis* n'est motivée que par la déclaration de Peake concernant les « *visas* » des réfugiés qui n'ont pas été honorés par Cuba. En fait, l'Angleterre aurait accepté les passagers seulement pour réparer une injustice, mais le gouvernement de Sa Majesté n'aurait pas agi ainsi si les passagers n'avaient pas été, par ailleurs, détenteurs de papiers en règle. Cet argument fait fi du trafic de Manuel Benitez de permis de débarquer, et non de visas. Pourquoi considérer que Cuba est davantage responsable de cet échec que le gouvernement américain ou que la communauté juive aux Etats-Unis ?

---

[1] Tragedy of the *Saint Louis*. A letter from Paris, by B. SMOLAR, Foreign Correspondant of *The Day*, Op. cit.

[2] Joseph C. HYMAN, « Dumped Emigration ». A Statement of J.D.C. Policy Evoked by the *St. Louis* Crisis, Op. cit.

[3] Lettre de James N. ROSENBERG et de Joseph C. HYMAN à Herbert B. EHRMANN, 21 juin 1939, American Jewish Historical Society.

Si l'on doit désigner un « coupable » dans cette affaire, les responsabilités semblent plutôt partagées. En remontant à l'origine de l'histoire, qui contestera la responsabilité criminelle du gouvernement allemand ? Que dire de la Hapag qui trouve financièrement intéressant cette fuite des Juifs allemands et autrichiens qui acceptent – avaient-ils le choix ? - de payer le montant exorbitant pour un billet aller-retour vers nulle part, dont ils n'utiliseront le plus souvent que le voyage-aller ? Ils achètent leur droit à la vie sans garantie aucune.

Quant au Président cubain Laredo Bru, est-il plus inhumain parce qu'il tente d'assainir une situation dont il ne bénéficie pas financièrement, comparé à son Directeur de l'Immigration qui se bâtit - sans aucun scrupule et en toute illégalité - une fortune personnelle au mépris de toute vie humaine ? Après tout, Cuba a accepté proportionnellement plus de réfugiés que d'autres pays de cette région du globe. Alors quelle place tient le gouvernement cubain dans cette longue liste des pays qui refusent les réfugiés en 1939 ? Certainement pas la plus mauvaise. Pourquoi pointer du doigt celui qui est peut-être alors l'un des derniers pays à accepter des réfugiés, dans cette partie du monde, lorsque tous ses voisins, sans exception, ferment les yeux sur la détresse humaine de milliers d'hommes et de femmes et verrouillent leurs frontières ? Cuba n'a-t-il pas le droit de déclarer que cette petite île ne peut plus accepter de prendre en charge l'ensemble des réfugiés dont les autres nations ne veulent pas ? La Conférence d'Evian n'avait-elle pas été une vaste réunion où l'hypocrisie avait régné sans partage ?

Pourquoi juger plus sévèrement Cuba que l'Amérique ? Cette dernière n'avait-elle vraiment pas d'autre issue que de rester aveugle, sourde et muette face aux appels qui lui furent lancés ? Ce grand pays construit par des millions d'immigrants n'avait-il plus de place pour accueillir 907 naufragés du monde ?

Quant au Canada, aucune de ses excuses ne pourra jamais être défendue devant un tribunal des Droits de l'Homme.

Il n'y a pas un unique coupable dans la tragédie du *St. Louis*. C'est un engrenage fatal, un terrible enchaînement de circonstances défavorables à une solution heureuse. Il s'agit davantage d'une échelle de responsabilités partagées par l'ensemble du monde. Chacun ayant une graduation différente. Au-delà de cela, l'épisode du *St. Louis* est le symbole de la réaction des pays démocratiques et d'une grande partie du Monde libre confrontés au problème des réfugiés. Ce qui aurait pu n'être qu'un fait divers parmi tant d'autres dans les journaux, s'est transformé en un événement révélateur et représentatif du sort de plusieurs centaines de milliers de réfugiés.

Isolément, le *St. Louis* est l'histoire tragique de 907 Juifs qui tentent de sauver leur vie en fuyant les persécutions dans leur pays d'origine. Etudié dans le contexte international de l'histoire des réfugiés pendant les années 1930, le *St. Louis* prend une autre dimension. Il devient emblématique de l'histoire de tous ces bateaux fantômes qui, après une errance plus ou moins longue sur les mers, frappent aux portes des démocraties qui refusent de les laisser entrer. Cet épisode semble préfigurer ce qui sera, quelques mois plus tard, la politique à l'égard des Juifs d'Europe. En ce sens, on peut presque considérer - en forçant quelque peu le trait - que le *St. Louis* appartient déjà et par anticipation à l'histoire de la Shoah.

Même si les passagers du *St. Louis* ne sont pas des réfugiés pendant leur voyage vers Cuba, ils le deviennent pendant le voyage du retour, et partagent un temps l'humiliation de milliers de leurs coreligionnaires. Au-delà du drame humain de cet épisode, l'Histoire retiendra que si 907 vies sont provisoirement sauvées, en revanche, la politique pratiquée par les pays libres demeurera inflexible, y compris pendant toute la durée de la guerre et même après. De 1933 à la fin de la guerre, et même jusqu'à l'immigration clandestine en Palestine - avec l'autre symbole que sera l'*Exodus* -, des centaines de bateaux de réfugiés connaîtront des destins plus ou moins tragiques. En décembre 1941, 769 Juifs embarquent sur le *Struma* dans le port de Constanza en Roumanie à destination de la Palestine. Après six semaines de quarantaine dans le port d'Istanbul en Turquie, le bateau est torpillé par erreur et coule dans la mer de Marmara le 23 février 1942. Il n'y aura qu'un seul survivant...[1]

---

[1] Raymond-Raoul LAMBERT écrivit dans ses carnets : *« Quelle honte pour l'humanité ! On pleure sur les victimes de la banlieue parisienne avec force manifestations officielles et nul ne songe à ce calvaire sans nom. Avec 18 millions d'habitants épargnés par la guerre, la Turquie portera la terrible responsabilité de cette inhumanité. Des professeurs, des ingénieurs, des propriétaires juifs de Roumanie, grâce à la complicité d'un capitaine bulgare, peuvent fuir sur un vapeur l'enfer hitlérien qui ravage leur pays. Durant quatre mois, ils restent parqués sur leur petit navire. Ils accostent en Turquie où des avaries de machine*

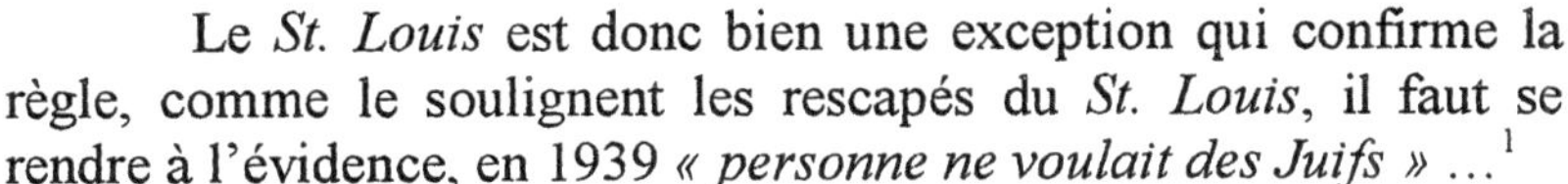

Le *St. Louis* est donc bien une exception qui confirme la règle, comme le soulignent les rescapés du *St. Louis*, il faut se rendre à l'évidence, en 1939 *« personne ne voulait des Juifs »* …[1]

---

empêchent le Strouma [sic] *de continuer sa route. Mais le gouvernement turc le fait réparer et interdit aux 750 parias de débarquer. Aucun pays ne veut de ces Juifs, pas même la Palestine, et il est décidé enfin de les refouler, hors des eaux territoriales, dans la direction d'où ils sont venus. Et le bateau est abandonné à son sort, à six miles de la côte, dans la mer Noire où il saute après une explosion… […] Un peu plus de sang juif répandu sur l'Europe en folie. Tout commentaire est déplacé.* Homo homini lupus ». Raymond-Raoul LAMBERT, *Carnet d'un témoin 1940-1943*, Paris, Fayard, 1985, p. 159.

[1] - Témoignage de Erna STERN, USHMM, RG-50.030*0222

DOCUMENTS

LISTE DES PASSAGERS

Nom	*Prénom*	*Né en*	*Pays d'accueil en juin 1939*	*Pays de refuge après sept. 1939*
Aber	Evelyn	?	?	
Aber	Renate	?	?	
Aberbach	Adolf	1878	France	Etats-Unis
Aberbach	Anna	1883	France	Etats-Unis
Ackermann	Bertha	1876	Angleterre	
Adelberg	Samuel	1896	Belgique	
Adler	Berthold	1882	Angleterre	
Adler	Caroline	1872	Belgique	
Adler	Chaskel	1900	Angleterre	
Adler	Paul	1888	Angleterre	
Adler	Regina	1897	Angleterre	
Adler	Resi	1931	Angleterre	
Alexander	Gisela	1890	France	
Alexander	Karl	1891	France	
Alexander	Leo	1889	France	
Altschiller	Jütte	1879	Angleterre	
Altschul	Gerd	1930	Belgique	Angleterre
Altschul	Hans	1904	Belgique	Angleterre
Altschul	Lotte	1908	Belgique	Angleterre
Altschul	Rolf	1933	Belgique	Angleterre
Apfel	Babette	1874	France	
Arens	Alfred	1917	France	
Arndt	Arthur	1883	Angleterre	
Arndt	Hertha	1893	Angleterre	
Arndt	Lieselotte	1928	Angleterre	
Aron	Alfred	1911	France	
Aron	Sofi	1909	France	
Ascher	Herbert	1900	Belgique	
Ascher	Vera	1900	Belgique	
Atlas	Charlotte	1898	Hollande	

Bach	Willy	1872	Angleterre	
Back	Cecilia	?	?	
Back	James	?	?	
Bajor	Ladislas	1913	France	
Bak	Stella Bianca	1892	France	Déportée de France Convoi n° 36 du 23.9.1942
Ball	Magdalen	1900	France	
Ball	Rudolf	1894	France	Déporté de France Convoi n° 29 du 7. 9.1942
Banemann	Jeanette	1893	Angleterre	
Banemann	Margit	1923	Angleterre	
Banemann	Philipp	1888	Angleterre	
Bardeleben	Anna	1896	France	
Bardeleben	Marianne	1930	France	
Baruch	Frieda	?	?	
Baruch	Ludwig	?	?	
Begleiter	Alfred	1935	Belgique	
Begleiter	Naftali	1895	Belgique	
Begleiter	Sara	1903	Belgique	
Beifuss	Alfred	1890	Angleterre	
Beifuss	Emma	1893	Angleterre	
Bendheim	Bertha	1885	Belgique	
Bendheim	Ludwig	1874	Belgique	
Benjamin	Adelheid	?	?	
Berggrün	Antonie	1889	Angleterre	
Berggrün	Ludwig	1882	Angleterre	
Bergmann	Otto	1900	France	
Bergmann	Rosy	1901	France	
Bernstein	Bruno	1900	Angleterre	
Bernstein	Julius	1893	Angleterre	
Bernstein	Margot	1907	Angleterre	
Bernstein	Selma	1891	Angleterre	

Bibo	Günther	1892	France	Déporté de France Convoi n° 74 du 20.5.1944
Biener	Elsa	1915	Angleterre	
Biener	Selmar	1906	Angleterre	
Blachmann	Arthur	1897	Belgique	
Blachmann	Erna	1901	Belgique	
Blachmann	Gerda	1923	Belgique	
Blatteis	Elias	1900	Belgique	
Blatteis	Gerda	1906	Belgique	
Blatteis	Klaus	1932	Belgique	
Blaut	Arnold	1890	Angleterre	
Blaut	Artur	1898	Angleterre	
Blechner	Oskar	1911	Angleterre	
Blum	Betty	1891	Belgique	
Blum	Richard	1886	Belgique	
Blumenstein	Elsa	1905	Hollande	
Blumenstein	Heinz-Georg	1935	Hollande	
Blumenstein	Regi	1866	Hollande	
Blumenstock	Lea	1914	Angleterre	
Blumenstock	Mechel	1902	Angleterre	
Blumenstock	Ruth	1938	Angleterre	
Boas	Benno	1884	Belgique	
Boas	Charlotte	1890	Belgique	
Bohm	Heinz	1917	Angleterre	
Bohm	Kurt	1908	Angleterre	
Bonné	Beatrice	?	?	
Bonné	Hans-Jacob	?	?	
Bonné	Meta	?	?	
Borchardt	Alice	1880	France	
Borchardt	Heinrich	1869	France	
Bornstein	Wilhelm	1897	France	
Brandt	Dieter	1937	France	Déporté de France Convoi n° 30 du 9. 9.1942

Brandt	Johannes	1901	France	Déporté de France Convoi n° 30 du 9. 9.1942
Brandt	Lina	1910	France	Déportée de France Convoi n° 30 du 9. 9.1942
Brann	Alfred	1915	Hollande	
Brauer	Erich	1892	Belgique	
Brauer	Käthe	1899	Belgique	
Breitbarth	Arthur	1887	Hollande	
Brenner	Blanka	1888	France	
Broderova	Elizabeth	1918	Angleterre	
Brück	Herbert	1902	Angleterre	
Brühl	Hedwig	1889	France	
Brühl	Lieselotte	1912	France	
Brühl	Walter	1885	France	
Buchholz	Auguste	1878	Belgique	
Buchholz	Wilhelm	1872	Belgique	
Buff	Fritz	1921	Belgique	Etats-Unis
Bukofzer	Martha	1888	Angleterre	
Buxbaum	Levi	1876	France	Déporté de France Convoi n° 42 du 6.11.1942
Camnitzer	Edith	1909	France	Déportée de France Convoi n° 42 du 6.11.1942
Camnitzer	Rosalie	1881	France	Déportée de France Convoi n° 42 du 6.11.1942
Camnitzer	Siegfried	1881	France	Déporté de France Convoi n° 42 du 6.11.1942
Chaim	Georg	1903	Angleterre	

Chraplewski	Jan	1930	Belgique	
Chraplewski	Klara	1901	Belgique	
Chraplewski	Peter	1937	Belgique	
Chraplewski	Siegfried	1897	Belgique	
Cohen	Rudolf	1933	Hollande	
Cohn	Eugen	1884	France	
Cohn	Georg	1877	Hollande	
Cohn	Helene	1883	France	
Cohn	Johanna	1877	Hollande	
Cohn	Lewis	1882	Angleterre	
Cohn	Lydia	1892	Angleterre	
Cohn	Rita	1911	France	
Cohn	Sara	1866	Angleterre	
Cohn	Walter	1902	France	Déporté de France Convoi n° 27 du 2.9.1942
Cohnstaedt	Fritz	1883	Belgique	
Cohnstaedt	Nelly	1897	Belgique	
Collin	Auguste	1878	Hollande	
Cunow	Carl	1886	Belgique	
Czerninski	Hilde	1911	Angleterre	
Czerninski	Inge	1934	Angleterre	
Czerninski	Max	1904	Angleterre	
Daniel	Anna	1873	Belgique	
Danziger	Karl	1873	Angleterre	
Danziger	Rosa	1887	Angleterre	
David	Emma	1880	France	
Dingfelder	Johanna	1891	Hollande	
Dingfelder	Leopold	1886	Hollande	
Dingfelder	Rudi	1924	Hollande	
Dobiecki	Bajrech	1886	Angleterre	
Dobiecki	Bella	1924	Angleterre	
Dobiecki	Golda	1891	Angleterre	
Donath	Paul	1894	Angleterre	
Dörnberg	Gertha	1887	Belgique	

Dresel	Alfred	1895	Belgique	
Dresel	Richard	1896	Angleterre	
Dresel	Ruth	1910	Angleterre	
Dresel	Zilla	1938	Angleterre	
Dublon	Erich	1890	Belgique	
Dublon	Erna Dora	1903	Belgique	
Dublon	Eva	1933	Belgique	
Dublon	Lore	1927	Belgique	
Dublon	Willy-Otto	1889	Belgique	
Dzialowski	Bruno	1884	Hollande	
Dzialowski	Lici	1894	Hollande	
Eckmann	Egon	1906	Angleterre	
Edelstein	Ida	1879	Hollande	
Eichwald	Fritz	1888	France	
Einhorn	Aron	1884	Angleterre	
Einhorn	Gitel	1885	Angleterre	
Eisner	Ludwig	1880	Angleterre	
Epstein	Bettina	1905	France	
Epstein	Moritz	1895	France	
Erdmann	Rose Reisel	1890	Belgique	
Erdmann	Simon	1882	Belgique	
Eskenazi	Albert	1914	France	
Eskenazi	Gertrud	1915	France	
Eskenazi	Nissin	1939	France	
Falk	Eugen	1904	France	
Falkenstein	Hilde	1904	Angleterre	
Falkenstein	Max	1899	Angleterre	
Fanto	Julius	1892	Belgique	
Feig	Werner	1908	Angleterre	
Feilchenfeld	Alice	1899	Belgique	
Feilchenfeld	Bertha Judith	1931	Belgique	
Feilchenfeld	Henny	1933	Belgique	
Feilchenfeld	Rafael	1937	Belgique	
Feilchenfeld	Wolf	1928	Belgique	
Fink	Herta	1911	Hollande	
Fink	Manfred	1906	Hollande	

Fink	Michael	1935	Hollande	
Finkelstein	Ina	1893	Hollande	
Fischbach	Amalia	1884	France	Déportée de France Convoi n° 42 du 6.11.1942
Fischbach	Jonas	1885	France	
Fischbach	Moritz	1882	France	
Fischer	HansHermann	1928	France	
Fischer	Johanna	1906	France	
Fischer	Ruth	1929	France	
Flamberg	Brandla	1910	Belgique	Belgique
Flamberg	Fella	1934	Belgique	Belgique
Frank	Clara	1891	Hollande	
Frank	Manfred	1916	Angleterre	
Frank	Max	1879	Belgique	
Frank	Moritz	1878	Hollande	
Frank	Siegfried	1907	Hollande	
Frank	Ursula	1920	Hollande	
Fränkel	Alice	1891	Belgique	
Fränkel	Hans	1907	France	
Fränkel	Leo	1885	Belgique	
Frankfurter	Lilly	1888	Hollande	
Freiberg	Gisela	1923	Angleterre	
Freiberg	Herta	1915	Angleterre	
Freiberg	Ruda Regina	1886	Angleterre	
Freund	Lieselotte	1934	Angleterre	Etats-Unis
Freund	Philipp	1931	Angleterre	Etats-Unis
Freund	Therese	1906	Angleterre	Etats-Unis
Fried	Engelbert	1878	Belgique	
Friedemann	Walter	1899	Belgique	
Friedheim	Alfred	1895	France	
Friedheim	Edith	1899	Angleterre	
Friedheim	Hertha	1903	France	
Friedmann	Amalie	?	?	
Friedmann	Bruno	?	?	
Friedmann	Georg	?	?	

Friedmann	Lilian	?	?	
Friedmann	Rose	1904	Hollande	
Friedmann	Ruth	1928	Hollande	
Friedmann	Willy	1884	Belgique	
Fröhlich	Max	1893	Belgique	
Fuchs-Marx	Anna	1901	Angleterre	
Fuchs-Marx	Walter	1891	Angleterre	
Fuld	Hans	1929	Angleterre	
Fuld	Julie	1889	Angleterre	
Fuld	Ludwig	1922	Angleterre	
Gabel	Beate	1912	Hollande	
Gabel	Gerhard	1937	Hollande	
Gabel	Heinrich	1910	Hollande	
Gelband	Benjamin	1872	Angleterre	
Gelband	Chana	1880	Angleterre	
Gembitz	Heinz-Adolf	1921	France	
Gembitz	Martha	1886	France	
Gembitz	Max	1888	France	
Gerber	Rosa	1883	Angleterre	
Gerber	Ruth	1920	Angleterre	
Glade	Bruno	1893	Angleterre	
Glaser	Arthur	1892	Belgique	
Glaserfeld	Moritz Max	1889	France	
Glass	Herbert	1912	Angleterre	
Glücksmann	Hans-Heinrich	1898	Hollande	
Glücksmann	Heinrich	1909	Angleterre	
Glücksmann	Margarete	1899	Hollande	
Goldbaum	Anna	1875	Belgique	
Goldberg	Wilhelm	1900	Angleterre	
Goldreich	Rudolf	1884	Belgique	
Goldreich	Therese	1890	Belgique	
Goldschmidt	Adolf	1885	France	Mort enFrance le 16.2.1942
Goldschmidt	Alex	1879	France	Déporté de France Convoi n° 19 du 14/8/1942

Goldschmidt	Else	1885	France	Déportée de France Convoi n° 64 du 7.12.1943
Goldschmidt	Fritz	1907	France	
Goldschmidt	Gerda	1895	France	
Goldschmidt	Inge	1923	France	
Goldschmidt	Klaus-Helmut	1921	France	Déporté de France Convoi n° 19 du 14.8.1942
Goldschmidt	Lore	1926	France	
Goldstein	Heinz	1928	France	Suisse
Goldstein	Hermann	1889	France	Déporté de France Convoi n° 75 du 30.5.1944
Goldstein	Recha	1893	France	Suisse
Gottfeld	Julius	1880	Belgique	
Gottfeld	Rosa	1886	Belgique	
Gotthelf	Fritz	1900	Angleterre	
Gotthelf	Käte	1904	Angleterre	
Gottlieb	Sali	1888	Angleterre	
Gottschalk	Charlotte	1923	Angleterre	
Gottschalk	Erika	1920	Angleterre	
Gottschalk	Jacob	1887	Angleterre	
Gottschalk	Regina	1893	Angleterre	
Greilsamer	Erich	1915	Angleterre	
Greve	Evelyn	1928	France	
Greve	Heinz Ludwig	1924	France	
Greve	Johanna	1897	France	
Greve	Walter	1886	France	
Gronowetter	Hermann	1911	Angleterre	
Gross	Frieda	1893	Belgique	
Gross	Johanna	1892	Belgique	
Grossmann	Erich	1893	France	Déporté de France Convoi n° 9 du 22.7.1942

Grossmann	Friedrich	1895	Angleterre	
Grossmann	Helene	1906	Angleterre	
Grossmann	Henny	1901	France	Déporté de France Convoi n° 9 du 22.7.1942
Grossmann	Idel	1898	Angleterre	
Groza de Quintero	Ileana	?	?	
Gruber	Alex	1926	Hollande	
Gruber	Gisela	1899	Hollande	
Gruber	Hermann	1894	Hollande	
Gruber	Max	1921	Hollande	
Grubner	Jakob	1897	Belgique	
Grubner	Joachim	1925	Belgique	
Grubner	Mano	1922	Belgique	
Grubner	Ryfka	1891	Belgique	
Grünberg	Etty	1873	Angleterre	
Grünstein	Gerd Fritz	1933	Angleterre	
Grünstein	Heinz	1905	Angleterre	
Grünthal	Adolf	1896	Hollande	
Grünthal	Bertha-Ellen	1901	Hollande	
Grünthal	Else	1875	Belgique	
Grünthal	Horst-Martin	1930	Hollande	
Grünthal	Lutz	1928	Hollande	
Grünthal	Margarete	1902	Hollande	
Grünthal	Ruthild	1928	Hollande	
Grünthal	Sibyll	1931	Hollande	
Grünthal	Walter	1898	Hollande	
Gutmann	Martha	1878	France	Déportée de France Convoi n° 42 du 6.11.1942
Guttmann	Harry	1928	Angleterre	
Guttmann	Helga	1926	Angleterre	
Guttmann	Josef	1894	Angleterre	
Guttmann	Margarete	1902	Hollande	

Guttmann	Rosi	1924	Angleterre	
Guttmann	Ruth	1913	Angleterre	
Guttmann	Sally	1903	Angleterre	
Haas	Anton	1915	Angleterre	
Haas	Elisabeth	1913	Hollande	
Haas	Leo	1896	Hollande	
Haber	Nathan	1890	Angleterre	
Hamburger	Arthur	1903	Hollande	
Hammerschlag	Max	1902	Hollande	
Hammerschlag	Moses	1883	Belgique	
Händler	Fritz	1871	Angleterre	Etats-Unis
Händler	Georg	1876	France	
Händler	Marie	1874	Angleterre	Etats-Unis
Händler	Rosamunde	1877	France	
Hausdorff	Arthur	1878	Angleterre	
Hausdorff	Gertrud	1886	Angleterre	
Hauser	Cecilie	1884	France	
Hauser	Herrmann	1880	France	
Hecht	Charlotte	1858	France	
Heidt	Else	1908	Belgique	
Heidt	Fritz	1908	Belgique	
Heilbrun	Berna	1897	France	Déportée de France Convoi n° 26 du 31.8.1942
Heilbrun	Bruno	1882	France	
Heilbrun	Günther	1924	France	Déporté de France Convoi n° 26 du 31.8.1942
Heilbrun	Ingeborg	1925	France	Déportée de France Convoi n° 26 du 31.8.1942
Heilbrun	Johanna	1906	France	Déportée de France Convoi n° 26 du 31.8.1942

Heilbrun	Leon	1883	France	Déporté de France Convoi n° 26 du 31.8.1942
Heilbrun	Norbert	1889	France	Déporté de France Convoi n° 26 du 31.8.1942
Heilbrun	Ruth	1925	France	
Heilbrun	Sally	1890	France	
Heim	Emil	1897	France	
Heim	Gerda	1907	France	
Heimann	Bella	1901	Belgique	
Heimann	Erwin	1903	Belgique	
Heinemann	Hilmar	1904	Hollande	
Heldenmuth	Alfred	1894	Angleterre	
Heldenmuth	Lilo	1938	Angleterre	
Heldenmuth	Selma	1908	Angleterre	
Heller	Frantisek	1903	France	
Heller	Freide	1880	Angleterre	
Heller	Irma	1911	France	
Heller	Moritz	1876	Angleterre	
Hermann	Gerda	1909	Belgique	
Hermann	Julius	1878	Belgique	Déporté de France Convoi n° 19 du 14.8.1942
Hermann	Sophie	1884	Belgique	
Hermanns	Julius	1891	France	
Herrmann	Fritz	1888	Angleterre	
Herz	Amalie	1859	Belgique	
Herz	Anna	1895	Angleterre	
Herz	Max	1891	Hollande	
Herz	Walter	1888	Angleterre	
Hess	Adolf	1887	France	
Hess	Ilse	1927	France	
Hess	Jette	1896	France	
Hess	Martin	1924	Hollande	

Hess	Vera	1923	France	
Hesse	Robert	1895	Angleterre	
Heymann	Arno	1916	France	
Heymann	Dorothea	1883	Hollande	
Heymann	Hedwig	1882	France	
Hilb	Fritz	1919	Belgique	
Hirsch	Hermann	1909	Angleterre	
Hirsch	Joachim	1937	Hollande	
Hirsch	Margot	1909	Hollande	
Hirsch	Max	1905	Hollande	
Hirschberg	Julius	1874	Angleterre	
Hirschberg	Regina	1879	Angleterre	
Hirschfeld	Ruth	1911	France	
Hirschfeld	Siegfried	1893	France	
Hoffmann	Emma	1874	Angleterre	
Hoffmann	Karl	1933	Angleterre	
Hoffmann	Selma	1909	Angleterre	
Hofmann	Cilly	1874	Angleterre	
Hofmann	Siegfried	1916	Hollande	
Hopp	Margarethe	1892	Hollande	
Huber	Lilli	1891	Angleterre	
Hüneberg	Walter	1911	Angleterre	
Isakowski	Kurt	1897	Belgique	
Isner	Babette	1895	France	Drancy
Isner	Bella	1928	France	
Isner	Justin	1889	France	Déporté de France. Convoi n° 42 du 6.11.1942
Isner	Ruth	1929	France	Camps de Poitiers, Drancy, Survivante
Israel	Hugo	1908	Angleterre	
Jacobowitz	Martin	1889	Belgique	
Jacobowitz	Mathilde	1890	Belgique	

Jacobowitz	Walter	1908	Hollande	
Jacobsohn	Erich	1902	Hollande	
Jacobsohn	Margarete	1908	Hollande	
Jacobsohn	Thomas	1938	Hollande	
Jacoby	Käthe	1920	France	
Jacoby	Otto	1883	France	
Jacoby	Regina	1892	France	
Jacoby	Susanna	1921	France	
Jimenez	José	?	?	
Joel	Günther	1929	France	
Joel	Johanna	1893	France	Déportée de France Convoi n° 28 du 4. 9.1942
Joel	Leon	1888	France	Déporté de France Convoi n° 28 du 4. 9.1942
Jonas	Julius	1893	Hollande	
Jordan	Johanna	1887	Hollande	
Joseph	Benno	1894	France	
Joseph	Brigitte	1930	France	Déportée de France Convoi n° 30 du 9. 9.1942
Joseph	Ernst	1925	Belgique	
Joseph	Frieda	1899	Belgique	
Joseph	Fritz	1893	Belgique	
Joseph	Hertha	1898	France	
Joseph	Josef	1882	Angleterre	Etats-Unis
Joseph	Liesel	1928	Angleterre	Etats-Unis
Joseph	Lilly	1901	Angleterre	Etats-Unis
Jungermann	Alois	1881	Belgique	
Jungermann	Chaim	1891	Belgique	
Jungermann	Lucie	1886	Belgique	
Jungermann	Moschek	1893	Belgique	
Kahn	Arthur	1898	France	
Kahn	Else	1892	Hollande	

Kahn	Gustav	1887	Hollande	
Kahn	Willi	1893	Belgique	
Kahnemann	Paula	1882	Angleterre	
Kaim	Hans	1884	France	Déporté de France Convoi n° 69 du 7. 3.1944
Kaminker	Berthold	1897	France	
Karliner	Flora	1888	Angleterre	
Karliner	Herbert	1926	France	Etats-Unis
Karliner	Ilse	1923	France	Déportée de France Convoi n° 42 du 6.11.1942
Karliner	Joseph	1898	France	Déporté de France Convoi n° 62 du 20. 11.1943
Karliner	Marta	1895	France	Déportée de France Convoi n° 42 du 6.11.1942
Karliner	Ruth	1927	France	Déportée de France Convoi n° 42 du 6.11.1942
Karliner	Walter	1924	France	Etats-Unis
Karmann	Annemarie	1935	Hollande	
Karmann	Karl	1887	Hollande	
Karmann	Käthe	1895	Hollande	
Karmann	Richard	1895	Hollande	
Karmann	Sidonie	1908	Hollande	
Kassel	Artur	1897	Angleterre	
Kassel	Fritz	1897	Angleterre	
Katz	Julius	1906	Angleterre	
Katz	Siegfried	1919	Belgique	
Kaufherr	Betty	1897	Belgique	
Kaufherr	Hannelore	1926	Belgique	
Kaufherr	Josef	1889	Belgique	
Kaufmann	Adelheid	1875	Angleterre	

Kaufmann	Nathan	1881	Angleterre	
Keiler	Ruth	1905	Hollande	
Kirchhausen	Hermann	1891	Angleterre	
Kirchhausen	Karl	1925	Angleterre	
Klein	Evelyn	?	?	
Klein	Hannelore	1927	Hollande	
Klein	Hans	1908	Belgique	
Klein	Hermanda	?	?	
Klein	Leopold	1893	Hollande	
Klein	Luise	1903	Hollande	
Klein	Nicolaus	?	?	
Knepel	Chaja	1894	Angleterre	
Knepel	Gisela	1923	Angleterre	
Knepel	Sonja	1926	Angleterre	
Kochmann	Alice	1891	Belgique	
Kochmann	Friedrich	1888	Belgique	
Kochmann	Hilde	1923	Belgique	
Kohn	Maximilian	1899	France	Déporté de France Convoi n° 29 du 7. 9.1942
Kohorn	Paul	1887	Angleterre	
Köppel	Irmgard	1907	France	Déportée de France Convoi n° 33 du 16.9.1942
Köppel	Jakob	1874	France	
Köppel	Josef	1908	France	Déporté de France Convoi n° 33 du 16.9.1942
Köppel	Judith	1938	France	
Kormann	Osias	1895	Hollande	
Krebs	Günther	1921	Angleterre	
Krohn	Regina	1908	Hollande	
Kügler	Maria	1869	Hollande	
Kutner	Hans	1910	Angleterre	
Langnas	Leon	1895	Angleterre	

Laskau	Benno	1920	France	Déporté de France Convoi n° 26 du 31.8.1942
Lauchheimer	Ida	1884	Angleterre	
Lebrecht	Max	1898	France	
Lehmann	Mina	1871	Belgique	Morte pendant la guerre
Lehmann	Salomon	1868	Belgique	Malines, Auschwitz, 1942
Leimdörfer	Hugo	1889	Belgique	
Leinkram	Aron	1876	Angleterre	
Leinkram	Mina	1878	Angleterre	
Lenneberg	Georg	1898	Belgique	
Lenneberg	Gisela	1897	Hollande	
Lenneberg	Hans	1924	Hollande	
Lenneberg	Julius	1888	Hollande	
Lenneberg	Werner	1899	Belgique	
Levin	Hildegard	1895	Hollande	
Levin	Ilse	1921	Hollande	
Levin	Ingeborg	1925	Hollande	
Levin	Kurt	1895	Angleterre	
Levin	Mirjam	1928	Hollande	
Levy	Ernestine	1891	Angleterre	
Lewith	Julius	1875	Hollande	
Lewith	Valerie	1883	Hollande	
Leyser	Erich	1881	France	
Leyser	Friedrich	1901	Belgique	
Leyser	Margot	1893	France	
Lichtenstein	Fritz	1887	Hollande	
Lichtenstein	Lucie	1892	Hollande	
Lichtenstein	Max Norbert	1917	France	
Liepmann	Erna	1907	France	
Liepmann	Herbert	1898	France	
Lissberger	Hedwig	1884	Hollande	

Litmann	Majlich	1897	France	Déportée de France Convoi n° 33 du 16.9.1942
Löb	Anneliese	1930	Belgique	Etats-Unis
Löb	Armin	1930	Belgique	Etats-Unis
Löb	Bella	1903	Belgique	Etats-Unis
Löb	Isidor	1866	Belgique	Malines, Auschwitz, 1942
Löb	Karolina	1872	Belgique	Malines, Auschwitz, 1942
Löb	Marie	1899	Belgique	Etats-Unis
Löb	Ruth	1932	Belgique	Etats-Unis
Loeb	Hans-Otto	1926	Hollande	Etats-Unis
Loeb	Olga Marie	1893	Hollande	Etats-Unis
Loewe	Elise	1894	Angleterre	
Loewe	Fritz	1926	Angleterre	
Loewe	Ernst	1883	Angleterre	
Loewe	Ruth	1921	Angleterre	
Loewenstein	Ernst	1887	Belgique	
Loewenstein	Regina	1890	Belgique	
Loewisohn	Martha	1881	France	
Lövinsohn	Edith	1892	Belgique	
Lövinsohn	Hella	1926	Belgique	Etats-Unis
Löwenstein	Alice	1898	Angleterre	
Löwenstein	Ernst	1887	Belgique	
Löwenstein	Ida	1897	Angleterre	
Löwenstein	Kurt	1897	Angleterre	
Löwenstein	Otto	1883	Angleterre	
Löwy	Geza	1897	Angleterre	
Luft	Gerhard	1908	Hollande	
Luft	Margot	1912	Hollande	
Lustig	Egon	1882	Hollande	
Lustig	Elsa	1887	Hollande	
Maier	David	1873	Angleterre	
Maier	Freya	1910	Angleterre	

Maier	Helene	1877	Angleterre	
Maier	Ludwig	1901	Angleterre	
Maier	Berthold	1883	Belgique	
Maier	Sonja	1935	Angleterre	
Mainzer	Ernst	1886	Hollande	
Mainzer	Olga	1889	Hollande	
Manasse	Alfred	1895	Belgique	Déporté de France Convoi n° 17 du 10.8.1942
Manasse	Emmy	1904	France	Déportée de France Convoi n° 64 du 7.12.1943
Manasse	Herbert	1899	France	Déporté de France Convoi n° 64 du 7.12.1943
Manasse	Ida	1870	France	Déportée de France Convoi n° 64 du 7.12.1943
Manasse	Wolfgang	1929	France	Déporté de France Convoi n° 64 du 7.12.1943
Mankiewitz	Johanna	?	?	
Mankiewitz	Siegfried	?	?	
Mannheimer	Siegfried	1894	Angleterre	
Marcus	Friedrich	1889	Angleterre	
Marcus	Ilse	1914	Belgique	
Marcus	Kurt	1906	Belgique	
Marx	Emil	1899	Angleterre	
Marx	Flora	1888	Angleterre	
Marx	Salomon	1875	Angleterre	
Marx	Simon	1913	Hollande	
Maschkowsky	Arthur	1886	Belgique	
Maschkowsky	Toni	1888	Belgique	
May	Ludwig	1903	France	

Mayer	Adalbert	1899	Belgique	
Mayer	David	1873	Angleterre	
Mayer	Lina	1880	Angleterre	
Mayer	Fanny	1885	Hollande	
Mayer	Ludwig	1881	Hollande	
Mayer	Samuel	1885	France	
Mayer	Stephanie	1894	France	
Mendel	Christine	1912	France	
Mendel	Elisabeth	1931	France	
Mendel	Karl	1935	France	
Menendez	Mercedes	?	?	
Menendez	Ramira	?	?	
Menendez	Zeza	?	?	
Messinger	Pessla	1905	Belgique	
Messinger	Salo	1932	Belgique	
Messinger	Selman	1901	Belgique	
Metis	Annette	1930	Angleterre	
Metis	Lotte	1900	Angleterre	
Metis	Wolfgang	1925	Angleterre	
Meyer	Anna	1878	France	
Meyer	Berthold	1883	Belgique	
Meyer	Elfriede	1886	Belgique	
Meyer	Ernst	1918	Belgique	
Meyer	Joseph	1872	France	
Meyerhoff	Charlotte	1915	Hollande	
Meyerstein	Alice	1910	Angleterre	
Meyerstein	Hans	1935	Angleterre	
Meyerstein	Ludwig	1893	Angleterre	
Michaelis	Cecilie	1894	France	Déportée de France Convoi n° 26 du 31.8.1942
Michaelis	Michaelis	1888	France	Déporté de France Convoi n° 26 du 31.8.1943
Moser	Edmund	1871	France	

Moser	Rosalie	1877	France	Morte en France
Moses	Alfred	1883	France	
Moses	Eugen	1926	France	
Moses	Georg	1908	Angleterre	
Moses	Helmut	1928	France	
Moses	Martha	1892	France	
Moses	Thea	1907	Angleterre	
Moskiewicz	Ismar	1890	France	Déporté de France Convoi n° 17 du 10.8.1942
Motulsky	Arno	1923	Belgique	
Motulsky	Lia	1929	Belgique	
Motulsky	Lothar	1926	Belgique	
Motulsky	Rena	1893	Belgique	
Mück	Joachim	1900	France	
Mühlenthal	Charlotte	1877	Angleterre	
Müller	Ernst	1891	Belgique	
Müller	Margot	1902	Belgique	
Münz	Karl	1881	Belgique	
Münz	Meta	1912	Belgique	
Münz	Paula	1909	Belgique	
Münz	Sophie	1872	Belgique	
Nathanson	Harry	1906	France	Déporté de France Convoi n° 27 du 2. 9.1942
Nathanson	Hilde Nora	1914	France	Déporté de France Convoi n° 27 du 2. 9.1942
Neuberg	Ilse	1900	Angleterre	
Neuberg	Wilhelm	1893	Angleterre	Etats-Unis
Neufeld	Fritz	1889	Angleterre	
Neufeld	Joseph	1878	Angleterre	
Neuhaus	Felix	1900	Angleterre	

Oberdorfer	Gerda	1934	Belgique	
Oberdorfer	Hedwig	1878	Hollande	
Oberdorfer	Margarete	1905	Belgique	
Oberdorfer	Max	1897	Belgique	
Oberdorfer	Simon	1872	Hollande	
Oberdorfer	Stefanie	1938	Belgique	
Oberndorfer	Paula	1884	Angleterre	
Obstfeld	Hermine	1912	Angleterre	
Oehl	Dorothea	1870	Belgique	
Oehl	Käthe	1895	Belgique	
Oppé	Armin	1892	Angleterre	
Oppé	Margarethe	1902	Angleterre	
Oppenheimer	Adolf	1879	France	
Oppler	Arthur	1871	France	
Oppler	Elise	1886	France	
Ostrodzki	Betti	1908	France	
Ostrodzki	Ernst	1903	France	
Oyres	Herbert	1902	Angleterre	
Oyres	Karl	1903	Angleterre	
Pander	Berta	1895	Hollande	
Pander	Hilde	1923	Hollande	
Pander	Max	1891	Hollande	
Philippi	Ernst	1889	Hollande	
Philippi	Gert	1925	Hollande	
Philippi	Margarete	1890	Hollande	
Philippi	Wolfgang	1921	Hollande	
Pick	Elisabeth	1871	France	
Pinthus	Heinz	1914	Hollande	
Pommer	Martin	1888	Belgique	
Präger	Margarethe	1896	Hollande	
Präger	Siegfried	1887	Hollande	
Preger	Alexander	1897	Angleterre	
Preiss	Gerhard	1900	France	Déporté de France Convoi n° 28 du 4. 9.1942

Preiss	Lisbeth	1912	France	Déportée de France Convoi n° 28 du 4. 9.1942
Quintero	Lazaro	?	?	
Rabinowitz	Harry	1898	France	Déporté de France Convoi n° 8 du 20.7.1942
Rebenfeld	Kurt	1899	France	
Recher	Irene	1901	Angleterre	
Recher	Moritz	1898	Angleterre	
Reichenteil	Betty	1889	Hollande	
Reichenteil	Joseph	1891	Hollande	
Reif	Chaje Leja	1896	France	
Reif	Friedrich	1927	France	
Reif	Liane	1934	France	
Reingenheim	Fanny	1885	Belgique	
Reingenheim	Jacob	1877	Belgique	
Reingenheim	Selma	1884	Belgique	
Reutlinger	Elly	1903	Hollande	Etats-Unis
Reutlinger	Renate	1930	Hollande	Etats-Unis
Richter	Marianne	1868	Belgique	
Riegelhaupt	Cypora	1907	Angleterre	
Riegelhaupt	Israel	1938	Angleterre	
Riesenburger	Hermann	1898	France	Déporté de France Convoi n° 20 du 17.8.1942
Ring	Erich	1894	Angleterre	
Ring	Erna	1903	Angleterre	
Ring	Jacques	1924	Angleterre	
Rinteln	Elisabeth	1892	Belgique	
Rinteln	Walter	1887	Belgique	
Ritter	Wilhelm	1905	Hollande	
Rosenbach	Heinz	1919	Hollande	
Rosenbaum	Rosa	1884	Angleterre	
Rosenberg	Louis	1883	Hollande	

Rosenberg	Ricka	1872	Hollande	
Rosenberg	Selig	1890	Hollande	
Rosenfeld	Hans	1884	Hollande	
Rosenfeld	Selma	1896	Hollande	
Rosenfeld	Steffi	1933	Hollande	
Rosenthal	Johanna	1898	Angleterre	
Rosenthal	Kurt	1895	Angleterre	
Rosenthal	Margrit	1935	Angleterre	
Rosenthal	Max	1892	France	Déporté de France Convoi n° 30 du 9. 9.1942
Rosenthal	Rolf	1915	Hollande	
Rosenzweig	Siegfried	1881	Angleterre	
Ross	Heinrich	1870	Angleterre	
Roth	Camilla	1898	France	
Roth	Ernst	1890	France	
Roth	Harry	1930	France	
Rothmann	Jenny	1884	France	
Rothmann	Martin	1882	France	
Rotholz	Berthold	1887	France	
Rotholz	Guenther	1914	France	
Rotholz	Horst	1924	France	
Rotholz	Margarete	1893	France	
Rotholz	Margarete	1884	Belgique	
Rotholz	Siegfried	1878	Belgique	
Rothschild	Erwin	1904	Hollande	
Rothschild	Eva	1895	Angleterre	
Rothschild	Frieda	1889	Hollande	
Roubitschek	Ernst	1926	Belgique	
Roubitschek	Pauline	1891	Belgique	
Roubitschek	Richard	1889	Belgique	
Ryndsionski	Ferdinand	1916	Angleterre	
Safier	Cypora	1907	Angleterre	
Safier	Eva	1938	Angleterre	
Safier	Jakob	1904	Angleterre	

Salm	Ida	1881	Angleterre	
Salm	Leopold	1881	Angleterre	
Salmon	Edith	1933	Belgique	
Salmon	Egon	1924	Belgique	
Salmon	Erna	1900	Belgique	
Salomon	Moritz	1876	Hollande	
Salomon	Sybilla	1883	Hollande	
Sandberg	Delta	1893	Belgique	
Sandberg	Ruth	1925	Belgique	
Schafranik	Heinrich	1885	Angleterre	
Schafranik	Leontine	1890	Angleterre	
Schapira	Henriette	1879	Angleterre	
Schapira	Leib- Julius ?	1876	Angleterre	
Schelansky	Frieda	1895	France	
Schelansky	Hans Heinz	1926	France	
Scheuer	Gertrud	1915	Hollande	
Scheyer	Martha	1879	Hollande	
Schild	Irma	1912	Belgique	
Schild	Ison	1905	Belgique	
Schillinger	Georg Jezi Jeri	1938	Hollande	
Schillinger	Jan.	1936	Hollande	
Schillinger	Marie	1906	Hollande	
Schillinger	Samuel	1903	Hollande	
Schlesinger	Frederike	1883	Angleterre	
Schlesinger	Max	1882	Angleterre	
Schlesinger	Meta	1887	Hollande	
Schlesinger	Richard	1877	Hollande	
Schoeps	Anni	1909	Angleterre	
Schoeps	Beate	1938	Angleterre	
Schoeps	Kurt	1906	Angleterre	
Schönberger	Moritz	1887	Belgique	
Schönemann	Gertrud	1903	Angleterre	
Schönemann	Siegfried	1893	Angleterre	
Schönemann	Wolfgang	1933	Angleterre	
Schott	Else	1903	Angleterre	
Schott	Kurt	1910	Angleterre	

Schott	Siegfried	1896	Angleterre	
Schuck	Gertrud	1888	France	
Schüfftan	Therese	?	?	
Schüfftan	Walter	?	?	
Schüfftan	Wolfgang	?	?	
Schulhof	Julius	1901	Angleterre	
Schulhof	Stella	1907	Angleterre	
Schumanovs ky	Emil	1901	Hollande	
Schwager	Albert	1885	Angleterre	
Schwager	Resi	1890	Angleterre	
Schwalbendor	Josef	1904	Hollande	
Schwartz	Oskar	1880	Angleterre	
Schwartz	Regina	1878	Angleterre	
Schweiger	Sofie	1878	Belgique	
Schweitzer	Jenny	1881	Belgique	
Schweitzer	Max	1873	Belgique	
Secemski	Aron	1909	Angleterre	
Secemski	Hanna	1938	Angleterre	
Secemski	Luise	1915	Angleterre	
Segal	Moses	1885	Belgique	
Segal	Sabine	1897	Belgique	
Seliger	Walter	1897	France	
Seligmann	Alma	1892	Belgique	
Seligmann	Max	1882	Belgique	
Seligmann	Rosa	1891	Belgique	
Seligmann	Siegbert	1897	France	Déporté de France Convoi n° 33 du 16.9.1942
Seligmann	Siegfried	1881	Belgique	
Seligmann	Ursula	1923	Belgique	
Siegel	Arthur	1891	France	
Sietz	Lea	1897	Angleterre	
Silber	Chaja	1901	Belgique	
Silber	Leo	1930	Belgique	
Silber	Salomon	1898	Belgique	

Silberstein	Gert	1938	Angleterre	
Silberstein	Kurt	1900	Angleterre	
Silberstein	Renate	1933	Angleterre	
Silberstein	Thea	1905	Angleterre	
Silzer	Leontine	1895	Angleterre	
Silzer	Paul	1898	Angleterre	
Simon	Karl	1884	Hollande	Westerbork, Sobibor, 1943
Simon	Edith	1922	Hollande	
Simon	Ilse	1928	Hollande	Westerbork, Sobibor, 1943
Simon	Martin	1892	Belgique	
Simon	Rolf	1921	Angleterre	
Simon	Selma	1906	Belgique	
Simon	Selma	1894	Hollande	Westerbork, Sobibor, 1943
Singer	Amalie	1896	Angleterre	
Singer	Josef	1927	Angleterre	
Singer	Max Moses?	1888	Angleterre	
Siperstein	Josefine	1896	France	Déportée de France Convoi n° 42 du 6.11.1942
Sklow	Betty	1880	Hollande	
Skotzki	Charlotte	1894	France	Déportée de France Convoi n° 30 du 9. 9.1942
Skotzki	Günther	1898	France	Déporté de France Convoi n° 30 du 9. 9.1942
Skotzki	Helga	1927	France	Déportée de France Convoi n° 30 du 9. 9.1942

Skotzki	Inge	1928	France	Déportée de France Convoi n° 30 du 9. 9.1942
Spanier	Babette	1905	Hollande	Westerbork, libérée en 1945
Spanier	Fritz	1902	Hollande	Westerbork, libéré en 1945
Spanier	Ines	1932	Hollande	Westerbork, libérée en 1945
Spanier	Renate	1932	Hollande	Westerbork, libérée en 1945
Speier	Meier	1888	Belgique	
Spira	Helene	1876	Belgique	
Spitz	Erich	1924	Angleterre	
Spitz	Ursula	1922	Angleterre	
Spitz	Vera	1900	Angleterre	
Springer	Julius	1880	Hollande	
Srog	Abraham	1876	Angleterre	
Srog	Mathilde	1880	Angleterre	
Stahl	Rosa	1879	France	
Stark	Moses	1886	Belgique	
Stark	Paul	1925	Belgique	
Stark	Pessel	1896	Belgique	
Stein	Else	1901	Hollande	Westerbork, Auschwitz, 1943
Stein	Erich	1928	Angleterre	
Stein	Fanny	1879	Angleterre	
Stein	Grete	1903	Angleterre	
Stein	Joseph	1871	Angleterre	Mort pendant la guerre
Stein	Kurt	1907	Hollande	
Stein	Mauritius	1911	Angleterre	

Stein	Werner	1936	Hollande	Westerbork, Auschwitz, 1943
Sternberg	Alice	1911	Belgique	
Sternlicht	Gertrud	1877	Belgique	
Sternlicht	Lotte	1905	Belgique	
Strauss	Alfons	1920	Hollande	
Strauss	Emma	1886	Hollande	
Strauss	Heinrich	1878	Hollande	
Strauss	Hermann	1894	Angleterre	
Strauss	Josef	1896	Hollande	
Strauss	Kurt	1907	Belgique	
Strauss	Max	1902	Hollande	
Sydower	Wilhelm	1894	Belgique	France, Belgique, survivant
Tannenbaum	Karl	1875	Hollande	
Tannenbaum	Malchen	1878	Hollande	
Tichauer	Else	1891	Belgique	
Tichauer	Herbert	1888	Belgique	
Tischler	Harry	1906	Angleterre	
Tischler	Lina	1907	Angleterre	
Trödel	Blanca	1902	France	
Trödel	Erich	1929	France	
Trödel	Leopold	1903	France	
Trödel	Walter	1925	France	Déporté de France Convoi n° 27 du 2. 9.1942
Turkowicz	Edith	1922	Angleterre	
Turkowicz	Helene	1891	Angleterre	
Turkowicz	Joel	1889	Angleterre	
Unger	Bertha	1875	Hollande	
Velman	Hilde	1908	Hollande	
Velman	Walter	1906	Hollande	
Vendig	Charlotte	1907	Belgique	France, Suisse, survivante

Vendig	Ernst	1899	Belgique	France, Suisse, survivant
Vendig	Fritz-Dieter	1932	Belgique	France, Suisse, survivant
Vendig	Heiner	1937	Belgique	France, Suisse, survivant
Vendig	Paulina	1872	Belgique	France, Suisse, survivante
Wachtel	Amanda	1887	France	
Wachtel	Joseph	1883	France	Déporté de France Convoi n° 17 du 10.8.1942
Waldbaum	Gerda	1937	France	
Waldbaum	Margarete	1903	France	
Waldbaum	Viktor	1893	France	
Wallerstein	Anton	1894	Belgique	
Wallerstein	Edith	1932	Belgique	France, Maroc, Etats-Unis
Wallerstein	Julius	1927	Belgique	France, Maroc, Etats-Unis
Wallerstein	Paula	1904	Belgique	
Warschawsky	Franz Peter	1934	Hollande	
Warschawsky	Hans	1898	Hollande	
Warschawsky	Johanna	1900	Hollande	
Warschawsky	Ursula	1923	Hollande	
Wartelski	Leo	1889	Angleterre	
Wassermann	Paula	1869	France	
Wasservogel	Irma	1890	Belgique	
Wasservogel	Viktor	1889	Belgique	
Wechselmann	Margarete	1894	France	
Wechselmann	Oskar	1886	France	Mort le 21.2.1941
Weil	Anneliese	1910	Angleterre	

Weil	Arthur	1897	Angleterre	
Weil	Berthold	1873	Hollande	
Weil	Clara	1906	Angleterre	
Weil	Eduard	1869	Angleterre	
Weil	Emma	1876	Angleterre	
Weil	Ernst	1924	France	Etats-Unis
Weil	Felix	1888	Angleterre	
Weil	Gustav	1879	Angleterre	
Weil	Ingeborg	1929	Angleterre	
Weil	Julius	1897	Angleterre	
Weil	Susanna	1931	Angleterre	
Weil	Thekla	1881	Hollande	
Weiler	Recha	1878	Belgique	
Weinberg	Walter	1905	Hollande	
Weinstein	Dina	1883	Angleterre	
Weinstein	Siegfried	1909	Angleterre	
Weinstock	Arthur	1889	Hollande	
Weinstock	Charlotte	1898	Hollande	
Weinstock	Ernst	1931	Hollande	
Weis	Bella	1886	Angleterre	
Weis	Max	1881	Angleterre	
Weisel	Friederike	1902	Angleterre	
Weiser	Chawa	1883	Angleterre	
Weiser	Ignaz	1902	Angleterre	
Weiss	Gerda	1902	Belgique	
Weiss	Laja	1881	Belgique	
Weiss	Leopold	1890	France	Mort. Aucune information
Weiss	Majer	1879	Belgique	
Weissler	Walter	1910	France	Survivant
Weisz	Samuel	1905	Angleterre	
Weltmann	Elly	1896	Hollande	
Weltmann	Erich	1893	Hollande	
Weltmann	Renate	1930	Hollande	
Wertheim	Fritz	1899	Hollande	
Westheimer	Klara	1870	Hollande	

Wiesenfelder	Martin	1908	France	Déporté de France Convoi n° 21 du 19.8.1942
Wilmersdörfer	Flora	1885	Belgique	
Wilmersdörfer	Siegfried	1879	Belgique	
Windmüller	Berta	1895	France	
Windmüller	Hans	1923	France	
Windmüller	Rudi	1925	France	
Windmüller	Salomon	1886	France	
Winkler	Istvan	?	?	N'est pas un réfugié
Wolf	Abraham	1873	Hollande	
Wolf	Elisabeth	1912	Hollande	
Wolf	Johanna	1881	Belgique	
Wolf	Lina	1873	Hollande	
Wolf	Moritz	1883	Belgique	
Wolfermann	Flora-Dora ?	1891	Angleterre	
Wolfermann	Jacob	1880	Angleterre	
Wolff	Adolf	1892	France	
Wolff	Else	1892	France	
Wolff	Hildegard	1933	France	
Wolff	Max	1905	France	Déporté de France Convoi n° 42 du 6.11.1942
Zellner	Gertrud	1895	Angleterre	
Zellner	Margot	1924	Angleterre	
Zellner	Max	1882	Angleterre	
Zellner	Ruth	1920	Angleterre	
Zweigenthal	Fritz	1909	Belgique	

REPERES CHRONOLOGIQUES

5 mai 1939

Promulgation du décret n° 937 par le Gouvernement cubain, faisant suite aux décrets n° 55 et n° 2507, antérieurs au 6 mai 1939. Ces textes sont relatifs à l'émigration.

13 mai 1939

Le bateau *St. Louis* quitte Hambourg en Allemagne.

15 mai 1939

Le *St. Louis* entre dans le port de Cherbourg en France, et reprend la mer quelques heures plus tard.

19 mai 1939

Le *St. Louis* navigue au large des Açores.

27 mai 1939

Le *St. Louis* entre dans le port de La Havane à Cuba.

29 mai 1939

Lawrence Berenson, président de la Chambre de Commerce américano-cubaine, est dépêché à La Havane.

30 mai 1939

Le consul général américain, Coert du Bois, s'entretient avec le Dr. Juan J. Remos, secrétaire d'Etat à la Défense à Cuba.

1er juin 1939

Le représentant de l'*American Jewish Joint Distribution Committee* (Joint), Lawrence Berenson, rencontre le Président cubain F. Laredo Bru.

Réunion des représentants du Joint à New York.

2 juin 1939
Le *St. Louis* quitte La Havane.

3 juin 1939
Le *St. Louis* navigue entre La Havane et Miami.

Le consul de la République Dominicaine à La Havane, Nestor Pou, rencontre Berenson pour lui proposer l'aide de son pays.

4 juin 1939
Le *St. Louis* est au large de Miami. Il navigue d'abord vers le nord, puis fait demi-tour pour se diriger vers le sud.

5 juin 1939
Le *St. Louis* est au large de Miami.

6 juin 1939
Le *St. Louis* fait route vers l'Europe.

8 juin 1939
Le Président Bru reçoit M. Finlay, représentant de la Chase Bank à Cuba.

Réunion des membres du Comité Exécutif du Joint, à New York.

Du 10 au 13 juin 1939
Réunion des représentants de la HICEM.

Négociations entre Morris Troper, représentant du Joint en France, et les 4 pays d'Europe (Belgique, Pays-Bas, France et Grande-Bretagne) pour qu'ils acceptent de recueillir les 907 passagers du *St. Louis*.

17 juin 1939
Le *St. Louis* arrive dans le port d'Anvers en Belgique pour y débarquer ses passagers.

PARCOURS DU *ST. LOUIS* ENTRE LE 13 MAI ET LE 17 JUIN 1939

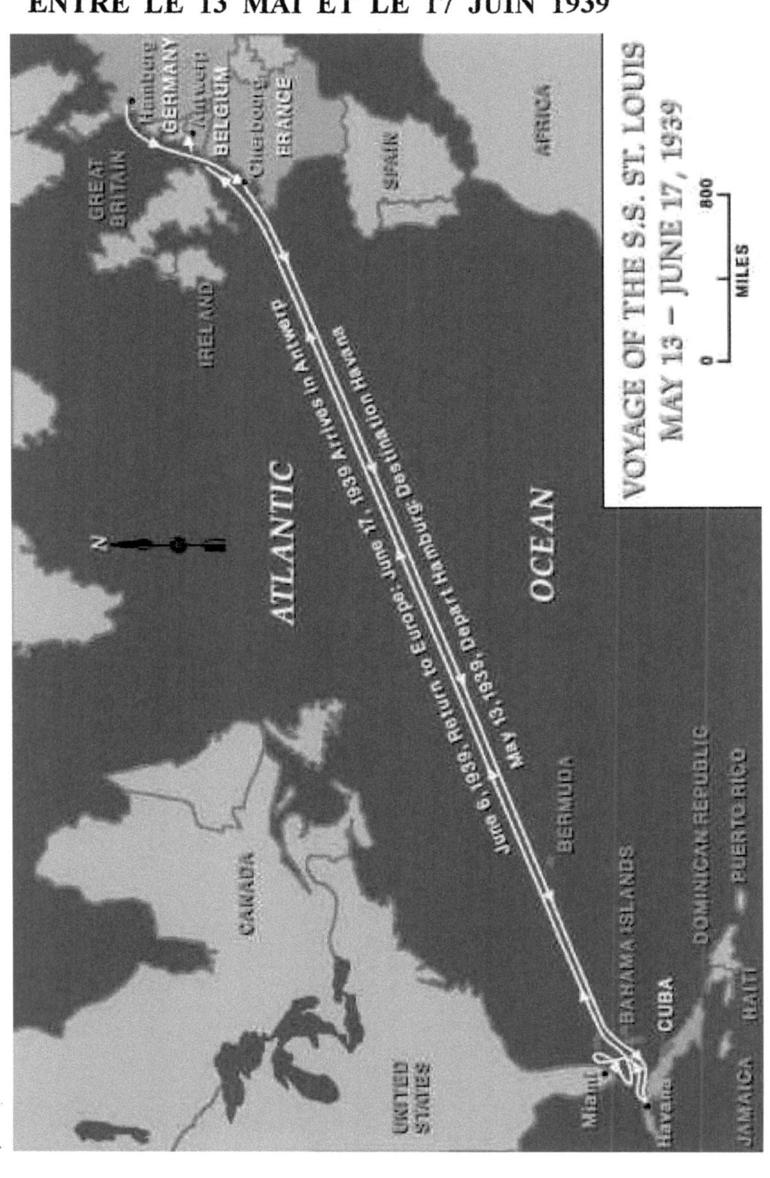

BIBLIOGRAPHIE

Cette bibliographie ne contient que des ouvrages qui mentionnent même brièvement l'épisode du *St. Louis,* ou qui abordent l'histoire des réfugiés. Les nombreux autres livres consultés ne figurent qu'en notes, dans la mesure où ils n'ont été utilisés que pour restituer l'histoire des passagers du *St. Louis* dans le contexte international des années 1930.

ABELLA Irving, *None is Too Many*, Random House, 1983, 336 p.

ABELLA Irving, « The line must be drawn somewhere ; Canada and Jewish refugees, 1933-1939 », In : *Canadian Historical Review*, 60,2, 1979, pp. 178-209.

AFOUMADO Diane, « Conscience, attitudes et comportements des Juifs en France entre 1936 et 1944 », thèse de Doctorat d'Histoire, Université Paris X-Nanterre, 1997, pp. 316-349.

AFOUMADO Diane, « La mémoire du St. Louis (1939-2003) », In : *Refugees from Nazi-Germany in Western-European border states, 1933-1939/1940*, Conférence organisée par le CEGES/SOMA en collaboration avec Koninklijke Vlaamse Academie van Belge voor Wetenschappen en Kunsten et le Goethe Institute, 15-16 janvier 2004, document de travail, pp. 135-148. Ce texte a fait l'objet d'une seconde intervention intitulée : « The Voyage of the *St. Louis* » au Third Annual Martin and Doris Rosen Summer Symposium « Remembering the Holocaust », organisé par Appalachian State University à Boone (Caroline du Nord, USA), 26 juin-2 juillet 2004, et publiée en français dans *La Revue d'Histoire de la Shoah – Le Monde juif*, N° 181, juillet-décembre 2004, pp. 339-355.

AFOUMADO Diane, « Les 'vaisseaux-fantômes' à la veille de la Seconde Guerre mondiale », In : *Revue des Etudes Juives*, tome 158, juillet-décembre 1999, pp. 421-443.

America and the Holocaust, ed. by Sanford Pinsker and Jack Fischel, Greenwood (FI), Penkevill, 1983, 181p.

AVNI Haim, « The War and the Possibilities of Rescue », In : *The Shoah and the War*, COHEN Asher, COCHAVI Yehoyakim, GELBER Yoav, eds, Jerusalem, Hebrew University, The Avraham Harman Institute of Contemporary Jewry, 1992, pp. 373-392.

BAUER Yehuda, *Juifs à vendre ?* Yale University Press, 1994, (traduction française, Paris, Liana Levi, 1996), 415 p.

BERAJANO Margalit, *La comunidad hebrea de Cuba : la memoria y la historia*, ed. by Haim Avni, p. XVII, 276, Jérusalem :

Abraham Harman Institute of Contemporary Judaism, Hebrew University of Jerusalem, 1996, 276p.

BERAJANO Margalit, « L'Intégration des Sépharades en Amérique Latine : le cas des communautés de Buenos Aires et de La Havane, In : Esther BENBASSA, ed. *Mémoires Juives d'Espagne et du Portugal*, Jérusalem, Hebrew university, Avraham Harman Institute of Contemporary Judaism, 1996.

BERAJANO Margalit, « The Jewish Community of Cuba ; between continuity and extinction », In : *Jewish Political Review*, Jérusalem, 3 :1-2 (1991), pp. 115-140.

BREITMAN Richard, *American Refugee and European Jewry, 1933-1945*, Bloomington & Indianapolis, Indiana University Press, 1987, 310p.

Capacité de la République Dominicaine pour absorber des réfugiés. Dictamen de la Commission d'Etude sur l'exposé de Brookings Institution, concernant « La colonisation des réfugiés dans la République Dominicaine », Ciudad Trufillo, Montaho, 1946, 129p.

CAESTECKER Frank, *Alien Policy in Belgium, 1840-1940. The Creation of Guest Workers, Refugees and Illegal Aliens*, Oxford-New York, Berghahn Books, 2000.

CAESTECKER Frank (avec MOORE Bob), « Refugee policy in Western European States in the 1930s : A comparative Analysis », *IMIS - Beiträge*, 1998, 7, pp. 55-103.

CAESTECKER Frank, « Holocaust Survivors in Belgium, 1944-1949. Belgian refugee policy and the tragedy of the Endlösung ? », *Tel Aviver Jahrbuch für Deutsche Geschichte*, XXVII, 1998, pp. 353-381.

« Die Odyssee der St. Louis », In : RÖMER Gernot, *Die Austreibung der Juden aus Schwaben, Schicksale nach 1933 in Berichten*, Dokumenten, Zahlen und Bildern, Augsburg, Presse-Druck-und Verlags - GmbH, 1987, 256p.

FEINGOLD Henry L., *The Politics of Rescue. The Roosevelt administration and the Holocaust, 1938-1945*, New Jersey, Rutgers University, 1970, 394p.

GELLMAN Irwin F., « The St. Louis Tragedy », In : *American Jewish Historical Quarterly*, Décembre 1971, pp. 57-69. Publié également In : *America, American Jews, and the Holocaust*, Jeffrey S. GUROCK, ed. *American Jewish History*, Volume 7, New York, Routledge, 1998, pp. 144-156.

GOLDSMITH Martin, *The Inextinguishable Symphony. A True Story of Music and Love in Nazi Germany,* New York, 2000, 346 p.

HERLIN Hans, *Die Reise der Verdammten. Die Tragödie des* ' St Louis'.

HERLIN Hans, *Kein gelobtes Land. Die Irrfahrt der* St Louis. *Dokumentation und Interviews* : Zwy Aldouby, Carl-Heinz Mühmel, Yvonne Spiegelberg, Hamburg, Nannen Verlag, 1961, 208p.

KAPP Yvonne and MYNATT Margaret, *British Policy and the Refugees 1933 - 1941* ; London, Portland, Frank Cass, 1997, 152p.

KAPLAN S., « Jewish Emigrants to Cuba, 1898-1960 », In : *International Migration*, Geneva, 28 :3 (1990), pp. 295-310.

KIRCHHEIMER Gloria DeVidas & KIRCHHEIMER Manfred, *We Were So Beloved. Autobiography of a German Jewish Community,* Pittsburgh, University of Pittsburgh Press, 1997, 367p.

KONOVITCH Barry J., « The Fiftieth Anniversary of the *St. Louis* : What Really Happened », In : *American Jewish History,* LXXIX/2, 1989-1990.

LEVINE Robert M., *Tropical Diaspora, The Jewish Experience in Cuba*, Gainesville, The University Press of Florida, 1993, 398p.

LINDEN Diana L., « Ben Shahn, the Four Freedoms, and the *SS ' St. Louis'*, In : *American Jewish History*, 86,4, 1998, pp. 419-440.

LIPSTADT Deborah E., *Beyond Belief: The American Press and the Coming of the Holocaust 1933-1945*, New York, The Free Press, 1986.

LIPSTADT Deborah E., *Denying the Holocaust. The Growing Assault on Truth and Memory*, New York, The Free Press, 1993, 278p.

LLORENS Vicente, *Memorias de una emigracion, Santo Domingo, 1939-1945*, Barcelona, Ariel, 1975, 214p.

LOOKSTEIN Haskel, *American Jewry's Public Response to the Holocaust, 1938-1944 : An Examination based upon accounts in the Jewish Press and Periodical Litterature.*

LOOKSTEIN Haskel, *Were We Our Brothers' Keepers ? The Public Response of American Jews to the Holocaust 1938-1944*, New York, Vintage Books, 1988.

MAUTNER Georg J.E. *Das St. Louis-Drama. Hintergrund und Rätsel einer mysteriösen Aktion des Dritten Reiches,* Graz-Stuttgart, Leopold Stocker Verlag, 2001, 200p.

MENDELSOHN John, *The Holocaust*, Vol. 7 : "Jewish Emigration, The *S.S. St. Louis* Affair and the Other Cases", New York, Garland Publishing, Inc., 1982.

MOORE Bob, *Refugees from Nazi Germany in the Netherlands 1933-1940*, Dordrecht/Boston/Lancaster, Martinus Nijhoff Publishers, 1986, 241p.

MORSE Arthur D., *While Six Millions Died. A chronicle of American Apathy,* New York, Random House, 1967.

NEWTON Verne W., *FDR and the Holocaust*, New York, St. Martin's Press, 1996.

NOVICK Peter, *The Holocaust in American Life*, Boston/New York, Houghton Mifflin Company, 1999, 373p.

PRINZ Arthur, « The Role of the Gestapo in Obstructing and Promoting Jewish Emigration », In : *Yad Vashem Studies*, Vol. III, 1958, pp. 205-218. Publié également In : *Jewish Immigrants of the Nazi Period in the USA*, Vol. 4 : " Jewish Emigration from Germany 1933-1942 ", München, New York, London, Paris, 1992.

REINFELDER Georg, MS St. Louis *Frühjahr 1939 - Die Irrfahrt nach Kuba. Kapitän Gustav Schröder rettet 906 deutsche Juden vor dem Zugriff der Nazis*, Teetz, Hentrich & Hentrich, 2002, 270p.

SANDER-STECKL Ruth, *A bientôt en Eretz Israël ! L'Odyssée des réfugiés de l'Atlantique (décembre 1939-avril 1942),* journal commenté par Michel DAËRON, Paris, Albin Michel, 2002, 193p.

SAPIR Boris, *The Jewish Community of Cuba*. English translation by Simon Wolin, New York, J.T.S.P. University Press, 1948, 93 p.

SCHRÖDER Gustav, *Fernweh und Heimweh*, Potsdam, Rütten & Loening Verlag, 1943, 247p.

SCHRÖDER Gustav, *Heimatlos auf hoher See* (L'Epopée du *St Louis)*, 1949, Beckerdruck, Berlin, 47p. Photographies, Dokumenten - Anhang.

TARTAKOWER Arieh, *The Jewish Refugees. A sociological survey*, New York, Institute of Jewish Affairs, 1942.

THOMAS Gordon, MORGAN-WITTS Max, *Voyage of the Damned*, London, Hodder & Stoughton, 1974, 317p. Réédition augmentée de nombreuses photographies : Loughborough, Dalton Watson Fine Books, 1994, 287 p.

THOMAS Gordon, MORGAN-WITTS Max, *Le Voyage des Damnés*, Paris, Editions Pierre Belfond, 1976, 320p.

U.S. Department of State. Documents on German Foreign Policy, Series D, Vol. 5, Washington, D.C., 1953.

Voyage of the St. Louis. Refuge denied. United States Holocaust Memorial Museum, brochure de 26 p.

WEISS Louise, *Mémoires d'une Européenne*, Tome III : 1934-1939, Paris, Payot, 1970, 270p.

WYMAN David S., *The Abandonment of the Jews. America and the Holocaust, 1941-1945*, New York, Pantheon Books, 1984. Traduction française : *L'abandon des Juifs. Les Américains et la Solution finale*, Paris, Flammarion, 1987, 460p.

WYMAN David S., *While Six Million Died : A Chronicle of American Apathy*, Woodstock, NY, The Overlook Press, 1983.

VIDEOS

The Double Crossing : The Voyage of the St. Louis. Holocaust Memorial Foundation of Illinois and Loyola University of Chicago, distribué par Ergo Media, Inc, teaneck, NJ, 1992. Documentaire.

Sea Tales : The Doomed Voyage of the St. Louis, A&E Home Video. Documentaire.

The Voyage of the St. Louis, distribué par Galafilm, Inc, Montreal, Canada, 1995. Documentaire.

Voyage of the Damned, distribué par Avid Home Entertainment, Van Nuys, CA, 1992. Film.

JOURNAUX

■ Presse américaine

- *Arizona Republic*, (Arizona)
- *The Boston Daily News*, (Massachusetts)
- *The Boston Sunday Globe*, (Massachusetts)
- *The Chicago Daily News*,(Illinois)
- *Christian Science Monitor*, (Massachusetts)
- *The Cincinnati Enquirer*, (Ohio)
- *Cleveland Plain Dealer*, (Ohio)
- *The Courrier Journal*, (Kentucky)
- *Daily News*, (New York)
- *Des Moines Register*, (Iowa)
- *The Detroit News*, (Michigan)
- *The Florida Times-Union*, (Floride)
- *Hartford courant*, (Connecticut)
- *The Houston Post*, (Texas)
- *Los Angeles Herald*, (Californie)
- *Los Angeles Times*, (Californie)
- *The Miami Herald*, (Floride)
- *Newark Star-Eagle*, (New Jersey)
- *The News and Courier*, (Caroline du Sud)
- *New York Herald Tribune*, (New York)
- *The New York Times*, (New York)
- *Philadelphia Inquierer*,(Pennsylvanie)
- *Richmond Times Dispatch*, (Virginie)
- *San Francisco Chronicle*, (Californie)
- *San Francisco Examiner*, (Californie)
- *Seattle Post Intelligencer*, (Etat de Washington)
- *St. Louis Gloge Democrat*, (Missouri)
- *St. Louis Post Dispatch*, (Missouri)

- *The Sun*, (Baltimore)
- *The Sun*, (New York)
- *The Washington Post*, (District de Columbia)
- *The Washington Star*, (District de Columbia)

■ Presse française
- *Les Cahiers des Droits de l'Homme*
- *Ce Soir*
- *L'Epoque*
- *Le Figaro*
- *L'Humanité*
- *L'Illustration*
- *Le Jour* (L'Echo de Paris)
- *Le Journal*
- *La Juste Parole*
- *Match*
- *Le Matin*
- *L'Œuvre*
- *Paix et Liberté*, Organe mensuel du Mouvement Populaire Paix et Liberté, Front Populaire
- *Paris-Soir*
- *Le Populaire*
- *Le Temps*

■ Presse juive en France

- *Le Droit de Vivre* (organe de la Ligue Internationale contre le Racisme et l'Antisémitisme : L.I.C.A.). Bien que ce journal n'entre pas directement dans la catégorie de la presse juive en France, il figure ici comme le défenseur des Juifs opprimés dans le monde. Il fut créé par Bernard Lecache, fondateur de la Ligue.
- *Paix et Droit* (journal de l'Alliance Israélite Universelle)
- *Samedi*
- *La Terre Retrouvée* (journal sioniste)
- *L'Univers Israélite* (journal du Consistoire)

■ Presse allemande
- *Frankfurter Zeitung*
- *Der Stürmer* (Journal violemment antisémite de Julius Streicher)
- *Völkischer Beobachter*

■ Presse juive en Allemagne
- *Jüdischer Nachrichtenblatt*

■ Presse cubaine
- *Bohemia*
- *El Diário de la Marina*
- *The Havana Post* (en anglais)
- *Noticias de Hoy*
- *Pais*

■ Presse juive à Cuba
- *The Habaner Lebn* האוואנער לעבן –
Vida Habanera (en yiddish et en espagnol)

■ Presse britannique
- *The Liverpool Daily Post*
- *The Times*
- *The Sunday Times*

■ Presse juive en Grande-Bretagne
- *The Jewish Chronicle*

■ Presse belge
- *La Libre Belgique*
- *Le Soir*
- *De Standaardt* (en flamand)

CENTRES D'ARCHIVES CONSULTES

Que soient remerciées toutes les personnes citées ci-dessous pour l'aide précieuse qu'elles ont bien voulu m'apporter dans ces recherches.

ALLEMAGNE
- Bundesarchiv
- Stiftung Topographie des Terrors

ETATS-UNIS
- American Jewish Historical Society (AJHS) à New York : (Kelly Hayes)
- American Joint Distribution Committee (JDC) à New York : (Shelley Helfand et Mikhael Mitsel)
- Florida Holocaust Museum (Matt Martinson)
- The Holocaust Documentation and Education Center à Miami en Floride (Rositta E. Kenigsberg, Executive Vice President)
- Leo Baeck Institute à New York : (Viola Voss et Allan Chin)

- Library of Congress à Washington, DC
- The Museum of Jewish Heritage (New York) : (Esther Brumberg, Curator of Collections)
- The National Archives and Records Administration (NARA) à Washington, DC : (Milton O. Gustafson)
- New York Public Library
- Simon Wiesenthal Center à Los Angeles
- Survivors of the Shoah Visual History Foundation – Spielberg Foundation à Los Angeles : (Lisa B. Goodgame, Coordinator, On-Site and Scholarly Access)
- United States Holocaust Memorial Museum à Washington (U.S.H.M.M.)
- Y.I.V.O. à New York : (Fruma Mohrer; Gunnar Berg; Leo Greenbaum; Yeshaya Metal et Erica Kaplan)

FRANCE
- Alliance Israélite Universelle (AIU) à Paris (Jean-Claude Kuperminc et Rose Lévine)
- Archives Nationales à Paris (AN)
- Archives départementales de Dordogne : (Maïté Etchechoury et Bernard Reviriego) - Archives départementales de la Haute-Vienne (Robert Chanaud)
- Archives départementales d'Indre-et-Loire (Luc Forlivesi)
- Arch. départementales du Pas-de-Calais (Patrice Marcilloux)
- Bibliothèque de Documentation Internationale Contemporaine (B.D.I.C.) à Nanterre (Fabiola Rodriguez)
- Bibliothèque Historique de la Ville de Paris (B.H.V.P.)
- Centre de Documentation juive contemporaine (C.D.J.C.), Paris
- Service Historique de la Marine-Ministère de la Défense, Paris

BELGIQUE
- Centre d'Etudes Guerre et Société (CEGES/SOMA), Bruxelles (Frank Caestecker et Dirk Martin)
- The Mechelen Museum of Deportation and the Resistance (Laurence Schram)
- Service des Victimes de la Guerre (Marie Le Jeune)

CANADA
- Archives Nationales du Canada
- Canadian Historical Review (Evelyn Holmberg)

GRANDE-BRETAGNE
- Association of Jewish Refugees (AJR), Londres
- The Immigration and Naturalization Service, Londres

- The Institute of Contemporary History and Wiener Library, Londres (Kat Hübschmann)
- Imperial War Museum à Londres (Victoria Cook)
- Public Record Office (Archives Nationales du Royaume Uni)

PAYS-BAS
- National War and Resistance Museum (P. Klaassen)
- Netherlands Institute for War Documentation (Dr. Elly Towen Bouwsma)
- Stadsarchief Antwerpen (Eddy Verdonck)

ISRAEL
- The Central Zionist Archives, Jérusalem (Simone Schliachter)
- Clandestine Immigration and Naval Museum
- Haganah Museum-Beit Eliyahu, Tel Aviv (Yael Justus-Segal)
- Yad Vashem, The Holocaust Martyrs' and Heroes' Remembrance Authority, Jérusalem (Valérie Ben Or)

REMERCIEMENTS

Ma reconnaissance et mes remerciements vont tout naturellement à Michel Prum, directeur de la collection *« Racisme et eugénisme »* aux éditions L'Harmattan, pour son accueil et son enthousiasme après avoir lu le mansucrit, ainsi qu'à David Fraser, qui n'a jamais manqué de m'envoyer des documents sur le *St. Louis* qu'il trouvait au fil de ses propres recherches et qui a joué un rôle majeur dans l'aboutissement de la publication.

J'aimerais remercier tout particulièrement Serge Klarsfeld qui a, sans hésiter, soutenu mon projet de recherches et qui a accepté de rédiger la préface.

Je pense tout particulièrement à mes parents et à mon ami, pour leur soutien. Leur présence et leurs encouragements ont été inestimables. D'autant que leur implication a été quotidienne et que, chacun à sa façon, a apporté sa pierre à l'édifice.

Je tiens à remercier ma mère pour ses nombreuses heures passées à traduire des textes en allemand. Je dois à mon père la transmission de l'amour de l'Histoire.

Les recherches documentaires nécessaires à ce livre n'auraient pu être faites sans la bourse d'études post-doctorales délivrée par le *United States Holocaust Memorial Museum - Center for Advanced Holocaust Studies* (USHMM-CAHS) de Washington. Cela m'a permis de passer 3 mois à Washington et New York pour y effectuer de nombreuses recherches et rassembler des centaines de documents provenant de sources diverses.

Ce séjour a été grandement facilité par l'accueil et le dévouement de l'ensemble du personnel du USHMM, dont la disponibilité et l'immense savoir ont été déterminants. Ma reconnaissance va à l'ensemble de l'équipe du Musée et, plus particulièrement, à :

- Paul Shapiro, Wendy Lower et Lisa Zaid pour l'organisation parfaite et les conditions de travail réservées aux « Fellows »;
- Ann Millin notamment pour sa gentillesse et ses encouragements, sans oublier ses traductions;
- Michlean Amir pour sa disponibilité, ses compétences archivistiques et son amitié;
- Ferenc Katona, sans qui je n'aurais certainement pu accéder aux archives non cotées;
- Severin Hochberg qui m'a signalé des fonds documentaires inestimables et pour ses conseils fort utiles lors de la préparation de l'exposé de mes travaux ;

- Michael Gelb pour ses conseils et sa confiance;
- et Scott Miller; Sarah Ogilvie; Genya Markon ; Steven F. Sage; Robin Harp pour avoir facilité les démarches administratives d'entrée aux Etats-Unis,
- et enfin, Christoph Koettl pour les traductions d'articles de journaux en néerlandais.

J'aimerais remercier tout particulièrement :

Denis Peschanski, Herbert Karliner, Annette Becker, George Whyte, Eric Freedman du Centre Simon Wiesenthal, William Lashner, Arthur L. Funk. Tous ont accepté de rédiger des lettres de recommandation nécessaires à l'obtention de la bourse de recherche.

Je remercie également le *Mémorial de la Shoah-Musée-Centre de Documentation Juive contemporaine,* à Paris.

Durant ces longs mois de recherche, de lecture et de rédaction, j'ai eu la chance d'être particulièrement entourée et soutenue par de nombreux amis. Chacun à sa façon a contribué à ce que cet ouvrage voit le jour, et je tiens ici à leur adresser mes plus sincères remerciements et à leur dire combien leur présence a été précieuse. Ainsi

- Marc Guillemot qui a accepté de transporter plus de la moitié des 250 kilos de bagages composés d'archives rapportés des Etats-Unis. Mark Levitch et Kathy Dunbar qui ont fait de mon séjour à Washington un moment inoubliable.
- Nicole Nespoulous ; Isabelle Hadida ; Anne-Marie Perrot ; Laurence Rigollet et Théophile Barbu pour la relecture du manuscrit ; Daniel Catan ; Katy Hazan ; Peggy Frankston ; Alain Zivie ; Annie Lacroix-Riz ; Gisèle Roffé ; Marie-Paule Mosse.
- Mes ex-collègues de la *Mission d'Etude sur la Spoliation des Juifs (Mission Mattéoli)* et de la *Commission pour l'Indemnisation des Victimes de Spoliations (Commission Drai)* : Glen Ropars ; Richard Decocq ; Karine Vidal ; Stéphane Portet ; Muriel de Bastier ; Gabriel Masurel ; Angélique Cipréo ; Barbara Domenech ; Sarah Intsaby, devenus depuis des amis très chers.
- Dalith Lahav ; Marcel Meslati ; Jérôme Aubignat ; Georges Bensoussan ; Claude Singer du *Mémorial de la Shoah.* Jennifer Evans, ma « fellow pal » pendant 3 mois au *Center for Advanced Holocaust Studies (CAHS)* du *United States Holocaust Memorial Museum (USHMM) à Washington* ; Michael Berkowitz
- et enfin à Gilbert Sinoué qui m'a apporté son précieux soutien tout au long de ce long parcours.

Une amicale et affectueuse pensée va directement à Vera et Herbert Karliner qui m'ont reçue chez eux en Floride. Les trois jours passés en leur compagnie resteront à jamais gravés dans ma mémoire.

Ma reconnaissance va également à ceux qui vivent à l'étranger et qui ont, par *mails* et par téléphone su m'apporter un soutien sans faille : Pierre Sauvage ; Robert Satloff ; Kenneth Donow ; Louise Rosen et le petit Nuri ; Robert Satloff ; William Lashner ; Pete Hendley ; Don Spinelli, Professor Associate Dean à la *Wayne State University* dans le Michigan; Guy Stern, Distinguished Professor à la *Wayne State University* ; Frank Caestecker ; Bernard Suchecky ; Linda Veltze, professeur à la *Appalachian State University* à Boone en Caroline du Nord ; Rennie Brantz, professeur d'Histoire à la *Appalachian State University* et Zohara Boyd, professeur à la *Appalachian State University* ; Corry Görgü pour ses renseignements concernant les Staatsarchiv de Hambourg.

Que soient aussi remerciés le Professeur Michael Berenbaum (Etats-Unis); le Professeur William F. Hanley (Canada) ; le Professeur Irving Abella (Canada) ; Fabiola Rodriguez Lopez, bibliothécaire dans le service ibéro-américain de la BDIC), pour leurs précieux conseils, et Zoé Valdes pour ses précisions sur les archives cubaines.

Une reconnaissance sans limite pour trois personnes qui ont, sans le savoir, influencé mes recherches :

- feu Gilbert Bitbol, mon professeur de français et d'histoire-géographie en $4^{\text{ème}}$ et $3^{\text{ème}}$, qui enseignait ces 2 disciplines avec passion.
- Une tendre pensée pour feue Sara Halperyn, bibliothécaire au CDJC, qui partageait son amour du savoir avec quicon-que franchissait la porte de la salle de lecture.
- feu Pierre Roffé, décédé fin décembre 2004, dont la curiosité et l'intérêt pour l'histoire du *St. Louis* ont été un encouragement constant. Il aurait sans aucun doute aimé lire ce livre.

TABLE DES MATIERES

627767 - Novembre 2015
Achevé d'imprimer par